病毒、謊言、大外宣

中國造假如何毀滅全世界

余杰——著

目次

自序

中國人為什麼喜歡說謊？

謊言帝國的十宗罪

權威科學期刊《自然》發表的一篇研究報告指出，中國在武漢肺炎病毒具傳染性的問題上說謊，是導致疫情席捲全球的重要原因。該報告的首席研究員塔特姆（Andy Tatem）指出，如果中國境內能提早一周、兩周、三周採取防疫措施，確診病例將可分別減少百分之六十六、百分之八十六、百分之九十五，並顯著減少感染地區的數量。也就是說，全球數千萬感染者和數百萬死亡者都是中共謊言的犧牲品。

疫情爆發之後，中共用更大的謊言遮蓋前一個謊言，謊言不斷升級，全球疫情也日漸嚴峻。中國在此過程中犯下不可饒恕的十宗罪，在人類歷史上，唯有納粹大屠殺可以與之相提並論：

第一宗罪：用國家暴力打壓「吹哨者」，錯過控制疫情的黃金時間。先是讓警察傳訊李文亮醫生等說出真相的醫護人員，逼迫他們簽署認罪書，然後在電視上對這些「造謠者」進行全國性的羞辱；進而抓捕如李澤華、方斌、陳秋實、陳玫、蔡偉等公民記者和民間調查者。

第二宗罪：串通世衛組織，隱瞞疫情眞相。在疫情發展的重要階段，一月十二日通過世衛堅稱病毒不會人傳人，一月二十日才改口稱可能會人傳人。世衛總幹事譚德賽爲中國站台，在病毒已經流行全球之際，仍堅持不發佈全球疫情緊急狀態通報。

第三宗罪，故意往全球輸出感染人群。一月二十三日，武漢封城、緊接全國封城之後，不暫停國際航班，縱容感染者奔赴全球各國。二月二日，美國宣佈暫停中國航班，卻受到中國譴責，批評美國小題大做、「帶了一個壞的頭」。

第四宗罪，提供虛假數據，誤導全球抗疫。中國提供的虛假數據包括感染人數和死亡人數，雖然隨後經過一次修改，死亡人數一夜之間提高百分之五十，但仍被大大壓低。世界各國從中國的虛假數據中得出錯誤推論：武漢肺炎類似於流行感冒，不足爲懼。結果當然不堪設想。

第五宗罪，三次拒絕美國派遣疫控中心專家進入中國參與疫情調研的請求。中國社交媒體上流傳的理由是，中國認爲美國疫控中心與軍方有合作，可能會竊取中國的病毒研究成果。這個理由眞是做賊心虛、欲蓋彌彰。

第六宗罪，命令軍方接管武漢病毒實驗室、銷毀病毒樣品。疫情爆發後，中共悄悄任命中國首席生化武器專家、軍事醫學科學院科學院生物工程研究所所長，陳薇少將接管武漢病毒實驗室，封鎖和銷毀資料。此舉讓日後的追責調查難於上青天。

第七宗罪，借助外交部發言人趙立堅之口，在推特上發出英文推文，嫁禍美國是病毒來源。更是在各類社交媒體上捏造美國赴武漢，參加世界軍人運動會的運動員是首例染病者，企圖將全球聲討的矛頭轉向美國。中國炮製攻擊西方的各種謊言和謠言層出不窮、防不勝防。

第八宗罪，利用駐外使館及公司、僑民社團，在全球搶購、囤積醫療物資。比如口罩，短短一個多月，全球有數十億口罩流入中國，使各國在疫情爆發時猝不及防，基本醫療用品極度匱乏。很多中國僑民甚至已入籍他國的華裔人士充當中國的第五縱隊，還反過來譴責西方排華。

第九宗罪，當西方疫情爆發而中國疫情緩解時，中國嚴厲限制輸出醫療物資，其後向多國輸出不合格的口罩、防護服及檢測劑。中國還將此前外國捐助醫療用品以數十倍價值倒賣到海外，就連原有的包裝都不曾拆封。

第十宗罪，利用美國和西方遭受疫情沉重打擊，對內殘酷鎮壓異己，對外野蠻擴張，如頻繁派艦隊和軍機騷擾台灣，悍然通過國家恐怖主義的香港國安法，對香港民主人士實施史無前例的大抓捕。在南海發動「趁亂插旗」的主權宣示攻勢，無視國際法，強行爲南海的二十五個島礁、五十五個「海底地理實體」命名。

「中國式的自由」包括跟「被消失」的中國人交談的自由嗎？

中國喜歡自稱大國，喜歡炫耀擁有多少值得自豪的世界之最，偏偏不願承認自己是謊言大國，中國製造的謊言是無與倫比的世界之最。在中國，上至中南海諸君，下到引車賣漿者流，無不將說謊當做活著的基本技能、生存之第一要義。若是全球舉辦說謊的奧林匹克運動會，中國人一定能包攬所有獎牌，讓全世界都望洋興嘆。

中國人爲什麼喜歡說謊？這是我從小就苦苦思考的一個問題、一個中國之謎。魯迅說，中國的二十四史寫滿「吃人」兩個字，我卻說二十四史寫的其實是「說謊」兩個字。「說謊」比「吃人」更是中國的常態，說謊能使弱者避免淪爲被吃掉的對象，甚至有可能向強者躍升。在中國，你要證明自己是強者，不是秀肌肉，而是展示說謊的能力。所以，習近平成了「一尊」，馬雲成了首富，余秋雨成了文豪，中國共產黨成了天下第一大黨。反之不會說謊、不願說謊的劉曉波、蔣彥永、天安門母親們或被當作國家的敵人，或死後被挫骨揚灰。

中共官員隨時隨地都能毫無障礙地將謊言脫口而出。在被中國禁用的推特上，中國外交部發言人華春瑩成功翻牆、以眞名註冊，大言不慚地發言說，歡迎到中國享受自由。不料遭到美國共和黨籍聯邦通訊委員會（FCC）委員卡爾（Brendan Carr）重重打臉。卡爾快速回應，發出第一條推文就說：「太好了，我想和艾芬醫生聊聊，你能讓她解除被消失（un-disappear），方便我們交談嗎？」接著，卡爾陸續點名陳秋實、方斌、李澤華、任志強、許志永等人，他還提到已殉職的醫師李文亮，以及武漢協和醫院的謝琳卡。

面對卡爾的強烈批評，神隱多日的華春瑩終於在推特回覆，「歡迎隨時到中國並與街上的任何人交談，享受自由」，跳針強調「武漢成功是個事實，不是虛構故事」。她又宣稱：「關鍵在於中國共產黨置人命於一切之上，每個感染病患都能盡早接受篩檢及治療，這就是爲什麼中共在全球享有最高支持率。」是的，習近平的支持率確實比伊拉克獨裁者海珊和利比亞獨裁者格達費還要高。

卡爾立刻在推特表示，很高興華春瑩有看到這些異議人士的姓名，同時也很高興她的回應向世界證實，這些人僅是因爲說出關於中共政權的殘酷眞相，就被消失。不過他的問題依然沒獲得解答——「可以麻煩妳使他們不被消失，讓我們能夠交談嗎？」

卡爾對待華春瑩太過認眞了，他不知道中國有個成語叫「雞同鴨講」。正如裝睡的人是叫不醒的，說謊的人也是無法被說服的。法國學者巴斯卡爾．博尼法斯（Pascal Bbniface）多年研究謊言議題，他發現說謊者有兩類：一類是「造假者」，他們使用一些自己都不相信的論據，去讓電視觀衆、電台聽衆或讀者相信某種東西。他們可以信奉一個事業，但卻使用一些不誠實的手段來爲這個事業辯護。這些「造假者」製造知識假幣，以保證他們在觀念市場上的勝利。另一類是更惡劣的「勢利者」，這些人除了自己的利益什麼都不相信，他們信奉（或假裝信奉）一些事業，不是因爲這些事業正當，而是因爲他們認爲這些事業可以帶來好處，是順著主流的風向。他們認爲，爲達到目的可以不擇手段，說出眞相需要付出代價，而說謊不要付出什麼代價——過去的人們還有良心和羞恥心，但像華春瑩、司馬南、袁木（「六四」屠殺時擔任中國國務院發言人，堅稱解放軍沒有殺人）的中共辯護律師早已不知良心和羞恥心為何物，他們的家人已移居他們每天辱罵的西方，他們在西方購置大量房產，並振振有詞地說：辱罵美國是工作，移居美國是生活。

中共大外宣就是向全世界出口謊言

在遵循森嚴的儒家秩序的中國，任何人和事物都要被歸類到某一等級之中，謊言也是如此：有個人的謊言，有官方的謊言；在官方的謊言中，有縣級的謊言，有地區級的謊言，有省級的謊言，更有中央級（國家級）的謊言——新華社、中央電視台、人民日報、外交部發言人等，屬於國家級的謊言，它們居高臨下、趾高氣揚、指點江山、激揚文字，它們的破壞性足以毀滅世界。

近二十年來，中國成為世界上最大的出口國，其最大宗的出口貨物，不是衣服、鞋類、玩具，而是謊言。中共每年耗資數百億美元的大外宣，就是向全世界出口謊言。中國人自己生活在謊言之中，還要讓謊言控制全球。毋庸置疑，武漢肺炎是打上中國製造標誌的中國病毒；而比武漢肺炎這種中國病毒更可怕的，乃是中國謊言。如果沒有中國謊言，武漢病毒不可能給世界造成如此巨大的危害。

美國是受害國，先是被武漢肺炎襲擊，接著又被中國謊言襲擊。美國國務院發言人摩根·奧特加斯（Morgan Ortagus）表示，疫情氾濫期間，美國注意到中國共產黨官員更加主動在推特等社交媒體上的活動。推特等社交媒體在中國被封殺，中國官員和五毛卻翻牆傳播虛假訊息。摩根．奧特加斯諷刺說：「如果中國官員想在推特上交流，他們就應該讓普通老百姓也能使用推特交流……一個負責任的國家會說，我們將開放我們的國家，我們將保持透明，我們將提供數據與資料，讓科學家、醫生和研究人員深入瞭解這種流行病的起源。」

一旦黑幕被揭開，中共的統治便無以爲繼。所以中共不會這樣做。面對各國的譴責，中國變本加厲地用謊言爲武器發動反擊戰。比如，中共驅使網友在數百萬美國人的手機和社交媒體上散播「川普政府即將封鎖整個國家」、「美國若干城市滿地屍體」的謊言。這些資訊在四十八小時內被廣泛傳播，以至於白宮國家安全委員會通過推特發布聲明，稱它們是「假的」。德國馬歇爾基金爭取民主聯盟的中國分析師馬特．施拉德（Matt Schrader）指出，中國大外宣以前的目標一直是「講好中國故事」，但是，自從武漢肺炎疫情擴散以來，中國開始通過外交官、特務人員、網路駭客，在美國的社交平台上製造和散佈有關疫情半眞半假或是純粹的虛假資訊，用這種「下三濫手段」在美國製造恐慌和混亂。

中國的做法已引起美國政府和社會的注意。聯邦衆議員麥克．麥考克（Michael McCaul）在接受福克斯新聞採訪時說，他已發信給包括Youtube、臉書和推特等美國社交媒體公司，敦促它們控制來自中國的宣傳機器，阻止它在美國散佈虛假資訊，危害美國的國家安全。

比明目張膽地製造和散播謊言更可怕的是，中國在西方各個階層拉攏和收買代理人。說謊固然是中國式的智慧，但誰跟中國走得太近、跟中國成了朋友，誰就立刻染上說謊這種比武漢肺炎更具傳染性的中國病毒。比如，美國首富比爾．蓋茲的基金會不僅投資武漢的病毒研究所，而且在世界衛生組織千夫所指的情況下仍爲其注入巨資。比爾．蓋茲公開爲中國辯護，說中國受到不公正的批評，他似乎將中國當做自己的祖國。政治學者福山被中國國家副主席王岐山當做國師之後，受寵若驚，立即放棄此前堅持的自由主義必勝、歷史已經終結的觀點，轉而讚美中國模式比西方模式更有效率。再比如，生活成長在台灣，自我身份定位卻是中國的人馬英九和黃安們，說謊從來不眨眼，臉不紅心不跳，具有編外共產黨員的好素質。說謊是他們成爲中國人的第一張投名狀。

與中共的鬥爭就是與謊言的鬥爭

納粹宣傳部長戈培爾說過：「如果撒謊，就撒彌天大謊。因爲彌天大謊往往具有某種可信的力量。而且，民衆在大謊和小謊之間更容易成爲前者的俘虜。因爲民衆自己時常在小事情上說小謊，而不好意思編造大謊。他們從來沒有設想編造大的謊言，因而認爲別人也不可能厚顏無恥地歪曲事實……極其荒唐的謊言往往能產生效果，甚至在它已經被查明之後。」如果戈培爾和納粹黨人眞的有信仰，這就是他們的信仰；如果習近平和中國共產黨人眞的有信仰，這也是他們唯一的信仰。

但是林肯說過：「你可以一時欺騙所有人，也可以永遠欺騙某些人，但不可能永遠欺騙所有人。」也就是說，謊言不是無所不能的、不可戰勝的，謊言有它的命門。就像烏鴉的翅膀或許暫時遮蓋太陽，但太陽的光芒終將驅散烏鴉的黑暗；眞話可能暫時被謊言遮蔽，但眞話終將打敗謊言。

中國對美國和西方發動的這場病毒戰和謊言戰，乃是新型的、恐怖主義的「超限戰」。美國不會坐以待斃，白宮已下令包括國安局、國防情報局、中央情報局與美國國家醫學情報中心等單位組成任務小組，針對攔截通訊情資、網友回報、衛星拍攝影像等數據展開詳細過濾，調查中國與世衛組織是否在疫情爆發初期刻意隱瞞眞相。美國將傾盡國家之力，全力調查武漢肺炎病毒來源及傳播到全球的途徑。二〇二〇年四月三十日，美國總統川普在白宮記者會上表示，他已經看到強而有力的證據，證明武漢肺炎病毒來自武漢病毒研究所，他在此點名幫助中共圓謊的世界衛生組織：「我認爲世界衛生組織應該感到羞恥，因爲它們像是中國的公關組織一樣。」川普認爲，中國可能無法阻止病毒蔓延，或是故意這樣做，與疫情相比，美中貿易協議已是次要問題。

毫無疑問，與中共的戰爭就是與謊言的戰爭。這是一場只許勝不能敗的戰爭，一旦失敗，世界將淪爲升級版的動物莊園，每個人都將被謊言奴役，再也不能享有自由。誠如英國維多利亞女王所說，「失敗的可能是不存在的」。邱吉爾和柴契爾夫人都引用過這句話。今天，容許我再次引用這句話，堅定我們將謊言及其製造者——獨裁中國——埋葬的信心。

一九八九年的夏天，年僅十六歲的我聽聞天安門大屠殺的噩耗，就將「拒絕謊言」作爲座右銘，雖然我知道這樣做在中國必然生活得異常艱難。果然，我一畢業就失業——靠陪鄧小平打橋牌而飛黃騰達的中共宣傳部（謊言部）部長丁關根說，只要還是共產黨的天下，普天之下，率土之濱，都不能給他任何一份工作。塞翁失馬焉知非福，我就如劉曉波所說的那樣，得到了全部的自由——假裝自己生活在自由的國度，自由地思想和寫作（只能在海外發表），直到被綁架、被蓋頭套、被酷刑的那一天到來。我被那些「過於聰明的中國人」看作是傻瓜和狂人，主審我的那名秘密警察的處長似乎「哀其不幸」地說：「本來你有大好前程，爲什麼偏偏要雞蛋碰石頭？」原因很簡單：我不能說一加一等於三，我不能看到白色說是黑色，「是，就說是；非，就說非」，這是我本能，也是我的信仰。

這本《病毒、謊言、大外宣：中國造假如何毀滅全世界》，是一本揭秘之書，也是一本決裂之書。我揭示了中國人喜歡說謊的秘密，但我也深知，若中國的觀念秩序、民族性情、政治與經濟制度不發生翻天覆地的變革，誰也治癒不了中國人根深蒂固的「謊話病」。所以，與這個謊言帝國決裂是我唯一的選擇，至少我可以逃離這艘正在撞向冰山的鐵達尼號，不必成爲它的殉葬品。

本書寫作得到勞改基金會資助，特此感謝。

第一卷

說真話的人都被消滅了

孟姜女哭倒長城，李志唱垮中國

如果人民不要自由，李志就是行爲不端

二〇一九年四月三日，四川省文化和旅遊廳通報，二月緊急暫停了某行爲不端的知名說唱演員計畫在四川的二十三場次個人巡演活動，監督已售一萬八千萬餘張演唱會門票悉數原價退款。

官方通報中提到的知名說唱演員正是音樂人李志。通報中指其「行爲不端」，但並未說明具體原因。通報中還出現了一個新詞語「擅自演出」，在中國，唱歌需要層層審批，不是你想唱就唱，你的嘴巴、你的耳朵都不屬於你所有，開關掌握在黨國手中。

我的家鄉四川又發生了這種拍案驚奇的怪事，從二〇〇八強迫大地震中死難孩童的家長閉嘴，到驅使三十多名消防員到涼山彝族自治州的森林大火中送死，再到成都秋雨教會教案以及「六四酒案」，四川人權狀況的崩壞並不比北京慢一拍。

當然，這些災難的根源都來自北京。即便不是北京中宣部親自下令，也是四川官僚揣摩北京的意思做出的保全官位的決定——在習近平執政以來的一片肅殺氛圍中，地方官僚的立場是：寧可錯殺千人，不可放過一人。

可以設想，如果中國不是一個大一統的中央帝國，如果四川是獨立自主、自行其是的「蜀國」（其人口和面積近似於德國），蜀國人當然可以自由地傾聽李志那穿雲裂帛的歌聲，不必對北京察言觀色且唯命是從。蜀國人想聽什麼歌、想看什麼書，爲什麼要由北京人來決定呢？

當局的通報中給李志的罪名是「行爲不端」。那麼，什麼是「行爲不端」呢？什麼樣的「行爲」才構成了「不端」？難道李志大膽調戲了習家千金習明澤？當然沒有，在舞台上蹦蹦跳跳的李志，在現實生活中是個溫和有禮的居家好男人。在演藝界，眞正「行爲不端」的是代表人物，不是李志，而是官居「全國政協委員」之高位的「國際巨星」成龍。成龍在外邊養二奶、有了長大成人的私生子，更對圈內外多名女性實施性侵或性騷擾——這是「帶頭大哥」數十年如一日從不改變的嗜好，連江澤民的「禁臠」宋祖英，他都敢伸出「鹹豬手」來「上下其手」（有網路上廣爲流傳的照片爲證）。然而成龍大哥對黨國一直忠心耿耿，在電影中幫祖國打敗西方帝國主義，他的「行爲不端」就成了「小節」，既然「大節」不虧，「小節」就可被黨和政府忽略不計。即便成龍的兒子在北京因吸毒被捕，成龍照樣擺出正義凜然的姿勢擔任中國「禁毒大業」的「形象大使」，兒子也很快被他「撈」了出來。

李志可享受不到成龍的「特殊待遇」，因爲他不肯像成龍那樣顛倒黑白、指鹿爲馬。中共給李志安上一個「行爲不端」的罪名，不是因爲他的歌詞裡常常出現罵人的「髒字」，而是因爲他的歌曲對中國的現實及歷史的強烈批判。如今的中共，如同行將就木的重病患者，患得患失，怕這怕那，害怕具有顛覆力量的文字，害怕具有顛覆力量的繪畫，也害怕具有顛覆力量的歌曲，自然就將李志當著眼中釘、肉中刺。

李志的《青春》中這樣詠唱：「我的青春是一朵花／開在沒有日照的墳墓上／我的愛人也是一朵花／螞蟻青蛙都喜歡她／帝國主義它茁壯的成長／社會主義靠的住嗎……唉，祝我們的祖國繁榮富強吧／唉，讓我們的領導永垂不朽啊／唉，祝我們的愛人萬壽無疆吧／唉，讓我們的青春堅強不倒啊。」在演唱會現場，當他唱到這裡時，年輕人掌聲雷動，乃至起身應和；但一眾警察面無表情，不知道他們聽懂了還是沒聽懂。

今天中國的樂壇，要嘛是靡靡之音，要嘛是紅色主旋律，少有「敢於直面慘澹的人生，敢於正視淋漓的鮮血」的歌手和作品。人們把李志當作繼崔健之後最有衝擊力的搖滾歌手，不是沒有理由的。讀王小波和卡夫卡的人，才寫得出這樣鏗鏘有力、入木三分的歌詞：「有人在哭泣，有人在歌唱，有人生來有錢包／有人在奮鬥，有人在幻想，有人一生沒有吃飽／他們指向左，他們指向右，他們一生有洋樓／我們不能說，我們不能做，我們的生活多美好／我們沒有鬧，我們沒上吊，這樣還算不厚道／他們指向左，他們指向右，總有走狗跟著跑。」在這裡，李志真切地描述了「兩個中國」的現實：一個是「他們的中國」，有洋樓，有寶馬香車和美女；另一個是「我們的中國」，一無所有，且不能「鬧」和不能「上吊」。

中共的手槍正對著你的胸膛

李志是極少數敢於觸及天安門屠殺這一當代中國「超級敏感事件」的歌手，他比很多公共知識份子更有勇氣和正義感。跟我一樣，李志也是天安門屠殺的「遲到者」，雖然「遲到者」不必內疚，但「遲到者」可以參與捍衛記憶，讓往事並不如煙，讓苦難轉化爲精神資源。

李志有兩首歌，一聽就知道是以天安門屠殺爲主題。其中一首名爲《廣場》，最怒髮衝冠、擲地有聲的段落是這樣唱的：「如今這個廣場是我的墳墓／這個歌聲將來是你的挽歌／你會被教育成一個壞人／見死不救、吃喝拉撒的動物／請你不要相信他的愛情／你看黎明還沒有來臨／請你不要相信他的關心／他的手槍正瞄準你的胸膛。」這就如同天安門母親和劉曉波那樣，直指劊子手說：看哪，法西斯在這裡！看哪，他就是法西斯！

如果說《廣場》像是納粹集中營倖存者威塞爾（Elie Wiesel）的《夜》和蘇俄作家索忍尼辛（Aleksandr Solzhenitsyn）的《古拉格群島》，沉重黑暗、痛不欲生；那麼，另一首《一九九〇年的春天》則如同《安妮日記》和《戰地琴人》，盪氣迴腸、催人淚下——「姐姐，／今夜我在等你／那個夏天，那輛火車。／帶我們去一個地方／爸爸，他在聽著汽笛聲／媽媽，爲你做了白裙子／姐姐，今夜我在想你／我的朋友，他們都老了。／只有你，永遠十七歲／我已忘了家鄉的春天是什麼／我已忘了你的顏色是什麼／我已忘了他們議論的是什麼／我已忘了明天的我是什麼

／姐姐，今夜我在恨你／你的眼睛出賣了我。／你的愛毀滅了我／什麼時候我才能忘了你／什麼時候我才能靠近你。」這裡，「姐姐」的稱呼，讓人想起詩人海子的姐姐、歌手張楚的姐姐、作家廖亦武的姐姐，那個時代，人人都有一個美麗而單純的姐姐；而「十七歲」這個意象又讓人想起白先勇的《寂寞的十七歲》，槍聲一響，姐姐的生命被定格在那一刻，白裙子沾滿紅色的血，你再也不能跟姐姐擁抱，你就被迫成熟爲成人。

在演唱前，李志常常會特別叮囑聽衆「不要聯想」，但在中國，言說者和歌唱著的眞實意思往往要由閱讀者和傾聽者的「反面解讀」。李志在這首歌中想要表達的是：你們儘情地聯想吧，那個日曆上消失的日子，是哪一天呢？一九九〇年的春天，實際上是一九八九年的春天。而「姐姐」就是喋血街頭的天安門學生中的一員。姐姐的眼睛永遠閉上了，姐姐的年齡在那一刻畫上了句號。姐姐的額頭光潔如玉，姐姐的黑髮在風中起舞，在弟弟和母親的心中，姐姐宛如那尊失去雙臂的維納斯塑像。

在天安門屠殺三十週年之際，李志被迫沉默了，並成爲「行爲不端」的「壞人」——如果人民眞的不需要自由，李志就是一個自作多情的搗亂份子。但是，人民需要自由，當李志被禁演的消息傳出後，很多人紛紛到網上找李志的歌聽。中宣傳部成了李志免費的廣告商。對於李志的遭遇，有網友改寫了那副有名的對聯：「說你端你就端，不端也端；說不端就不端，端也不端。」更有網友一針見血地指出：「所有人都跪著，就你站著那就是屬於行爲不端！所有人都屈服，就你反抗那就是屬於行爲不端！所有人都笑臉相迎，就你怒目圓睜那就是屬於行爲不端！所有人都睡著，就你醒著那就是屬於行爲不端！所有人都歌頌，就你批判那就是屬於行爲不端！」

唯一讓李志以及勇於記憶、勇於反抗的人們感到欣慰的是：儘管「有關部門」讓已購票的觀衆前去辦理退票事務，但只有三百人選擇退票，一萬多名買了演唱會票的李志的粉絲紛紛表示：我們要把這張票留著，等待李志可以自由歌唱的那一天，我們再去聽，那一天不會很遙遠。

這張暫時不能履約的門票，正是一張通往自由國度的綠皮火車的車票。

郵寄給習近平的，不再是諫言書，而是判決書

——從雷洋案與權平案中給習近平的兩封公開信看世代及價值的差異

二〇一六年十二月，在中文網路上流傳著兩封給習近平的公開信。一封是署名爲「雷洋案被害人部分人大校友」的公開信，對當局宣判打死雷洋的多名警察無罪表示抗議，並希望習近平親自干涉此案。此前，人民大學碩士、中國循環經濟協會生態文明中心主任雷洋遭警察虐待致死，北京市豐台區人民檢察院以「犯罪情節輕微，能夠認罪悔罪」爲由，對邢某某、孔某、周某、孫某某、張某某等五名涉案警務人員玩忽職守案依法作出不起訴決定。

另一封是由一群海外留學生起草的、題爲《釋放權平同學、釋放被綁架公民、停止鎮壓並謝罪、暴君沒有未來》的公開信。權平於二〇一二年畢業於美國愛荷華州立大學，曾爲天安門和烏坎仗義直言，用明信片向被囚禁的維權律師送去關懷。九月三十日，回國工作的權平在吉林省延邊市被中共警方秘密綁架，至今下落不明。

世代和身份（在「物競天擇，適者生存」的「食物鏈」中的位置）的差異，決定這兩封公開

信在語言風格、思維方式及價值立場上的天壤之別。這兩封信可以成為分析當下中國不同人群心態的典型樣本。

前者的起草者和簽名者多為七〇後、八〇後的人民大學畢業生——在「改革開放」時代或「中國崛起」模式之下，這群人多多少少是既得利益者，是居有屋、食有魚、出有車的中產階級。像雷洋一樣（作為中共黨員，雷洋生前在微信中說，自己不關心政治，不說「負能量」的話，但災難還是偶然地臨到他），在一般情況下，他們不太會關心社會公義、政治民主等「敏感」問題，不會輕易發表「負能量」的言論（人民大學被稱為「第二黨校」，大部分畢業生都進入體制，當然人民大學也出過像劉賢斌那樣幾度入獄的異議人士）。但這一次，雷洋之死讓他們產生「物傷其類」的恐懼，以共產黨的「自己人」或「同路人」身份，鼓起勇氣發出一封公開信。

後者的起草者和簽名者多為九〇後的留學生，他們生活在資訊自由流通的西方國家，接觸到更多關於中共政權的黑幕，對中共的反感和批判更全面和深刻。該信件起草者之一古懿，在接受自由亞洲電台採訪時解釋說：「作為異議留學生，我當然對『回國報效祖國』沒有任何興趣，因為我知道『祖國』在中國就是黨國，我不會進入體制參政議政，但會通過體制外行動促進這種改變。權平說自己是『永遠的學生和公民、以推翻共產主義為己任』，這也是我們這些簽名同學的信念。」他們對自己的身份有著清晰的定位：不是中國共產黨政權的「忠臣」，而是其掘墓人。

習近平不是選舉產生的國家主席，而是自我加冕的暴君

在關於雷洋案的公開信中，「部分人大校友」對習近平的稱呼是「尊敬的習近平主席」——這裡的「主席」大概不是指習近平擔任的軍委主席、國安會主席等「主席」，而是指作為國家元首的「國家主席」，這是習近平表面上的最高職位。而「尊敬」的定語，是官僚體系內人們稱呼「長官」時的慣用語，也是「必須的禮貌」——即便心中十分痛恨此人，也得有模有樣地冠以「尊敬」的冠冕；至於此人是否真的值得「尊敬」，暫時存而不論。這是一種權力場域中的「潛規則」，或者是東方文化中特有的偽善。無論是真心相信還是出於自保策略，他們承認習近平及共產黨對中國統治的合法性，承認自己作為被統治者的身份和地位，也相信習近平和共產黨還有自我改革和更新的可能性。這是何等荒謬可笑的謊言。

「部分人大校友」的這封公開信，如海瑞上書進諫嘉靖皇帝，苦口婆心地勸說習近平應當愛民如子：「雷洋一案，偵查定性與處理結論明顯相左；朗朗乾坤，天子腳下，此案處理根本性錯誤完全顛覆了民眾對政權、對法治的基本信仰，小至為警權濫用、大至為動搖國本，埋下不可逆轉之禍根。」不可思議的是，這裡未加引號地使用「天子腳下」一詞稱呼北京。辛亥革命推翻帝制已一百〇五年，北京還有九五之尊的「天子」嗎？若沒有「天子」，何來「天子腳下」這一稱謂？可見，在這封信起草者和簽名者心中，習近平就是坐在紫禁城龍椅上的新皇帝。這些受過現

代高等教育的中產階級，仍不能習慣於沒有皇帝的生活，有了皇帝他們才心安。他們生活的北京城，若能與「天子腳下」的地位掛鉤，他們就有了跟天子同城的「高等華人」的榮耀。這種榮耀背後是一種「帝都人」心態：只要雷洋案不發生在「天子腳下」，就可熟視無睹；那些窮鄉僻壤之地，即便路有凍死骨，也與我們無關。

與之形成鮮明對比的是，在關於權平事件的公開信（迄今爲止，已有五十八人簽名，其中包括九位中學生，及四名身在中國的大學生）中，直呼收信人的名字「習近平」。信件起草者和簽名者並不認爲習近平值得「尊敬」，也不承認其「主席」身份。「習近平不是一個被選舉出來的合法領袖，而是中共暴力篡國成果的繼承人，我們徹底反對非法的黨國政權和它延續六十多年的暴政。」這是一種與暴君和暴政決裂的姿態，戳破中共所有的謊言和面具，直搗黃龍。

如同安徒生童話《國王的新衣》中說出「國王什麼也沒有穿」的孩子，這份公開信說出習近平是一個毫無統治合法性的暴君的事實。此前，很多人或許在心靈深處偶爾閃過類似的念頭，但極少有人敢於在公共空間中作出如此直率的表達。習近平早已不可救藥，這群九〇後的學子不將習近平及中共政權當作談判對手，他們理直氣壯地宣告說：「我們，作爲被你虧欠的人民，要求你停止法西斯式的迫害，釋放權平以及所有其他被你綁架的公民，並向那些被虐待者和被殺戮者謝罪。良心犯們昂首挺胸地走上你的法庭，你將來能不能不需攙扶地走上歷史的法庭？我們矢志奪回自己作爲公民的未來，也希望你不要譜寫你自己作爲暴君的未來。」

不是捨命進諫，而是宣讀判詞

這兩封公開信對中共政權的性質及其司法、警察機構的性質的認識截然相反。在關於雷洋案的公開信中，「人大校友」們如是說：「習主席，中國改革開放已近四十年，依法治國理念漸深入人心。雖歷史積重，司法體系為推行依法治國可謂殫精竭慮。」字裡行間充斥著陳腐的語言及體制內的思維方式，有一種捷克作家克里瑪所說的「陰溝裡的氣味」撲面而來。

中國的司法體系眞如信中所說的「為推進依法治國可謂殫精竭慮」嗎？中國的官僚有在依法治國嗎？中國最高人民法院院長周強在黨組擴大會議上要求堅決抵制「西方錯誤思潮和錯誤觀點」的影響，堅決與西方的「司法獨立」、「三權鼎立」劃清界限。中共推動的有限的司法改革，以不能威脅到黨的權威性、黨的至高無上的地位及其賴以存在的制度結構為前提。習近平上台之初信誓旦旦地宣揚的「依法治國」，早已被他及其走卒的知法犯法、胡作非為所擊碎。中國的司法體系已淪為黨國的鎮壓工具和極度腐敗的強力部門。中國現行的憲法甚至還比不上清末新政時頒布的憲法。

這封公開信又說：「習主席，作為國家最高領導人，您有義務與擔當帶領中華民族走向富強民主文明。」對此，評論人綦彥臣諷刺說：「集體抗議不但變得十分滑稽（將公開信弄成勸進表），而且抗議不果（雷洋家屬與警方和解），它在邏輯上說明這是一次血酬事件。」一個明明可見的事實是：習近平從來沒有認爲自己有義務和擔當帶領中華民族（這本身又是一個僞概念）走向富強民主文明。作爲紅二代代表人物的習近平，其使命是確保「紅色江山」永不變色。也就是說，讓主人永遠是主人，讓奴才永遠是奴才。奴才怎麼能奢望跟主人平起平坐呢？

在關於權平事件的公開信中，更年輕一代學子們不再扮演苦情戲，不再用哀求口吻與當權者「溝通」。公開信直接譴責習近平是人權迫害案件的元兇：「習近平……作爲極權體制自封的核心，你難逃迫害權平的責任。你的父親曾贊成言論自由，提倡制定不同意見保護法。你對批評者的不容忍，讓你父親的名字蒙羞。」這些年輕學子走出兩千多年來中國士大夫「只反貪官、不反皇帝」的奴性思維，走向自由思想和獨立人格。他們深知，貪官、酷吏都只是皇帝藉以摧殘公民社會的工具，僅僅反對貪官和酷吏是不夠的，必須直接反對皇帝崇拜和皇權文化，「打著紅旗反紅旗」是毫無意義的。

這群年輕中國留學生擲地有聲地指出：「習近平，我們寫這封信的時候又是一個新年。你和家人們將呼吸著沒有霧霾的特供空氣、享用著不摻水的特供美酒慶祝過去一年的亮劍，良心犯們卻遠離親人在牢籠經受老虎凳、睡眠剝奪、蒙頭毆打等酷刑。極權體制的全部罪行不應由你一人承擔，但作爲政權的首腦和鎭壓的總司令，你必須爲正在流淌的鮮血和淚水負責。」習近平不能將多如牛毛的「國家犯罪」行爲歸咎於手下，而使自己逍遙法外。每一件人權迫害事件，習近平及其執政團隊都難逃關係。

從某種意義上來說，習近平就是中國版的艾希曼（Adolf Eichmann，納粹清洗猶太人政策中執行「最終解決方案」的主要負責者），是漢娜・鄂蘭（Hannah Arendt）所謂「平庸的邪惡」的典型代表。他那肥胖的身軀、滿臉的橫肉、粗俗的言談舉止、不得體的西裝，都比艾希曼的檔次還低。

不單單是納粹時代才會有艾希曼式的人物，這種人物遍及各種形式的獨裁國家。德國心理學家漢斯-約阿西姆・馬茨（Hans-Joachim Maaz）在《情感堵塞：民主德國的心理轉型》一書中指出，在共產黨統治下的東德，「暴力披著法律、秩序、審判和命令的外衣，利用具有蠱惑性的意識形態進行包裝」，警方的粗暴行為、政治跟蹤、迫害持不同意見者、迫害少數民族等，成為「保衛社會主義和祖國的最高榮譽」。這也是今日中國的寫照。

總有一天，這些惡行必定會被清算、被審判。

中共不是可以談判的對象，青年一代以顛覆中共統治為使命

在雷洋案的公開信中，「人大校友」們發出懇切的呼籲：「習主席，請以史為鑒，力挽司法腐敗在錯誤道路上越走越遠的狂瀾，還中華民族以清明國風！雷洋案，請啓動特殊程式予以徹查！還被害人以公正，還民衆以信心，促大局以穩定！」具有諷刺意義的是，他們理所當然地使用中共創造的歐威爾式「新語」——大局、穩定。對於這兩個詞彙的內涵，中共的定義跟中產階

級的定義大不相同。

那些心存幻想的中產階級過於自信地認爲，保障中產階級利益是中共確保社會穩定的重要環節。他們以此爲籌碼，向當局喊話。中共卻認爲，穩定乃是靠軍隊（毛澤東所說的「槍桿子」）和警察（習近平所說的「刀把子」）來實現。在沒有掌握足夠的「槍桿子」和「刀把子」時，共產黨放低身段跟「敵對勢力」（如國民黨、蘇俄、美國）展開談判；但當共產黨手上有足夠多的「槍杆子」和「刀把子」時，立即撕毀契約、殺人不眨眼（如反右、文革、「六四」屠殺等）。共產黨的「大局」和「穩定」，歷來都是靠殺人來實現的。

評論人綦彥臣統計，在雷洋案公開信的三百二十七名簽署人當中，有二十五人是法學或法律專業畢業生（未計專門法學習者），二十五人中一九八九年以前完成學業者六人。然而，這些法律人「從未對立法惡意問題進行過法理學批判」。將雷洋淩虐致死的警察被放縱，在中國是有法律依據的：無論是怠忽職守罪還是濫用職權罪都量刑畸輕，《中華人民共和國刑法》第三百九十七條規定：「國家機關工作人員濫用職權或者怠忽職守，致使公共財產、國家和人民利益遭受巨大損失的，處三年以下有期徒刑或者拘役；情節特別嚴重的，處三年以上七年以下有期徒刑。」從立法目的上，它們已經設置了偏袒公職人員的功能，以換取公職人員對體制的忠心。「部分人大校友」的這封公開信不敢戳破這層薄薄的窗戶紙，不敢斥責中國憲法和法律是惡法，卻一廂情願地希望中共對此案「啓動特殊程式予以徹查」。在警察殺人之後仍得以逍遙法外的案件中，雷洋案絕對不是第一起，也不會是最後一起，若不推翻惡法，難道每次遇到類似的案件，都要「啓動特殊程式」嗎？

反之，在權平案公開信中，我看到鏗鏘有力的「暴君必亡，暴政必亡」的宣誓：「習近平，你曾感嘆在鐵幕崩潰時的莫斯科『竟無一人是男兒』。你說的是齊奧塞斯庫那樣的男兒嗎？他的確向人民扣動了扳機，但子彈拐了彎吞沒了謀殺犯自己。暴君親手鑄就了自己的毀滅，他不是第一個，恐怕也不是最後一個。」當然，讓習近平心驚膽戰的，還有利比亞獨裁者格達費（Gaddafi）橫死街頭、血肉模糊的畫面。像艾希曼那樣接受法庭漫長的審判，對習近平而言，或許是一個相當幸運的結局。由於仇恨不斷積累（包括雷洋案、賈敬龍案，都在迅速地積累仇恨情緒），當舊政權崩潰之時，極有可能發生大規模暴力事件。那麼，習近平能否倖免於難，亦在未定之數。

前一封如履薄冰、戰戰兢兢的公開信，習近平和中共不屑一顧。他們會像賈府對付焦大那樣，將其嘴中塞滿牛糞，放肆的家奴，只配得到此類待遇。

而後一封如匕首和投槍的公開信，習近平和中共必定如芒在背——他們派警察騷擾起草者在國內的家人，他們安排香港的粉紅色媒體聲討、咒罵。他們甚至不敢接收從海外郵寄去的紙本信件：二〇一六年十二月八日，該公開信的起草者和簽名者中的澳洲留學生張樹人和易松楠，通過快遞方式將信件送往習近平辦公地「中南海」。他們特意在信封上標注「海外愛國留學生」。公開信發出後，發信人通過投遞跟蹤查詢，該快件於三天後到達北京，十四日顯示被要求退還。退回澳洲的快件包裝完好，說明中南海沒有打開。這裡面又沒有炭疽病毒，他們究竟怕什麼呢？是言辭的力量，是思想的力量，是價值的力量，讓習近平及其走卒成了縮頭烏龜。

這封信就是習近平的喪鐘。權平必將獲得自由，這群勇敢的海外留學生也必將回到自由中國。

挺身而出的謝陽家人與戰勝恐懼的中國公民

二〇一五年八月，人權律師謝陽在指定監視居住點遭受酷刑，趁警察不注意時在視窗大呼救命，後被打昏，送醫院急救。

二〇一六年七月，長沙市第二看守所刻意安排死刑犯住進其監所，經蓄意挑釁後，謝陽遭死刑犯用手銬猛擊，釀成嚴重的人身傷害。

謝陽家族擲地有聲的聲明

二〇一六年八月十二日，謝陽家族就謝陽遭受酷刑發表了一份譴責聲明，簽名者包括謝陽的父母、哥哥嫂嫂、姐姐姐夫、妹妹妹夫、侄兒侄媳婦等十多人。這份聲明指出：「作爲謝陽的家屬，我們對於長沙二看這種私自啓用公權力、對在案人員進行非法施暴的行爲感到異常震驚和憤慨，並嚴厲斥責和督促當局停止踐踏人權，追查施虐者及相關公職人員責任，共同維護中國作爲一個法治大國的清譽。」

這份聲明強調了家人對謝陽的品格與職業操守的認同和信心：「作爲謝陽的家屬，我們一直以謝陽爲豪，對謝陽所從事職業的神聖屬性引以爲傲。多年以來，謝陽一直是家中二老的精神支柱，是家族裡的頂樑柱。……謝陽是一個很有正義感的人。對內，兄弟姐妹有困難他總是竭力相助、鮮有推託，在老家聲譽很好；對外，與同事朋友坦陳相待，爲人慷慨，也喜歡打抱不平。我們相信，謝陽自始至終從未有過『煽動顚覆國家政權』的非法動機，他只是在面對公權力違法時多了一份敢爲人先的膽識與勇氣。」這是一份擲地有聲的聲明。這是中國的人權活動人士遭到殘酷的政治迫害之後，罕有的一次由整個家族一起發出抗議之聲。

「七〇九」大抓捕中失去自由的多名律師的妻子都是單純善良的家庭婦女，此前並沒有像丈夫那樣深切關心中國的社會問題。但是，當丈夫人間蒸發之後，她們開始回溯近年來丈夫從事的社會公義事業，在營救丈夫的同時，也承續著丈夫的事業和理想。在這一群妻子當中，謝陽的妻子陳桂秋大概是學歷和社會地位最高的人，她是湖南大學教授、博士生導師、教育部新世紀優秀人才。陳桂秋沒有「愛惜羽毛」、「沉默是金」，八月二十五日，她在社交媒體上發表一封公開信，譴責國保這個「中國的蓋世太保」機構的濫權行徑：「在我暑期休假期間，國保找到我單位的領導，幾度派人到我家試探我是否在家；國保找到謝陽的辯護律師，一直想知道我到底在長沙還是在北京；國保找到我周圍的各種親戚朋友，試圖做通我的工作去勸謝陽認罪；國保甚至不惜派我親愛的同事們到北京，在最高人民檢察院門口迎接我，陪同我回長沙……」同時，她也嚴正反駁那些給她以「善意勸告」的同事和領導：「當我依法維權時，我收到了最離奇的忠告：你要注意你的形象，你要爲自己的生計留一條退路。到底是我在違法，還是對方在明目張膽地違法地給我的單位施壓，給我施壓？作爲妻子，當謝陽案件事實上存在諸多違法的地方：謝陽被酷刑、妻兒被限制出境、辯護律師權利被侵犯（不被安排會見、不被安排複印案卷、不被安排聽取律師意見等等），是選擇維護國家神聖的法律？還是與少數人群一起去踐踏法律，事後接受法律的制裁？」

陳桂秋更是堅定地宣佈，要跟遭受酷刑的丈夫站在一起對抗強權：「我選擇了和多數人群在一起：維護國家神聖的法律！維護我和謝陽法律所賦予的權利！當知道丈夫被毒打，作爲妻子，或者作爲一個有心跳的人，你能坐得住嗎？你能坐在觀衆席上默默注視著此場景，並心裡念叨著：打，接著打，誰叫他不認罪？或者，你閉上眼睛蒙上耳朵，怕一旦吭氣兒遭到旁人的指責，立馬聲明：此事與我無關！」陳桂秋也從法治和普世人權價值的層面反駁那些官方安排的「勸客們」的言行，希望他們認識到自己成了獨裁的幫凶，成了漢娜．鄂蘭所說的「平庸的惡」的一部分，提醒他們必須誠實地面對三個事實：無論犯了什麼罪，法律都不允許有酷刑；勸認罪是基於缺乏犯罪事實，罪是證據證成而非「勸認」出來的；誰犯罪誰受罰，法律不允許株連妻兒。

對於當局向親屬施加的種種壓力，甚至有可能讓自己失去工作、失去教職，陳桂秋也作了充分的心理準備，如果失去工作，正好可以全身心地投入到營救丈夫的活動之中：「謝陽的營救工作需要投入大量的時間和精力，我不能像其他的『「七〇九」』家屬們一樣，全心全意地爲推動丈夫案子的進程而四處奔波，與律師們進出公、檢、看，與朋友們一起分壓解難。因爲我的工作需要我投入大量的時間和精力。我若沒有工作的束縛，我將與幫助我的人一起，出現在任何可能幫助謝陽的場所，爲謝陽的案件平冤，爲法律正言！……我絕不接受劃清界限的文革式做法，我的工作給了我很大的束縛。沒有工作未必不是一件好事，那樣我將更好地營救我的丈夫。因爲，沒有什麼比營救我的丈夫更重要！」對於這樣一位「赤條條來去無牽掛」的勇者，中共當局還有什麼卑劣的伎倆可用呢？

「原子化的個體」如何對抗「無所不能的國家」？

二〇一七年二到三月間，陳桂秋和兩個女兒在人權組織的幫助下，經東南亞輾轉逃亡美國。美聯社報導說，母女三人輾轉經過兩個東南亞國家來到泰國後，在曼谷被泰國警方送到移民監獄，並被告知將被遣送出境。泰國官員給陳桂秋放了一段錄像，顯示十多名中國官員就在監獄外面等著把她和孩子押回中國。

在美國國務院獲知情況後，美駐泰國外交官與泰方交涉，要求將陳桂秋和孩子交給美方。一家人獲准離開後，在曼谷國際機場又上演了驚心動魄的一幕：在機場，美、中泰三國官員發生了激烈爭執並對峙了數小時之久。在經過緊張交涉後，中方同意放行，陳桂秋母女於三月初到達美國。

據組織營救的基督教人權組織「對華援助協會」負責人傅希秋牧師介紹，對陳桂秋母女來說，在曼谷發生的情況十分危急。而川普政府有關部門在營救的過程中作出了及時的反應，國家安全委員會高級官員（後任副國家安全顧問）博明（Matt Pottinger）直接向川普總統匯報此事，得到川普總統的授權，務必救出陳桂秋和兩個女兒。最後，美方派出海軍陸戰隊護送母女三人登機赴美。

在中國，「株連九族」的時代並沒有完全過去：作爲良心犯的家屬和親族，如果選擇與親人劃清界限、漠不關心、不聞不問，就可以保有平安，無論是在體制內的工作，還是從事商業活動，都可以繼續下去；但是，如果要跟受迫害的親人站在一起，就會受到種種有形無形的壓力、警告、威逼利誘，如果繼續往前走，公開爲受迫害的親人發聲，一系列嚴峻的打擊會落到頭上——丟掉工作、無法經商、孩子在學校受到騷擾、甚至連房子都租不到，最後你自己也有可能成爲「國家的敵人」。劉曉波、高智晟、李和平的親人們都有過這樣的遭遇。共產黨運用種種卑劣手段，讓家人與受迫害者隔絕，讓被迫害者徹底孤立無援。

這種用摧毀人倫關係、血緣關係來讓異議者和反抗者屈服的方式，自中共建立政權以來，便是其屢試不爽的殺手鐧。中共的極權統治與帝制時代的專制的主要差異也正在於此。帝制時代，皇權不下縣，雖然沒有近代意義上的公民社會、公共空間，但家庭和家族是始終是重要的、不可缺少的社會結構。對於中國人來說，先有孝才有忠，換言之，中國人對家庭、家族的效忠，超過了對皇帝和國家的效忠。皇帝一般不會自討沒趣地去「解構」根深蒂固的家族結構，而是無可奈何地接受其存在。

中共建政以後，爲了締造由「原子化的個體」與「無所不能的國家」所組成的二元社會結構，就必然要去摧毀數千年以來一以貫之的家族紐帶和親情關係。思想史家錢理群在分析文革的制度和觀念源頭時，特別指出：「承不承認人倫關係終存在著『天生的愛』——這是一條線；這條線一越過，一系列嚴重的後果都由此發生。」這些後果包括文革中常見的學生打老師、父母與子女甚至夫妻之間互相揭批和敵對。老舍受到紅衛兵虐待後被家人拒之於門外，絕望地投湖自盡；薄一波被黨宣佈爲叛徒之後，兒子薄熙來以一記飛毛腿踢斷父親的幾根肋骨。那個時代，此類事件，司空見慣、比比皆是。錢理群認爲，任何人一旦在這個問題上做出讓步、妥協，產生迷亂，接下來所發生的一切，都將是身不由己：只要宣佈人倫關係中的任何一個環節（或父或子，或夫或妻，等等）是「革命」的敵人，他就自然的被排斥在一切社會（人倫）關係之外，人們也就用「革命」的名義與自己被宣佈爲敵人的親人劃清界限，這就是所謂的「大義滅親」。

儒家文化對「大義滅親」一般只是說說而已，共產黨卻將「大義滅親」推崇到無以復加的地步。在共產黨的「群英譜」中，有不少就是勇於「大義滅親」的人物。如果民衆普遍接受「大義滅親」的觀念，文革就水到渠成：「當一個人否認了人類最初，也是最基本的人倫關係，越過（拋棄）了對同一血緣的親人的天生的愛，那他就實際上越過了人之所以爲人的那條線，泯滅了人愛的天性，就必然導致對人的內在獸性（嗜血性）的放縱。」而這種「獸化了的人」正是毛澤東掀起血腥文革的馬前卒——那些手上沾滿鮮血的紅衛兵和造反派不都是如此嗎？

請記住那位名叫張海濤的政治犯

張海濤是「六四」後罕見的「眞的勇士」

二〇一六年一月十五日，自由撰稿人張海濤，被新疆維吾爾族自治區烏魯木齊中級法院，以「煽動顚覆國家罪」重判有期徒刑十五年、「爲境外提供情報罪」判處有期徒刑五年，二罪合併執行十九年，剝奪政治權利五年，並處沒收個人財產人民幣十二萬。

一九七一年出生的張海濤，是「「六四」」之後成長的一代。他是一位性情溫和、關心公義的基督徒。他積極關注新疆民族問題和民生事務，熱心協助訪民維權，經常在網上發表對政府和時局的評論文章，並參與權利運動網站的義工活動。二〇一〇年，張海濤曾參與「要求立即撤銷國務院〈關於勞動教養問題的決定〉等勞教行政法規的公民權利主張書」的簽名活動。二〇一四年六月四日，因紀念「六四」屠殺二十五週年而遭到警方拘禁。

新疆當局不能容忍眼皮底下有一名異議人士。二〇一五年六月二十六日，張海濤被烏魯木齊市中亞南路派出所以涉嫌「煽動民族仇恨、民族歧視罪」抄家、刑拘，家中銀行卡全部被凍結。七月三十一日，又被變更罪名以涉嫌「尋釁滋事罪」正式逮捕。十一月十八日，再次被變更罪名以涉嫌「煽動顛覆國家政權罪」繼續超期關押。中共為了給張海濤羅織罪名，可謂煞費苦心。

中共強加給張海濤的一切罪名都是不成立的，張海濤是習近平執政以來被判刑最重的良心犯和言論自由犯——他所有的「罪行」都源於思想跟言論。作為一名普通百姓，他哪裡有什麼「情報」可以提供給境外呢？眞正有能力出售情報的，是中國收買的美國中央情報局僱員金無怠和聯邦調查局僱員秦昆山，而不是張海濤這樣的一介平民。

張海濤的妻子李愛潔對丈夫遭重判感到震驚：「說句話難道就判十九年的罪嗎？我很震驚，眞沒想到他們怎麼會判處這樣的結果。他就說了一句話，難道就能把政府顛覆了？……你們良心哪兒去了？你們就是把我們置於死地。一句話就能把這個政權顛覆了，這樣的政權不要也罷。說句話這麼有威力，比原子彈還有威力？」從張海濤案可以看出，中共對公民異議的恐懼和防範到了匪夷所思的地步。從另一個側面亦可表明，中共已聽到喪鐘即將敲響，它要不惜一切代價將所有敲鐘人通通關起來。

張海濤在網路上發表和轉發的文章，數量和影響力都遠不如劉曉波，而其判刑之重，卻超過劉曉波。原因大概有兩個：一是地理因素。很不幸的是，作為下崗工人的張海濤當初選擇到新疆去討生活，從事電信產品零售業，他以為新疆有更多的謀生機會，卻不料那裡是一個充滿陷阱的危險之地。同樣的案件，發生在新疆跟發生在內陸，獲刑必有明顯之不同。此案若發生在其他地區，參照近期類似的言論自由案件，刑期大約不會超過如今判決的一半。該案代理律師亦表示，張海濤判決之重出乎意料，相信與當局加強新疆維穩有關。也就是說，新疆是中共維穩的重中之重，當局不僅殘酷壓制維族民眾的宗教信仰自由、傳統生活方式及獨立訴求，打壓生活在新疆的漢人中的少部分異議者亦毫不手軟。新疆問題的癥結，既是民族矛盾，更是追求民主自由價值的各族民眾（包括漢族）與一黨獨裁的中共暴政之間不可調和的價值衝突。

第二個原因是時代背景的不同。習近平是毛澤東以來暴虐程度最高的中共統治者，二〇一五年對維權律師和人權活動人士的全國性大搜捕，是「六四」鎮壓之後前所未有的。許多被拘押的作家、學者、律師，在祕密拘押地點或監獄中都遭受慘絕人寰的酷刑，幾乎人人都被迫在電視上認罪悔改，他們在電視上的容貌跟此前相比判若兩人。可見，習近平毫不忌諱讓暴力公開化與合法化。就異議人士被判處重刑、遭受酷刑並株連家人而言，習近平政權的殘暴程度跟昔日拉美軍政權毫無二致。張海濤的妻子李愛潔表示，官方沒收他們唯一的房產，沒有工作的她和剛滿月的孩子即將流離失所。在毛澤東時代，曾貴為副總理家孩子的習近平，父親下獄後，尚未成年即無家可歸。如今，他在乎的只有權力，不會對政治犯及家屬有任何仁慈之心。

中國沒有政治犯？

中國號稱禮儀之邦，但中國的外交官個個都野蠻粗俗、說謊成性。中國駐英大使劉曉明是其中一個典型，他不時接受傳媒訪問，指鹿為馬，顛倒黑白，為中國政府塗脂抹粉。

二〇一九年十一月二十九日，劉曉明接受英國廣播公司節目《HARDtalk》訪問時表示，中國人的生活最幸福。

於是，主持人問劉曉明，既然堅持認爲中國人民生活幸福，中國政府爲何害怕不同意見。劉曉明回答：「我們不怕任何不同意見。」

主持人又追問，中國目前有多少政治犯。劉曉明說：「中國沒有政治犯，沒有人是因爲不同政見入獄，入獄服刑的都是因爲違反中國法律。」

當談及中國監控問題，主持人問中國需要海量監視器的原因，劉曉明回答說，中國人民很自由，很幸福的，中國人個個面上掛上笑容，「到處難道你感受不到嗎？你認爲中國人民被壓迫和威脅，且有很多不滿嗎？在中國，你到處都能看到人們的笑臉。當然，每個社會都會有不滿，而中國人民有管道可以宣洩，我們有人民代表大會和政治協商制度。不能說中國沒有街頭政治，就沒民主，中國的民主是中國特色的民主，我們有人民代表大會和政治協商制度。你們不能用自己的標準去評論其他國家。就像我們不用自己的標準來評判你們。」

說謊說得太久了，說謊者以爲自己說的是眞話。劉曉明使用的是一種納粹德國專用的語言。納粹宣傳部長戈培爾（Joseph Goebbels）有一句名言：「媒體的任務，就是把統治者的意志完整傳遞給被統治者，讓無知人民將煉獄視爲天堂。」在納粹的升級版「赤納國」，不僅媒體如此，就連外交官也加入這一大合唱。

說起中國的政治犯，劉曉明當然不承認像張海濤這樣的人是政治犯，因爲中共當局輕易就能給他們炮製一個「貼身」的、非政治的罪名。這些政治犯的妻子和孩子都遭到株連，租不到房子住，孩子也被剝奪上學的權利。

說起中國人臉上的微笑，劉曉明當然無視那麼多孩子死於「六四」屠殺、死於汶川地震中的豆腐渣校舍、死於毒奶粉、死於毒疫苗、死於香港警察的暴力，這些孩子的母親個個淚流成河。微笑的中國，宛如畫家岳敏君筆下咧嘴大笑的傻子。

說起中國的監視器，劉曉明否認中國有比人口數量還要多的監視器，以及領先世界的人臉識別、步態識別系統。老大哥永遠注視著每一個人的一舉一動，老大哥將人民視爲敵人。動物莊園中有什麼自由和幸福可言呢？

劉曉明在英國媒體上露面時，西裝革履，神態嚴肅，有板有眼，顯得眞誠而樸實。他跟戈培爾長得並不像，他卻比戈培爾更加危險。德國學者維克多．克萊普勒（Victor Klemperer）一輩子研究納粹的語言，他在《第三帝國的語言》一書中指出：「第三帝國的語言扼殺個體的本質，麻木其作爲個人的尊嚴，致使他成爲一大群沒有思想、沒有意志的動物中的一隻，任人驅趕著湧向某一個規定的方向，令他變爲一塊滾動著的巨石的原子。」這就是劉曉明及其主子想要達到的效果，他們成功實現了對中國人的洗腦和催眠，如今他們還要主動出擊，佔領西方媒體，對西方人進行洗腦和催眠。

當謊言重複了一千遍之後，中國人大都信以爲眞。他們跟著中國官方媒體一起譴責香港的抗議者是暴徒，批判「居心叵測」的西方是幕後黑手。他們以爲動物莊園是伊甸園，有肉湯就心滿意足了；他們高高興興地讓孩子戴上紅領巾，從此在脖子上留下邪惡的印記。

記住張海濤，我們才能得自由

劉曉明大使說中國人都在微笑，或許他說的沒有錯，因爲中國人宛如戴著VR虛擬實境眼鏡的乳牛。

此前，虛擬實境眼鏡的應用一直不脫遊戲和教育應用範圍；近日，俄羅斯科學家受到電影《駭客任務》的啓發，開發了乳牛專用的VR虛擬實境眼鏡。由於俄羅斯冬季漫長，乳牛在冬季容易患上抑鬱症，直接影響牛奶的產量和質量。來自荷蘭瓦赫寧根大學的一項研究證實，環境對乳牛健康有直接影響，在溫暖的環境下，乳牛的健康狀況大有改善，牛奶的產量和品質有明顯提高。所以，俄羅斯專家讓戴上VR眼鏡的母牛看到夏日色彩斑斕的田野，而不是俄羅斯寒冷灰暗的冬天。乳牛於是認爲自己生活在夏天，就產生莫大的幸福感和快樂感，其生產的牛奶的數量和品質也大大提升。

據專家介紹，這款VR眼鏡在考慮到牛頭解剖結構的基礎上開發完成，參與者包括技術人員和現場的畜牧業者以及獸醫。乳牛專用的VR眼鏡除了符合牛頭的結構，更適應牛的視力，包括牛對紅色感應力更強以及對藍色和綠色的感知更弱等特點，這是一款眞正專對牛開發的VR眼鏡。這款眼鏡的廣泛使用，將對畜牧業帶來一場革命。

這則新聞讓我想起中國人的命運，中國人都戴著這樣一副虛擬實境的眼鏡。每當我看到那些在西方的大學中撒野的中國留學生，每當我看到中國的社交媒體上血洗台灣的言論，每當我聽到中國外交官和外交部發言人信誓旦旦地說「中國沒有政治犯」，我只能嘆息──這就是奴在心者。

自由人必須拒絕戴上時時刻刻只能看到海市蜃樓的VR眼鏡，不能跟乳牛一樣任人擺佈。張海濤就是拒絕戴上虛擬眼鏡的那個人。他的命運跟我們有關嗎？張海濤受刑極重，卻未能獲得海內外華人教會、中國民間社會和國際媒體、人權組織的足夠關注。在華府紀念「六四」屠殺二十七週年的燭光晚會上，全美學自聯授予張海濤本年度的自由精神獎，張海濤乃是實至名歸。「誰是張海濤」，不應該繼續成爲一個問題。

那天的紀念晚會上，播出了張海濤的妻子李愛潔的一段錄音講話：

「大家好，我是張海濤的妻子李愛潔。我的老公獲得了全美學自聯頒發的二〇一六年自由精神獎。內心非常感激和榮幸，在此衷心的感謝各位，感謝你們對海濤的關注、支持和肯定。我想引用世界人權宣言第一條：『人人生而自由，在尊嚴和權利上一律平等。』追求自由是全人類幾千年來的願望，可是它始終如此困難。『生命誠可貴，愛情價更高。若爲自由故，二者皆可拋。』我老公只是一個正直善良的普通人，為民主自由發聲吶喊，因言獲罪，先被關押在新疆烏魯木齊自治區看守所。感謝世界各地關心我老公的朋友們。謝謝你們在這段時間中持續不斷的關心、支援和幫助。……這是自上帝而來的愛，在此衷心的感謝你們。我也懇請世界各地的朋友們、弟兄姊妹們，繼續關注和幫助我先生張海濤的事件，並關注中國的人權狀況，請弟兄姊妹為我們家在上帝的保守下讓張海濤弟兄能繼續讀到神的話並早日無罪釋放而禱告。以馬內利。」

這段話讓我深受感動：一名偉大的鬥士，背後必有一位偉大的妻子。據我所知，張海濤的精神啓蒙來自於「六四」的槍聲。多年來，無論生活如何艱苦困頓，他始終沒有放棄過傳承「六四」死難學生和市民所追求的自由民主價值。當他和妻子成為基督徒之後，他們全家又一起走在捍衛上帝的愛與公義的路上。《聖經》中說：「唯願公平如大水滾滾，使公義如江河滔滔。」正是出於這樣的信念，他才義無反顧地為信仰伊斯蘭教的維族朋友們說話。這樣的基督徒，是上帝所喜悅的、背起十字架來跟隨上帝的基督徒；這樣的公民，是中國民主轉型過程中營造成熟的公民社會的基石。

「從宇宙塑膠人」到「八酒六四」

在中國，「八九六四」這四個數字是一個高度敏感詞。在中共的日曆上，六月四日是一個危險的日子，凡是與這個日子有關的人士，在這個日子來臨之際，都會遭到嚴密監控。正如慈禧太后殺了戊戌六君子之後，一輩子都忌諱談及戊戌年間發生的事情，防止爲戊戌翻案成爲其政治佈局中的「核心價值」；鄧小平在下令動用野戰軍屠殺學生和市民之後，對那一場被淡化爲「風波」的事件也一直諱疾忌醫，尋找接班人必須以對「六四」的態度爲尺度，因爲對這一事件的評價直接關係到其歷史定位。然而，滿清政權未能阻止歷史爲戊戌變法正名，人們不需要由滿清政權「平反」戊戌變法，辛亥革命直接終結了滿清的統治，使滿清爲戊戌「平反」的機會和身份皆蕩然無存；同樣，中共政權也無法阻止歷史爲天安門民主運動正名，就連昔日對中共「自改革」抱有幻想的香港支聯會也不再使用「平反六四」的口號——在不久的將來，中共將被掃進歷史垃圾堆，而「六四」的英雄們將被後人永久銘記。

與中共的鬥爭，是一場捍衛記憶的戰爭。在這個戰場上，不能讓日漸凋零的「天安門母親」們孤軍奮戰。這場戰爭需要代際傳承，也需要在北京之外「遍地開花」。在四川發生的「六四酒案」便是此一典型案例：當事人陳兵、符海陸、羅譽富、張雋勇等人先後入獄受審，成都女詩人馬青僅在微博上轉發廣告亦被刑事拘留。這是一瓶足以顛覆自稱「充滿自信」的中共政權的酒，這也是一項讓紀念「六四」、銘記「六四」的理念形象化和普及化的「行爲藝術」——八九六四的諧音正好是「八酒六四」，它讓那一道四分之一世紀以來官方和許多民衆刻意掩蓋和迴避的傷痕迸發出揪心痛楚，它將那個充滿血腥、硝煙和眼淚的日子呼喚出幽暗的地平線。

不同於艾未未式的、跟共產黨同樣卑賤和粗俗的「反抗藝術」，「八酒六四」在創意和勇氣兩個層面都將載入史冊：它本身的機智以及創意者對「求仁得仁」的責任倫理的持守，讓人聯想到當年捷克的「宇宙塑膠人」樂隊——「他們不跟當政者對話，只跟自己人對話；他們沒有變成異議份子，反而創造出一種可以暫時滿足自己的另類文化；他們沒有要求當權者賞給自己更多的自由，相反地，他們的行徑就好像自己已經擁有了自由一樣。」

「六四記憶」的代際傳承

「六四酒案」中的一個亮點在於，人們看到了令人欣慰的代際傳承。

二〇〇七年，我曾陪同在台灣推動「二二八」正名、讓這場屠殺突破從禁忌進入公共輿論的基督徒知識份子蘇南洲，拜訪天安門母親的代表人物丁子霖。蘇南洲希望以重評「二二八」爲中心的台灣的轉型正義成爲未來中國的借鑒。那一次，蘇南洲重點談及代際傳承：經過四十多年的努力，「二二八」才在國家政策層面得以「反正」，這是整整兩代人長大成人的漫長歷程。

「二二八」受難者的子女及孫子孫女輩從未放棄對眞相、正義和光明的追求，更多的陪伴者、同情者和同行者也是數十年如一日不棄不離，最終迎來曙光乍現。當時，丁子霖感嘆說，在中國最缺乏的就是代際傳承，就連很多「六四」受難者的後輩，甚至天安門母親組織資助上大學的孩子，後來都轉身離開這一場域——這是一個太過沉重的歷史包袱。

丁子霖擔憂的代際傳承的中斷，近年來已不再是一個嚴峻的困境。陳衛和陳兵這對孿生兄弟在民主路上的「交接棒」算不上代際傳承，他們同是八九一代：當年，陳兵接受哥哥的託付，在家留守，照顧父母家人。如今，哥哥在坐第三次牢，弟弟在母親爲母下葬次日就因參與製作「銘記八酒『六四』」紀念酒被成都警方拘捕。陳兵對律師說：「八九時，如果不是陳衛要把照顧家庭的責任交給我，我肯定會去北京，就可能死在清場的時候了」，「（酒瓶上）那句『永不忘記、永不放棄』，就是我們需要對『六四』追尋眞相。紀念『六四』，永不放棄對眞相的追求，是我身爲八九學子必然的選擇。如果要因此判刑，不管是五年還是十年，都是我應當的承擔，也是我和陳衛兄弟倆應當的殊途同歸，只是愧對家人。」眞是有其兄必有其弟！

陳衛、陳兵並不孤獨。此次參與「六四酒案」的人士，既有八九一代，也有七〇後（八九年的時候在上中學）、八〇後（八九年的時候在上小學或幼稚園），甚至還有八九年之後出生的、更年輕的一代。近年來，因爲在報紙上刊登「向天安門母親致敬」廣告、「六四」公祭以及「六四酒案」等事件，若干當事人爲之付出沉重代價，但這些事件在社交媒體上廣泛傳播，使越來越多青年一代被觸動、被喚醒、被啓蒙，進而成爲「六四」的關懷者、言說者和記錄者。可見，再高明的愚民政策，也不可能貫穿所有的時間段、愚弄所有的人。經歷過「六四」的那一代，有的離去，有的背叛，有的同流合汙，有的與狼共舞；但是，「青山遮不住，畢竟東流去」，後來者絡繹不絕，尋求眞相和眞理的年輕人不會斷絕。

二〇〇〇年，我經劉曉波的介紹與丁子霖等天安門母親群體接觸時，天安門母親們說，如今終於有並未親身參與「六四」的七〇後青年心念「六四」了，這讓她們覺得前面還有希望。如今，我已人到中年，海內更有一群留學生和青年知識份子如古懿、秦偉平、權平、張樹人等人，先後挺身而出，爲「六四」死難者發聲，公開批判習近平政權的倒行逆施。爲此，有人遭到拘押，有人有家不能歸，有人在國內的家人受到安全部門的威脅恐嚇……他們毫不妥協，風雨前行，其勇氣和智慧毫不比「六四」一代遜色。照理說，他們不是「六四」當事人，沒有親人在事件中受難，自身的人生軌跡也未曾受該事件影響，「六四」跟他們沒有自己的利益關係，他們純粹是出於公義和良知才選擇「在沉默中爆發」。中共當局扼殺「六四」記憶、封鎖「六四」資訊的企圖全然失敗，火從冰中噴湧而出。

民主運動的「地方誌」

「六四」酒案是中國當代民主運動的「地方誌」，它在形式上和地域上都豐富和活化了民主運動。「六四酒案」發生在四川成都，此前成都人權活動人士陳雲飛策劃在報紙上刊登「向天安門母親致敬」廣告一事也發生在成都，這絕非偶然。四川的民間社會最具活力，四川的異議思想者和人權活動人士前仆後繼。

所謂「天下未亂蜀先亂，天下已治蜀未治」，自古以來，四川人天生就有「反骨」。辛亥革命的先聲是四川保路運動，若沒有發生以捍衛私有財產權爲旨歸的保路運動，湖北新軍被清廷調動去四川鎮壓該運動，使湖北的防務出現漏洞，武昌起義未必能一舉獲得成功，然後帶動其他省份脫離清廷。

身處帝國邊緣地帶的四川，尤其是成都平原這一塊，從來都是魚米之鄉、風調雨順，人們自然而然產生了此種想法：我們自己的日子可以過得很好，爲什麼要奉養遙遠而專橫的皇帝及其朝廷呢？四川歷來就有脫離中原或北京的控制的願景，四川人的分離主義衝動使得歷史上有一半的時間，四川處於分裂或半分裂狀態。四川人奮起反抗強權、當家作主的意志是不可摧折的。

在當代幾波可歌可泣的民主運動中，四川人從未缺席，並在其中扮演重要角色。在八九民運中，成都學生和市民抗爭之激烈、規模之宏大、犧牲之慘烈，僅次於作爲首都的北京。在九〇年代以來的民主黨組黨、〇八憲章、維權律師崛起等後浪推前浪的民主浪潮中，四川有許多草根人物赤膊上陣、前仆後繼。四川具有反抗精神的作家、學者亦如群星璀璨、相映生輝：廖亦武、冉雲飛、蕭雪慧、徐友漁、譚作人、劉賢斌、歐陽懿、王怡……名單可以一直開下去，他們爲追求民主自由而失業、坐牢、流亡。即便如此，他們從未停止對「六四」及中國人權狀況的關懷、記錄、推動和研究。

中國民主運動必然具備多個面向。在地理和空間的意義上，中國的民主運動不應當「唯獨北京」，不應當完全圍繞作爲政治權力核心的北京來展開。民主運動要達致的目標，不僅是在中央政府層級實現三權分立、多黨競爭、全面普選、憲政法治，更需要在地方層級實現眞正的地方自治（不排斥某些地方以「住民公投」的方式選擇獨立）、文化宗教及歷史傳統的多元並存。聯邦制和邦聯制都是未來中國的可能選項，甚至解體中國、重建華人文明圈也是某種可以想像的未來。是故，四川和其他各地區（如民主運動的重鎭廣東、浙江等地）的民間抗爭，應當受到有識之士和國際媒體的更多關注。

以創意顛覆獨裁政權

中共當局以「涉嫌顛覆國家政權」的罪名逮捕和審判「『六四』酒案」多名參與者，反映出獨裁者內心的虛弱和懼怕，一個被幾瓶酒就給顛覆掉的政府，豈有統治的合法性可言？

不過，從另外一個層面而言，「銘記八酒『六四』」這一創意，確實對專制政府具有潛在的顛覆性。正如當年捷克的搖滾樂團「宇宙塑膠人（The Plastic People of the Universe）」讓捷克共產黨政府心驚膽戰一樣，陳兵們發明的這種「『六四』紀念酒」讓習近平一口都喝不下去——殺人兇手宛如喜歡裝扮成溫柔慈愛外婆的「大野狼」，但這瓶如同苦口良藥般的「酒」讓其瞬間原形畢露。這個酒瓶裡，裝的不是酒，而是紅色的鮮血。無論習近平的「中國夢」表面上如何光鮮亮麗，依然掩蓋不了滿屋子的血腥味。

共產政權什麼都怕，怕菜刀，怕搖滾，怕酒，怕兒童繪本，怕眞相，也怕良心。誰也沒有想到捷克共產黨的掘墓人居然是名爲「宇宙塑膠人」的一支搖滾樂團。「宇宙塑膠人」在捷克民主運動史上具有舉足輕重的地位，樂團成員只是出於對音樂的熱愛而開始其事業，並沒有充當反對派的計劃，但狂野的音樂點燃了憋悶已久的民衆對自由的渴望。

捷克民主化之後的第一任總統、異議作家哈維爾（Vaclav Havel），在回憶錄中記載與「宇宙塑膠人」的第一次會面：一九七六年，大雪紛飛的夜晚，有個朋友拎著酒跑來敲門，提議他跟一個名叫伊凡．西羅思（Ivan Jirous）的年輕人見見面。西羅思別名「馬哥（Magor）」，是「宇宙塑膠人」的藝術總監，是這群滿懷激情的波希米亞浪子的精神領袖。

哈維爾此前熱愛古典音樂，對搖滾樂並不感冒，他抱著「姑妄聽之」的心情，和馬哥在布拉格安排一次會面。那天，馬哥拿出兩三捲卡帶，塞進破舊的錄音機，放給哈維爾聽。哈維爾聽著錄音機裡的音樂，頓時大受震動，推掉其他約會，跟馬哥跑去酒吧，徹夜聊到天明，從此兩人成爲忘年至交。

多年後，哈維爾如此描述那天的感覺：「這種音樂有一種震撼人心的、使人不安的魔力，這是一種使人警醒的、由內心深處發出的眞誠的生命體驗，任何人只要精神尙未完全麻木，就能理解……我突然領悟到，不管這些人的語言多麼粗俗，頭髮多麼長，但眞理在他們這邊。」這就是藝術的神秘力量。

後來，捷克當局悍然抓捕樂隊成員，哈維爾拍案而起表達抗議，自己也被關進了監獄。此事成爲七七憲章運動的先聲，也爲一九八九年捷克的「天鵝絨革命」埋下伏筆。

獨裁統治者的愚昧總是超過人們的常識。難道捷克當局眞的相信「宇宙塑膠人」的音樂會毀掉整個政權嗎？或許，正因捷克當局相信這種音樂必須被消音，搖滾樂反倒成爲民間某種心照不宣的反抗符號。極具諷刺意義的事實是，這個自信滿滿的政權眞的垮了，而且崩潰的原因確實始於一個遭到迫害的搖滾樂團。

同樣的道理，「銘記八酒六四」必定是中共的一道催命符。中共可以將陳兵等人關進暗無天日的監獄，卻不能摧抑他們捍衛記憶、擁抱自由的決心。公民社會跟共產黨政權的這場競爭，不單單是意識形態的競爭，更是創意、文化和審美等全方位的競爭。習近平對毛澤東的拙劣模仿，只能是東施效顰、徒增笑柄。而像「銘記八酒六四」這樣的創意，擁有如同核彈般的內在能量，庖丁解牛般地解構專制制度，還會像雨後春筍般湧現出來。

中國沒有大學，只有監獄

你若不愛黨國，你就被剝奪受教育權

中國湖南城市學院在官網上發布了對網名為「貴州省省草王英俊」土木工程學院土木工程專業大一新生王棟的處理結果，王棟被取消入學資格。

王棟犯了什麼滔天大罪呢？據媒體報導，王棟在網上發表「老子一輩子都不可能愛國」、「軍訓到底有什麼用，都大學了還想著給我洗腦」等言論，引發爭論。他還多次在學生宿舍發表類似言論，對同宿舍同學的愛國言論冷嘲熱諷。經同學舉報後校方決定，王棟散佈辱國等極其錯誤言論，影響極壞，取消其入學資格。

其實，具有獨立思考能力的王棟，比他的大部分同齡人（尤其是那些跟他同宿舍的告密者）更加聰明睿智。我相信，即便被取消大學的入讀資格，他照樣可以自學成才。

但是，此案例已然表明，中國進入了一個「不愛國者不得讀書」的黑暗時代，正如作家哈金所說：「在一個宗教禁錮、藝術凋敝的國度，各種學科和領域都服從國家，人的心靈被束縛，容易受到巨大創傷。」

中國憲法規定，公民有受教育之權利，並未給此權利設定界限，比如「愛國者」才能受教育，「不愛國者」就不能受教育。湖南城市學院的這一決定，嚴重違反了中國的現行憲法。不過，憲法在中國從來是一紙空文，習近平「從娃娃抓起」的洗腦教育之命令比憲法更有權威。

而網友和室友對王棟的舉報更表明，中國無需安裝數以億計的攝影機及運行無孔不入的「天網」，中國人彼此之間的監視、舉報和傷害已經到了「沒有硝煙的內戰」狀態。當王棟說了幾句「不愛國」的言論而被舉報並被剝奪受教育權時，我為每一個自我身份認定為中國人的人感到恥辱，也以自己擺脫了中國人的身份而感到自豪。我對中國早已無愛，我想當哪個國家的公民，我想痛罵哪個國家，都是上帝賦予我的不可剝奪的自由。我成了美國公民，仍然要致力於批判中國和解構中國，我豈會在意愛國賊們的鬼哭狼嚎。

十七世紀英國作家塞繆爾．詹森博士（Samuel Johnson）說過：「愛國主義是無賴最後的避難所。」十九世紀俄國流亡思想家赫爾岑（Alexander Herzen）在回憶錄《往事與隨想》中說：「在沙皇尼古拉的統治下，愛國主義成了某種皮鞭和警棍。」在中文世界，「愛國賊」一詞於一九二二年首次出現在劇作家陳大悲的獨幕劇名《愛國賊》中。如今，習近平統治的中國，正是這樣一個「愛國賊」橫行霸道，愛國主義成為皮鞭和警棍的國度。

而義大利民族英雄馬志尼（Giuseppe Mazzini）在《論但丁對祖國的愛》一文中指出，如果國家不具備民主的內涵，則不僅不值得愛，而且應當奮起反抗暴政。他說，他要以人民的祖國反對國王的祖國，在眞正的祖國中所有公民必須享有同等的政治權利。一個不給予窮人、婦女或黑人政治權利的共和國是不符合其原則的，一個眞正的祖國不能在國內還存在陌生人，祖國必須保證每個人來自公民身份的尊嚴，以及由教育與勞動保障的尊重與自尊。他以富於感染力的筆墨寫道：「一個國家並不僅僅是片領土；特定的領地只是基礎。國家是來自那一基礎的觀念；它是一種熱愛的情感，約束那片土地上所有人的同胞情感。只要你的兄弟中的一個在國家生活中沒有自己的一票，只要又一個人沒有受到教育，只要有一個淫威沒有工作而被迫在窮困的地方憔悴地勞動，那麼你就沒有一個應該有的國家，屬於所有人，爲所有人服務的國家。」以此而論，中國是誰的祖國呢？

當祖國不自由時，那些反抗暴政的公民，才是眞正的愛國者。作家哈金在哈佛大學的一次演講中，舉出德國索爾兄妹（Hans and sophie Scholl）的例子。索爾兄妹並未受到納粹的迫害，但他們認定希特勒（Adolf Hitler）是邪惡的，納粹在把德國引向災難，於是組織「白玫瑰」，在慕尼黑散發傳單和進行演講，最後被捕並被處決。二戰之後，在多次關於「誰是當代最偉大的德國人」的評選中，索爾兄妹都名列榜首。

哈金指出，索爾兄妹反對納粹，是出於理念和信仰，不計較個人得失，寧願爲自己的信念作出犧牲，這是一個更高層次。對於知識份子來說，不能因爲國家沒有直接傷害你，就放任它怎麼做都可以。「除了個人和國家有平等的契約關係，還有更高的層次、更高的價值系統，凌駕於國家之上，是人類共有的。」毫無疑問，劉曉波和陳光誠等反抗中共暴政的勇士，才是眞正的愛國者和愛自由者。

不能講魯迅的時代來臨了

中國的大學生沒有言論自由，沒有思想自由；中國的大學教師更沒有學術自由，講台上日漸淪爲地雷陣。

日前，重慶師範大學宣佈，副教授唐雲因在《魯迅研究》課程教學中，發表損害國家聲譽的言論，對師生造成不良影響，被撤銷教師資格和降級（將其崗位等級從專業技術五級崗降至專業技術七級崗），該處分於二〇一九年三月二十日生效。看來，沒有薄熙來的重慶，言論箝制比薄熙來時代還嚴厲。

唐雲的個人微博內容已全部刪除或封禁，網路上流傳一張他早前的發文，指這次是他任教三十三年來第一次離開講台，「今天披著恥辱離去，明天我會戴著桂冠回來」，又表示學生「並不都是猶大」，暗示被撤職是被學生舉報，學生中至少有猶大式的告密者。

官方文件中沒有列出唐雲究竟講了哪些犯忌的話，也許擔心一旦引用原文，反倒會讓「錯誤言論」流傳更廣。但有唐雲的學生披露，唐雲在課堂上引述魯迅的名言「墨寫的謊言掩蓋不了血寫的事實」，大概是以此影射三十年前的「六四」屠殺。中共對「六四」屠殺三十週年的紀念活動如芒在背，生怕「星星之火，可以燎原」，故而出重手懲辦念念不忘「六四」的公共知識份子唐雲，這是殺雞儆猴，看誰還敢亂說亂動。

唐雲還曾在微信的朋友圈和講台上針對魯迅所說的「立人」及「立國」的問題引伸說「對於究竟要育何種人，建何種國的問題，與人權和執權的合法性相關」。早先，北大魯迅研究專家錢理群特別重視魯迅的「立人」思想，並爲此組織過專門的研討會。也有青年學子受其啓發成立「立人圖書館」等公益組織，後來遭到當局查封，「立人」成爲「超級敏感詞」。

因言獲罪的「言」，更可能是唐雲曾批評「走紅網路」的習近平金句「擼起袖子加油幹」極爲低俗，「嚴重毀壞了漢語言的優美」。這句話出自習近平二〇一八年的新年賀詞：「只要我們十三億多人民和衷共濟，只要我們黨永遠同人民站在一起，大家擼起袖子加油幹，我們就一定能夠走好我們這一代人的長征路。」在此之後，這句話成爲官媒的常用語。習近平加劇了中文的粗鄙化，但要求習近平這個半文盲「語言優美」，豈不是太強人所難？

唐雲早先畢業於復旦大學，是已故文學評論家和歷史學家潘旭瀾的門下弟子。潘旭瀾是一位有批判精神的學者，其代表作《太平雜說》揭開太平天國暴政的眞相，曾引發一批御用文人對其圍剿。中共以太平天國繼承人自居，毛澤東自視爲升級版的洪秀全，否定太平天國就是否定共產黨，否定洪秀全就是否定毛澤東。但潘旭瀾始終不放棄其認知的眞理。既然有堅持「獨立之精神，自由之思想」的老師，也就有同樣硬骨頭的學生，多年來，唐雲在重慶師範大學成爲卓爾不群、不平則鳴、白眼看雞蟲的名師。

唐雲的學生曾記述了不少關於老師的趣事。唐雲在其任教的兩個班主辦詩歌朗誦比賽，自費買禮物來頒獎，前三名可以隨便要一本書。其中，第一名的學生要章詒和的《往事並不如煙》，第二名的學生要錢理群的《一九四八：天地玄黃》。然而這兩本書，一本是禁書，一本絕版了，唐雲費盡心思都沒有找到，只好找其他書來替代。

還有一次，唐雲忍受不了學校壓抑的氛圍，以及不讀書、不思考的學生，他愛學生，但極少有學生跟他有心靈共鳴。他宣佈辭職，下鄉隱居，連辭職報告都交給了校方。最終是什麼使他留下來呢？有同事提出這樣的理由：「你走了，如果你的課讓一個黨棍來上，豈不更糟？」這句話確實很有說服力。如魯迅所言，他不是爲愛他的人活著，而是爲恨他的人活著。美國思想家艾茵．蘭德（Ayn Rand）在《源泉》裡也說過：「你不能把這個世界，讓給你所鄙視的人。」於是，唐雲勉強留下來。

這一次，唐雲不得不「被離開」。在習近平時代，連講魯迅都成了禁忌，講台還有什麼價值呢？以前魯迅被選入中學語文課本的範文《爲了忘卻的紀念》和《紀念劉和珍君》等，一一被從課本中剔除，這些文章容易讓學生聯想起「六四」。

任何專制國家的教育目的，都是極力降低國民的心智

中共的文教和宣傳幹部很狡猾，他們知道哪些文章和哪些作家是「毒草」。長期以來，魯迅是幾代青年學生的啓蒙者，就我個人的經歷而言，在北大課堂上聽錢理群教授講魯迅，再到錢理群教授的客廳裡聽他講魯迅，是我思想「狂飆突進」的催化劑。儘管我對魯迅的評價日益下降，不能認同魯迅晚年的左傾親共立場，魯迅後期捧中共也爲中共所捧，歸根究柢是不能掙脫個人虛榮心；但魯迅早年作品中的反抗和批判精神，仍深深地感染和鼓舞我。我感激那段與魯迅和錢理群老師朝夕相處的青春歲月。如果我生活在今天的中國大學，到哪裡能找到敢放膽講魯迅的文學教授呢？

唐雲不是近年來第一個因言獲罪的中國高校教師，也不會是最後一個，這張名單越來越長：華東師大副教授張雪忠、北京師範大學副教授史傑鵬、貴州大學教授楊紹政、廈門大學教授尤盛東、北京建築工業大學教授許傳青、中南財經政法大學副教授翟桔紅、重慶師大商貿學院副教授譚松、清華大學教授許章潤、清華大學講師呂嘉……從這些學者、教師的遭遇中，我明白了一個此前疑惑不解的難題：爲什麼今天中國的大學生個個都成了小粉紅並組成「學『習』大軍」，極少數的反抗者卻以毛澤東爲偶像（比如，幫助南方工人維權的北京幾所名校的一群學生，高舉毛澤東像，反對資本主義剝削）？這是中共長期洗腦教育的必然結果。中共對教育領域嚴防死守，在教室裡安裝攝像頭，鼓勵學生當告密者，無不印證了法國思想家孟德斯鳩的名言：「任何專制

國家的教育目的，都是極力降低國民的心智。」

中共對知識界，除了棒子，還有胡蘿蔔。美國耶魯大學法律學者、現任中國法律與歷史國際協會主席張泰蘇，在接受美國亞洲協會旗下網上刊物「中參館」的訪問中指出，若單單強調「鎮壓」，實不足以形容目前對學術自主威脅的範圍。官僚和行政單位不只引導學者疏離當局厭惡的課題，還指引學者靠攏上頭所鍾愛的議題。中低層學者現在所面對的制度性環境——一個不斷面對升級評估考驗以及論文要在頂尖國家刊物刊登的壓力——更渲染了這種引導的效果。當局將胡蘿蔔與棒子並用：棒子招惹最大的批評，但胡蘿蔔所造成的長遠性影響，最低限度也是同樣地危險。負面的限制可以在短時間內實施或取消，但如果學者開始喪失正面的自主和目標——即什麼是讓他們投身學界眞正的興趣所在——那麼目前的穢氣將永存不散。

張泰蘇認爲，中國當今的政權對學界的圖謀，比毛澤東時期更要深遠：毛與學界的關係，特別是在其晚年，基本上是負面的。毛對如何利用學術以完善其統治，毫無興趣，毛對學者普遍的敵意，反而幫助學界維護了自主和團結。到了一九七八年，中國學術界很快就元氣復甦。但相對來說，習近平政權的手法，更具制度性，透過行政和合法的活動予以系統性地執行，而不像當年需要透過頭腦發熱的政治運動來落實。這種對學術自由和心靈自由的傷害，以及因爲鼓勵告密校園中師生關係的毒化，即便在習近平下台乃至共產黨政權崩潰之後，其後遺症也將長期存在，經歷漫長的時間也難以恢復正常。

顧約瑟牧師因說真話而成為國家的敵人

打壓顧約瑟牧師的黑手是夏寶龍和習近平

二〇一六年一月十八日，前中國基督教協會常委、杭州崇一堂主任牧師、浙江基督教協會會長顧約瑟，被浙江省基督教「兩會」（基督教協會及基督教三自愛國運動委員會）免職。緊接著，顧約瑟牧師、師母及多名同工「被消失」。數週之後，中共當局像擠牙膏一樣宣佈：顧約瑟因涉嫌挪用公款一千萬，被刑事拘留，然後轉爲監視居住。三月三十一日，當局宣佈將其「取保候審」一年。在獲釋約九個月之際，顧約瑟再次被杭州市公安局以同一罪名逮捕。警方發出逮捕通知書的日期是二〇一七年一月七日。顧約瑟是文革之後被抓捕的最高級別的基督教「兩會」領袖。

顧約瑟在羈押期間，杭州公安機關對他的財產進行地毯式搜查，但他們夫妻無房、無車、銀行卡裡剩下的存款可以按工資單計算。中共意識到靠輿論倒顧是一項不可能完成的任務，不得不放棄在浙江教案中慣用的輿論審判伎倆。

二〇一七來七月十三日，顧約瑟牧師的代理律師張培鴻接到杭州市江幹區法院庭召開庭前會議通知，通知說定於七月二十日在第五法庭召開庭前會議，通知辯護人準時參加。三天後，張培鴻接到顧約瑟解除其辯護人的通知，大致內容是「考慮到目前狀況，我絕不願意因爲我的緣故而連累您，讓您失去自由，爲此，您近期不用來杭州爲我作辯護了，我非常感謝您前段時間爲我的付出」。

張培鴻律師在社交媒體上發表標題爲「牧師對律師的愛」的貼文作出公開回應：「我跟顧牧說，我爲你辯護，如果也被抓了，那是我的十字架我自己背；如果我爲你辯護你被重判，那是擬定十字架你自己背。開戰在即，我被他解聘了。願上帝與顧牧同在，如同與約瑟同在！」

後來代理顧約瑟案的是謝冰冰律師。謝冰冰被認爲是與官方互動相對密切的律師，但她堅持顧牧師在經濟方面是清白的，對他的指控是站不住腳的，她的辯護意見與控方截然不同。雙方未能及時達成調解意見。幾經波折，謝律師公開發出信函「致掌權者們：呼籲善待異見者——浙江基督教協會會長顧約瑟」。在信中，謝律師提出顧約瑟不構成挪用資金罪。按通常標準以法律禁止性規定與本案事實相對比，不難辨別這是典型的以單位名義發生的借貸關係。不能認定是顧約瑟個人犯罪。從在案證據看顧約瑟出借款項主觀目的是爲單位謀取利益，其個人沒有謀取任何好處。

案件陷入僵局。當局絞盡腦汁也無法讓故約瑟入罪。十二月二十四日，聖誕前夕，顧約瑟被無罪釋放，杭州檢察院撤訴。

顧案一波三折，背後操盤者爲習近平的心腹浙江省委書記夏寶龍。夏寶龍因在浙江拆十字架和拆教堂而成爲中國最具國際知名度的封疆大吏，也得到習近平的信賴，升任政協副主席兼秘書長。當香港反抗運動風起雲湧之際，夏寶龍被習近平任命爲國務院港澳辦公室主任，利用其強悍蠻横作風打壓香港民主運動。顧約瑟的命運會降臨到香港教會、香港民衆身上嗎？

中國官方「三自」教會的歷史脈絡

顧約瑟屬於官方「三自」系統，該系統受到中國家庭教會抵制。中共自從上世紀五〇年代起即利用「兩會」控制基督教，此「兩會」仿效政府的科層建制，從全國、省市到縣都有設置，由統戰部、宗教局雙重管控。所謂「三自」即自治、自養、自傳，爲的是斷絕中國教會與海外教會的聯繫。

「三自」運動，始於韓戰。韓戰導致中共對蘇聯共產集團採取「一邊倒」政策，並對西方民主國家閉關鎖國。來自歐美的基督教被當成帝國主義侵華的先鋒和工具，正如研究基督教史的學者劉建平在《紅旗下的十字架》一書中所說：中共在意識形態上排斥任何宗教，對西方世界持有高度警惕，故而對基督教採取積極改造措施，全力推動「三自」運動。中共建政僅半年之後的一九五〇年七月二十三日，即發表《關於天主教、基督教問題的指示》，毛澤東和周恩來亦多次親筆作出批示。吳耀宗等人投靠新政權，放棄信仰的獨立和純正，發表震動一時的《三自宣言》。從此，在「三自革新」的「兩會」所統禦下的教會，就成為打上共產黨烙印的「官方教會」。

文革結束至今，中國出現強勁的信仰復興浪潮，尤其是基督教和天主教發展迅猛。如今，官方教會基督徒的人數大約為一千多萬人，家庭教會基督徒的人數為其三倍，差不多為四千萬人。家庭教會對官方教會的大致看法是：它們是「被擄的教會」，有時甚至助紂為虐。家庭教會通常不願與「三自」發生關係，不承認他們是符合聖經教導的教會，但承認其中有不少成員是真實的信仰者、是弟兄姊妹。

習近平時代，當局對公民社會的每一個領域都強力出擊、瘋狂打壓，如媒體、網路、大學、律師、非政府組織等都是其重點控制和清查的領域。宗教尤其是基督教，也成為獨裁者的眼中釘、肉中刺。一方面，中共利用梁燕城、趙曉等在海內外有一定影響的基督徒知識份子，四處散播中共的宗教政策將鬆綁的「利好」消息，為其塗脂抹粉。另一方面，中共又針對中國基督徒比例最高、社會影響力最大的溫州地區，實施「斬首行動」。以溫州為中心的浙江全省範圍內，掀起暴力拆毀教堂和十字架的行動，至今已持續兩年之久。毀教堂、抓信徒、綁架律師，強力部門無所不用其極，宛如小型文革再度上演。

顧約瑟不願對被逼迫的肢體保持沉默，寧願爲眞理受難

顧約瑟是浙江「三自」系統中頗具聲望的人物，當然，他在體制內升遷到高位，此前不可能沒有做過違心的事、沒有說過違心的話。在忠於上帝和終於共產黨之間，他在長久的煎熬之後，最終還是選擇了前者。

當浙江開始文革後最嚴厲的打壓基督教的運動之際，顧約瑟牧師就像舊約中在波斯帝國宮廷當上王后的猶太女子以斯帖一樣，「焉知你得了王后的位份，不是爲現今的機會嗎？」——或許，上帝看到他在「敵營」中「潛伏」的時間太長了，要將他彰顯出來、分別出來，要讓他在這一關鍵時刻挺身而出。因著基督徒良心的緣故，顧約瑟多次就這一輪宗教逼迫向當局反映情況，並將有關報告上呈北京。

二〇一五年六月二十一日，杭州市磐石堂被強拆十字架後，崇一堂於主日崇拜時宣讀了牧者的話：「一年多來，我們與弟兄姊妹共同承受浙江教會經歷的試煉」，「堅持以合理合法的管道表達教會正當的訴求，努力爭取教會合法的權益」。這間號稱中國最大的教堂，當然有當局派去的特務，這些言論被特務蒐集之後匯報上去。夏寶龍惱羞成怒，下令爲顧牧師羅織罪名。

顧約瑟牧師牧養崇一堂已長達十多年，深受會友愛戴。作爲浙江省基督教協會會長，他一直希望地方當局以大局爲重，努力將業已偏差甚至扭曲的政教關係撥回較爲溫和的江、胡時代。然

而，習近平強勢的、「不得妄議中央」的統治風格，深刻影響到各地諸侯，作爲其心腹的夏寶龍也不容治下有關人等「妄議省政」。於是，顧約瑟牧師的命運就註定了：無論你民間聲望和統戰價值有多高，一旦你不是百分之百地順服，你就是潛在的敵人和被打倒的對象。

中共在反右運動中整人的那些方式，如今又故計重施：顧約瑟被「引蛇出洞」，成爲「殺雞儆猴」儀式上的犧牲品。近年來，中共整治異議人士的一貫做法，乃是「政治問題以非政治的方式處理」，最常見的就是給打擊對象冠以經濟罪名或男女關係問題，最終將其「批倒搞臭」。

在「三自」系統的牧者和信徒，突然發現原來那一丁點的生存空間已蕩然無存。顧約瑟牧師雖已獲釋，但不能回到崇一堂，當局任命了多名俯首貼耳的紅色牧師空降崇一堂，將教會牢牢掌控在手中。然而，上帝在顧約瑟牧師事件中一定有祂的美意，該事件將成爲中國「三自」教會拋棄爲奴身份、浴火重生、走向曠野的轉折點。

劉曉波：說出全部的真話，付出生命的代價

在中國，說真話的人被當做賣國賊

胡適和余英時都引用過一個關於鸚鵡佛經故事，這故事完整見於明末清初的文人周亮工《因樹屋書影》的記述：

昔有鸚鵡飛集陀山。乃山中大火，鸚鵡遙見，入水濡羽，飛而灑之。天神言：「爾雖有志意，何足雲也？」對曰：「嘗僑居是山，不忍見耳！」天神嘉感，即爲滅火。

這個美麗的故事雖出於印度，但顯然已中國化了。「知其不可而爲之」，「明其道不計其功」，「只問耕耘，不問收穫」，這些話和上面那個神話在精神上不是完全一致的嗎？不過不及神話那樣生動感人罷了。大概「嘗僑居是山，不忍見耳」幾個字可以說明我在這一方面的「中國情懷」吧！

一九八〇年代末，劉曉波在香港接受媒體訪問時，發出的振聾發聵的「三百年殖民地」之

說，像一道閃電照亮年僅十六歲的我的前路。從一九九九年到二〇〇八年，在我與劉曉波朝夕相處、併肩作戰的十年間，我們對每個重大議題的立場都驚人地一致：我們一樣親美（親自由），我們一樣反對老左派和新左派，我們一樣批判儒家文化及形形色色的「東方主義」、民族主義。我也有幸與劉曉波併列出現在毛左們製作的要處死的「漢奸榜」上。但我們堅信：我們首先是人，是自由人，然後才是中國人；如果中國剝奪我們的自由，我們有權選擇「此生不做中國人」。

記得在二〇〇五年前後，一位西方外交官請我跟劉曉波、馬立誠（著名政治評論員，倡導西化和開放、反對民族主義，因發表《對日關係新思維》而受到民族主義者之「圍剿」）在一家餐廳吃飯。三個「漢奸」遇在一起，當然會異口同聲地讚揚西方的民主自由。旁邊一張飯桌上，一名年輕氣盛的「愛國賊」大概聽不下去，站起來痛罵我們說：「你們還是中國人嗎？」跟我們在一桌吃飯的金髮碧眼的外交官隨即站起來斥責他說：「我們談話跟你無關，你沒有禮貌，給中國人丟臉！」那個色厲內荏的「愛國賊」不敢惹洋人，悻悻然地埋單走人。

這段親身經歷形象地揭示了獨立思考的知識人在「動物農莊」中的生存環境之惡劣，正如前輩學者資中筠所說，「一百多年了，上面還是慈禧，下面還是義和團」。

二〇一七年，就在劉曉波被中國害死的那一年，我毅然入籍美國。我在臉書上貼出入籍美國的照片，遭致中國人鋪天蓋地的辱罵，包括二十多年從未有來往的中學、大學同學，包括號稱曾喜愛我的作品的讀者。我好奇的是，他們為什麼不敢罵有十多個直系親屬都持有歐美各國綠卡、護照的習近平？答案很簡單：罵我很安全，罵習近平不安全。這群「愛國」的懦夫多麼可悲，他們在「祖國」接受被奴役的命運，乃至「自願為奴」，他們唯一的言論自由就是辱罵不願跟他們一起做奴隸的人。

劉曉波是徹底的個人主義者

劉曉波是徹底的個人主義者，這一點與美國思想家、政治評論家艾茵·蘭德非常相似。他尖銳地批判作為一個整體而存在的中國知識份子群體：「他們不能創造性地寫作——他們沒有這能力——因為他們的生命不屬於他們自己。」他在一九八九年春天完成了《中國政治和現代中國知識份子》一書，試圖借助西方文化對於中國文化進行批判性自省。當他到西方的中心——紐約——做訪問學者之後，他發現西方亦有其問題：沒有人能解決「個體不完整」的精神問題。

當時，《中國政治和現代中國知識份子》一書已交付出版社，但劉曉波決定加個「後記」。劉曉波的老朋友、美國中國問題專家林培瑞（Perry Link）敏銳地注意到劉曉波的這一調整：「以他特有的誠實，劉曉波用這一『後記』來削弱此書的主題。」劉曉波寫道，「作為一個真誠的人」，他必須得「同時進行兩方面的評價」：首先是「以西方文化為參照來批判中國的文化和現實」；其次「以自我的、個體的創造性來批判西方文化」，為此他必須從頭開始重估一切。

這一思想轉向的重要性，被他飛蛾撲火般地回國支持天安門學運以及「六四」屠殺後他下獄秦城所掩蓋了。其實，從一九八九年到二〇一七年，劉曉波所有的思想、言論、行動乃至以身殉道，都可以從此處找到線索。

劉曉波的思路與曾經流亡美國的俄國異議作家索忍尼辛截然不同：索忍尼辛嚴厲批判美國的資本主義、消費主義和個人主義，回頭緬懷「古老的俄羅斯生活方式」，主張「以農業和手工業爲基礎」，以東正教爲精神支柱；劉曉波則大步邁向清教徒傳統、資本主義和個人主義的「右翼美國」，而批評中國的儒家專制主義傳統和歐陸的社會民主主義。

劉曉波也是徹底的全盤西化論者，如同日本明治維新時代的思想先驅福澤諭吉那樣，企圖帶領自己的國家「脫亞入歐美」。福澤諭吉成功了，劉曉波失敗了，不是劉曉波沒有福澤諭吉那麼努力，而是中國文化自身的黑暗與頑固，遠遠超過日本文化，中國需要十個劉曉波、一百個劉曉波，才能撬開那道沉重的閘門。

對「反抗者的謙卑」念茲在茲的劉曉波，從來不回避對海外民運陣營直率的批評。近日，台灣《蘋果日報》在一篇題爲〈知識份子的自我背叛〉的評論文章中，對海外民運的亂象提出尖銳批評：「現階段中國的知識份子，特別是流亡海外的民運份子一方面騎虎難下，爲了面子只好硬著頭皮繼續表演民主，另一方面也從民運人士的身分中獲得利益，包括就讀著名大學並取得學位，入籍（政治庇護）以及不斷得到基金會、善心人士和西方政府祕密的經濟挹注。但是他們的民主修養有因此逐年深化嗎？沒有，醜陋的內鬥以及遭到中國公安部門的挑撥離間，消耗了他們大部分的精力與興趣，乃至依然幼稚淺薄，毫無累積對中國政權的知識與鬥爭經驗。」郭文貴事件如同一面照妖鏡，民運大佬紛紛被照出原形。自稱「中國民主之父」的大佬，大概窮怕了，派人去紐約覲見郭文貴，提出數億美金的資助計劃，被郭視爲笑柄。在台灣頗具知名度的曹長青和袁紅冰都在該事件中醜態百出且互相撕咬。

劉曉波是中國的鄭南榕

很多海外中國民運人士人格的卑劣還在其次，觀念的僵化滯後則更加可怕。他們當中，有相當多的人是國民黨、孫文和蔣介石的粉絲，比台灣的「八百壯士」更藍，反台獨、反港獨、反藏獨、反疆獨比共產黨還要起勁，正如《蘋果日報》的所批評的那樣：「當中國民運人士在海外高呼民主的同時，竟聲嘶力竭地反對台灣主體意識，主張在中國現狀下統一，我們即可輕易拆穿他們的民主假面。如果主體意識是經過民主程序完成，主張民主的人士怎能反對？於是，我們知道那些民運人士高呼反台灣其實是向北京表態；請求減少他們高呼民主的罪愆，也是可憐。所以應摘除這類民運人士的民主高帽，他們不但羞辱民主，也玷污知識份子的桂冠。」

這也是劉曉波長期以來對海外中國民運人士的嚴厲批評。劉曉波的胸襟和遠見卓識，超越於絕大多數海外中國民主人士之上。作爲劉曉波的學生和維吾爾人的吾爾開希仍舊擁抱大中華、大一統意識形態；而作爲老師和漢人的劉曉波，卻早已突破思想桎梏，「因眞理，得自由」。

劉曉波值得被中國、香港、台灣和全世界所紀念。華盛頓街頭有聖雄甘地的塑像，甘地跟美國並無直接關係，但美國有接納甘地、海納百川的氣度；同樣，若是在台灣某處城市公園或海濱，安放一把隱喻劉曉波命運與精神的「空椅子」，不也可以彰顯台灣對普世人權價値的持守嗎？

劉曉波以身殉道，如同鄭南榕——他是「中國的鄭南榕」，這是向台灣人解釋「劉曉波是誰」的最佳方式。劉曉波向死而生、雖敗猶榮。他的超越時代與同儕的思想觀念，必將在未來中國民主化的過程中不斷發酵，作爲取之不盡，用之不竭的思想資源爲新一代反抗者所用。

第◎二◎卷◎

説謊才能當大官發大財

最不乾淨的就是北京的統治者

李克強鞋子上的泥巴

連戰兼任行政院長的時候，有一次因風災到社子島視察勘災。隨從爲他拉開車門，連戰低頭一看地上滿地泥濘，立即將伸出的一隻腳又縮回去。他腳上穿的是一雙數千美金的、訂製的名牌皮鞋，豈能被泥濘玷污？最終，連戰在居民長達二十多分鐘的叫喊下，才不甘願的下車。

這個細節再次解釋了國民黨爲什麼在中國被共產黨打得落花流水。二〇二〇年七月初，中國總理李克強赴貴州視察。在中央電視臺播放的畫面中，李克強從一輛中巴車下來，步履輕快地走在塵土飛揚的山路上，周圍是一群熱情歡迎的農夫。央視記者的鏡頭專門定格在李克強腳上的運動鞋上：鞋身沾滿泥巴，李克強卻渾然不顧。李克強如此紆尊降貴，跟連戰判若兩人。共產黨當然比國民黨更能贏得民心，而得民心者必得天下。

然而，李克強鞋上的泥巴的故事並沒有眞正結束。有觀衆發現，陪同總理視察的官員和隨從，雖然一直跟著總理飛奔，但他們沒有一人的皮鞋上沾著一點泥巴，他們的鞋子全都一塵不染。難道李克強的鞋子具有神奇的魔力，跟大地上的泥土特別有緣？

顯然，李克強鞋子上的泥巴是其秘書專門拿去給他沾染上的。陪同他的官員，沒有一個敢依樣畫葫蘆——總理做的事情，下級官員豈能僭越？於是，電視鏡頭上才出現這種巨大反差，總理的鞋子「一枝獨泥」。

李克強不是第一個利用鞋子作親民秀的中共總理。李克強的前任溫家寶在下鄉視察時，常常穿一雙破舊的、國產的「雙星牌」旅遊鞋。當時中共官媒發表了一篇煽情的報導，這篇報導還被作爲小學語文課的教學材料。有一次溫家寶到河南考察，一天中午，溫家寶身邊的工作人員拿著一雙旅遊鞋找到一位補鞋師傅說：「它開膠了，請幫助修一下。」這位補鞋師傅望著這雙鞋，「它是那麼的熟悉，記得兩年前總理來豫時它曾被修過，望著它，不由得使人浮想聯翩……有誰會想到它來自溫總理的足下，有誰能想到它伴隨著我們擁有十三億人口的國家總理已多少年了」。這篇報導最後寫到：「它壞了，它被泥水與汗水浸開了膠；它又被修好了，它在修鞋師傅的手中再次恢復了原貌。那純白略帶黑條紋的雙星牌旅遊鞋，陪伴著我們的溫總理，走過了全國三十個省市，走過了全國數千個縣（市），從工廠到農村，從鄉村中小學、醫療站到城鎮居民社區，從水利工地到田間地頭，從抗洪搶險第一線到受災群衆的帳篷……」試問有多少人讀到這裡會熱淚盈眶？

中國人不可能讀到《紐約時報》，不可能知道《紐約時報》關於溫家寶及其家族的財富的報導。經《紐約時報》記者查證，這位腳上穿著打滿補丁的鞋子的總理，以及他的九十多歲的、從未工作過的老母親的賬戶中，有二十七億美金的巨額財富——這還只是冰山一角。溫家寶看到報導惱羞成怒，揚言要狀告《紐約時報》，結果雷聲大、雨點小，不了了之。溫家寶哪裡敢在紐約跟《紐約時報》對簿公堂？

溫家寶是老一代影帝，李克強是新一代影帝，他們演出相同的劇幕，只是觀眾已經有了「火眼金睛」，再也不會被他們輕輕矇騙了。

爲什麼連胡錫進都對網路封鎖表示不滿？

習近平勞民傷財，舉行盛況空前的中共建政七十週年大閱兵，將偌大的北京城搞得風聲鶴唳，如《明史．崇禎傳》中常用的術語「一日數驚」。

比如警方規定，臨近長安街的住戶，如果十一期間在家居住，十月一日當天早八點，所有人需要到樓下集合，直到慶典結束才能回家。家中有老年人及行動不便的，會有警官入戶，當面陪同並將戶門開啓。又如，遊客到長安街上如廁，必須登記身份證，並在登記表上「如實」寫上是大便還是小便，這樣廁所管理人員可以掌握如廁時間。還有，我有朋友從美國帶了幾本我在台灣出版的書回中國，以前通常都能順利過關，這一次居然在未被告知的情況下，其行李箱被開箱檢查，所有書籍憑空消失，大概他們害怕這些書眞的會顚覆共產黨無比強大的政權。

如此嚴格的管制措施，讓一向愚忠的《環球時報》總編輯胡錫進也感到生活和工作極爲不便。他斗膽在微博上發文說：「我深度懷疑，在非特殊地區，我們的安檢過度了，耗費了過多資源。這些資源如果用來從源頭上安撫對社會心懷不滿的人，也許效果會更好。」他還抱怨密不透風的網路管制：「國慶日快到了，上外網極其艱難，連環球時報的工作都受了影響。我個人覺得這有些過了，在此提點意見，希望得到傾聽。」然而，如同《紅樓夢》裡提意見卻被往嘴巴裡塞牛糞的奴才焦大一樣，胡總編剛剛發完牢騷，立即遭到上級痛斥，然後乖乖刪去這些「大逆不道」的貼文。

一幅進京安檢的橫幅標語在網上廣爲傳播，橫幅上寫著：「確保進入北京的人乾淨。」誰乾淨，誰不乾淨，都由共產黨說了算。早先被北京市委書記蔡奇驅趕出城的數十萬「低端人口」，當然是不乾不淨的勞苦大衆，不配再次進入北京。那些上訪者、陳情者、維吾爾人、退役軍人，都是不乾不淨的、不配進入北京的刁民。

然而眞正骯髒的，並不是幹髒活的底層勞工，而是習近平爲首的中共統治者。他們是竊國大盜，是蠹蟲，是豺狼，他們將北京乃至中國變成道路以目的非人間。他們外表衣冠楚楚，他們骯髒的是靈魂和心靈。

二十世紀二〇年代的北京，有過眞正乾淨清爽的時代。來自湖南鄉下的作家沈從文說，北京高而藍的天空，讓人想下跪。他在半夜裡獨遊西山望月，有一段充滿詩意的描寫：「西山一切，小麻雀的聲音，青綠色的天空，山谷中的溪流，晚風，牽牛花附著的露珠，螢火，群星，白雲，山泉的水，紅玫瑰」都使他「想起了夢裡的美人」。沈從文筆下的如詩如畫的北京，早已被習近平大閱兵的戾氣毀滅了。

無神論的中共官僚對著廢紙一般的憲法宣誓

中國共產黨從來沒有任何宗教信仰（共產主義並非其信仰）、號稱「與天鬥其樂無窮，與地鬥其樂無窮，與人鬥其樂無窮」，居然強迫新當選的香港立法會議員「依法宣誓」，不願遵循此程式的民選議員被解除職位。中共的這種做法，如同培訓西藏的轉世活佛、組織活佛到韶山毛澤東故居朝聖一樣，其演出的一幕幕活報劇，沒有最荒謬，只有更荒謬。

中國全國人大常委會以一百五十五票贊成，全票通過《全國人大常委會關於香港特別行政區基本法第一百〇四條的解釋》。這一百五十五個投票人的名字，都會被記載在史冊上，他們投出的不是良心票，而是賣身票和恥辱票。

中國全國人大的釋法文本指出：宣誓人拒絕宣誓，即喪失就任該條所列相應公職的資格。宣誓人故意宣讀與法定誓言不一致的誓言，或者以任何不眞誠、不莊重的方式宣誓，也屬於拒絕宣誓，所作宣誓無效，宣誓人即喪失就任相應公職的資格。

宣誓文本又說，宣誓必須在法律規定的監誓人面前進行。監誓人負有確保宣誓合法進行的責任，對符合本解釋和香港特別行政區法律規定的宣誓，應確定爲有效宣誓；對不符合本解釋和香港特別行政區法律規定的宣誓，應確定為無效宣誓，並不得重新安排宣誓。由此，中共借全國人大之手剔除兩名港人選舉的立法會議員的資格，「一國兩制」從十二層地獄跌入第十三層地獄。

與此同時，全國人大常委會在人民大會堂舉行憲法宣誓儀式。全國人大常委會副委員長陳昌智主持並監誓。這是中共刻意安排的、要求香港人亦步亦趨的樣板。該儀式的程式如下：全體起立，同唱中華人民共和國國歌。領誓人、新任命的全國人大財政經濟委員會副主任委員盛光祖手撫憲法，宣讀誓詞。多名新任命的部長跟著誦讀誓詞。

從新華社發表的新聞圖片上可以看到，那間舉行典禮的房間奢華亮堂，那些參與宣誓儀式的高官顯貴個個鮮衣怒馬。雖然沒有宗教色彩，但場面之莊嚴讓人歎為觀止。然而，誰又能保證，這些面如滿月、意氣風發、聲如洪鐘地宣過誓的新貴們，數年之後不會淪為中紀委反腐紀錄片中神色慘澹、如喪考妣的階下囚呢？

美國總統在其就職典禮上宣誓，是在最高法院首席大法官的監誓下，手按《聖經》宣誓。不管該總統的信仰狀況如何，他至少承認其權力來自於美國憲法以及美國憲法背後更高的源泉——《聖經》。為什麼要有三權分立，因為《聖經》中對人性的深刻認識：人全然敗壞、無藥可救。政治哲學家阿克頓（Acton）說，權力導致腐敗，絕對權力導致絕對腐敗，權力必須分割和制衡。美國的行政、司法和立法三大權力分支機構，都信靠和尊崇憲法。與之相比，中國的官員們真的信賴他們所宣誓效忠的那部《中華人民共和國憲法》嗎？

中共作爲一個信奉「槍杆子裡出政權」的暴力原則的匪幫，從來不把憲法和法律當眞。中共打敗國民黨之後建立新政權，毛澤東原本考慮，暫時不制定憲法，繼續以《共同綱領》代替憲法，等進入社會主義、階級關係有了根本改變以後，再制定一部社會主義類型的憲法。

然而，蘇聯獨裁者、共產陣營的「共同領袖」史達林（Joseph Stalin）對此不贊同。史達林認爲，必須有憲法，政權才能有合法性和穩定性，他建議中共趕緊制定一部不同於《中華民國憲法》的新憲法。一九五〇年年初，毛澤東第一次訪蘇時，史達林再次提出該建議。一九五二年十月，劉少奇訪蘇，史達林第三次建議，將制定憲法的時間提前，「可在一九五四年進行選擧和通過憲法」。

史達林的命令一言九鼎，更何況一連發布三道聖旨？毛澤東和中共中央只能耳提面命、照單全收。中共在一九五四年按部就班地通過憲法，即漏洞百出的「五四憲法」。共產黨的決策者們從不把憲法當作應當遵守的「神聖原則」，不會將自己關進籠子裡。憲法對他們來說，只是可有可無的擺設、只是老大哥強加的紙面具。

法學家蔣碧昆回憶他年輕時跟劉少奇的一段對話：劉少奇希望好好培養、提拔蔣碧昆，問他大學畢業後的工作意向，蔣回答說要「搞憲法」。劉少奇不置可否，只是說，「你年紀輕輕搞憲法有點浪費了」。蔣碧昆多年後如此感嘆說：「我覺得他本人在當時並不看好這個職業。」劉少奇不僅是不看好「研究憲法」這個職業選擇，更是蔑視憲法的地位和權威。胡適說，歷史是任人打扮的小姑娘；對於共產黨來說，憲法和法律是任他們肆意玩弄的小姑娘。

劉少奇死無葬身之地的前車之鑑，無人借鑒。二〇一一年三月三日，在中國外交部例行記者會上，有外國記者要求提供禁止採訪中國茉莉花革命的具體法律條款，外交部發言人姜瑜說：「不要拿法律當擋箭牌。」姜瑜的意思是說，中國的法律跟別國的法律不一樣，中國的法律只保護好人、不保護壞人。至於誰是好人、誰是壞人，不是由法律說了算，而是由黨說了算。

法律永遠是共產黨的卑微的使女

習近平的心腹、中國最高人民檢察院副檢察長徐顯明在出席中國法治論壇時，對多個專家發言後的點評時指出：「我的理解是，共產黨既在法律之中，也在法律之下，還在法律之上。」徐顯明提醒在場的專家學者，從中國歷代法治的角度來看，中國的法治其中一個最主要的條件，就是「一定有明君」，而另外兩個條件就是「一定有能臣」和「一定有良法」，只有這三個條件同時具備，「這個朝代就是偉大的朝代」。對於徐顯明這番點評，網友譏之為「神邏輯」。

從徐顯明的言論可看出，此類表面信奉馬列主義和共產主義、嘴巴上說依法治國的共產黨高官，骨子裡是傳統的東方專制主義的擁護者。既然今天是「偉大的朝代」，首先是有了習近平這個無所不知、無所不能的「明君」，其次是有了王岐山這樣的「能臣」和「酷吏」，第三是有了若干專門摧殘公民社會的「惡法」（如「顛覆國家政權」和「煽動顛覆國家政權」等天羅地網般的罪名）。

徐顯明是一名典型的法盲，他是否具有法學學位改變不了這一事實。法盲當上最高人民檢察院副檢察長，是對中共建構「法治社會」的莫大諷刺。何止徐顯明是法盲，中國最高法院院長周強不也是法盲嗎？早已落馬的「政法沙皇」周永康不也是法盲嗎？從毛澤東到習近平的中共歷屆黨魁，哪一個不是法盲？

中共領袖們唯有到了權力鬥爭圖窮匕現的時刻，才會拿法律來當盾牌。毛澤東和劉少奇都是如此。一九六四年十二月，中共中央書記處召開討論「四清」問題的中央工作會議，鄧小平勸毛可不必參加，劉少奇在毛講話時幾次插話打斷。毛感到被架空，惱羞成怒，一手拿著黨章，一手拿著憲法，興師問罪：「一個不叫我開會，一個不叫我講話。爲什麼剝奪黨章、憲法給我的權利？」

後來，被毛澤東打倒的劉少奇，在中南海遭到紅衛兵殘酷批鬥，被施以「坐噴氣式飛機」的酷刑。走投無路之下，劉少奇手捧《中華人民共和國憲法》，對紅衛兵們大聲抗議：「我還是國家主席，憲法保證公民的人身自由。」他的抗議引發紅衛兵哄堂大笑。在場的人們沒有一個人尊重憲法和法律，憲法和法律比起偉大領袖毛澤東的「最高指示」來，輕如鴻毛。

毛澤東與劉少奇早已忘記他們此前是如何蔑視法律的。一九五八年八月二十四日，毛澤東在北戴河會議上發表演講：「不能靠法律治多數人……我們基本上不靠那些，主要靠決議、開會，一年搞四次，不能靠民法、刑法來維持秩序。我們每次的決議都是法，開一個會也是一個法。」他還說：「要人治，不要法治。《人民日報》一個社論，全國執行，何必要什麼法律？」

劉少奇從不掩飾視法律如兒戲的心態：一九五五年七月，劉少奇在北戴河向最高人民檢察院負責人指示說：「我們的法律是要保護人民去同敵人鬥爭，而不能約束革命人民的手足。如果哪條法律束縛了我們自己的手足，就要考慮廢除這條法律。」他宣稱：「檢察院必須掌握在黨的手裡，這個機關同公安機關一樣，同樣是黨和人民同反革命份子作鬥爭的銳利武器，必須掌握在自己人手裡。必須保證檢察機關在組織上絕對純潔。」

上行下效，時任公安部長的羅瑞卿對法律的看法，與最高領袖保持一致。擁有大將軍銜的羅瑞卿是負責毛澤東安全的禁衛軍頭目，並同時掌控公安部門、檢察院和法院大權（中共政權的強力部門從來都「三權合一」），是殺人不眨眼的狠角色。一九五五年九月十九日，羅瑞卿在全國二十一省市公安廳局長會議上說：「公安、檢察、法院都是黨的工具，是黨的保衛社會主義建設、鎮壓敵人的工具，這點必須明確。但是在憲法上又規定了『人民法院獨立審判，只服從法律』、『地方各級人民檢察院獨立行使檢察權』，所以，關於檢察院和法院在對內和對外的講法上要分開。當然，如果有些檢察院、法院的同志以法律上的規定來對抗黨的領導，那就錯了。凡是對這點認識上有偏差的，必須糾正。」既然如此，後來羅瑞卿被毛澤東劃爲「反黨份子」，跳樓摔斷腿，又被紅衛兵裝入籮筐、帶入萬人會場批鬥，也算是作繭自縛。

從最初誕生起，共產黨就是綁匪集團，法律是其遮羞布。中國人不是現代社會的公民，而是此一綁匪集團的人質，被綁架的時間太久，人質都患上斯德哥爾摩症候群，反倒對前來解救他們的好心人喊打喊殺。

徐顯明一句也未提及全國人民代表大會與法律的關係。在名義上，全國人大是最高立法機關，如同民主國家的國會。然而在中國，連小學生都知道，人大只是花瓶和橡皮圖章。英國偉大的法學家、《普通法釋義》的作者布萊克斯通（William Blackstone）在論及議會的權力和管轄範圍時這樣說：「它享有最高的、不受約束的權威去制訂、確認、增補、限制、縮減、廢除、恢復和解釋法律。」在中國，黨取代議會的至高地位，議會淪爲黨的婢女。只要此狀況存在一天，中國就離法治國家遙不可及。

落馬的腐敗官員原來還可以廢物利用

習近平的「打虎」運動不斷升級，文宣相繼加溫。央視一連播出八集專題反腐片《永遠在路上》，而且是與中紀委合作製作。該紀錄片企圖吸引民衆眼球，提升中共執政的合法性。在第一集《人心向背》中，那些曾指點江山且不可一世、如今白髮蒼蒼且原形畢露的「大老虎」們一一露面，或痛哭流涕地「深情懺悔」，或滔滔不絕地「自我批判」，宛如出演聲情並茂的狗血電視劇。

在紀錄片的結尾，是習近平在「七一」黨慶大會上的一段講話。習宣稱，中央已做到「不敢腐」，而「不能腐」和「不想腐」兩個目標，已初見成效。在其長達一分半鐘的講話過後，台下響起一片雷鳴般的掌聲。該紀錄片強烈傳達這樣的訊息：習近平代表黨內正義、健康的力量，落馬貪官則屬於邪惡、黑暗的力量。民衆必須團結在前者周圍，支持前者清除後者。

在習近平眼中，那些落馬官員還有最後一點利用價值：他們曾揮金如土，如今窮途末路，他們的可憐狀若只有習一個人欣賞，就太浪費了。爲何不拍攝成紀錄片，製作成迷幻藥，讓民衆大飽眼福且高呼萬歲呢？這是沿襲毛時代「挑動群衆鬥官僚」的策略。

然而，今天的民衆不像毛時代的民衆那麼「單純」，他們對反腐的新聞報導早已失去新鮮感，罰沒的貪官的贓款不會分到窮人的帳戶上。這部製作精美的紀錄片並沒有贏得高企的收視率。民衆對反腐運動早已產生「審美疲勞」——一場遊戲一場夢，「衰草枯楊，曾爲歌舞場」，神仙打仗，與凡人何干？

反腐是檯面上的說法，派系鬥爭才是其本質。文革結束後，中共的幾次反腐運動，都是政治鬥爭的延續：江澤民時代，以反腐爲名整肅桀驁不馴的北京市委書記陳希同；胡錦濤時代，以反腐爲名整肅同樣桀驁不馴的上海市委書記陳良宇。明眼人一眼就看出，是新上台的統治者靠清洗政敵來揚名立威。江胡的反腐一般點到爲止，並未將失敗方的狼狽狀拍成紀錄片公之於衆。習近平上台後，面臨更危險的處境，或是元老幹政，或是政敵覬覦，他隨時可能被掀翻落馬。故而，習近平與對立派系之間展開殊死搏鬥，將反腐發展成一場聲勢浩大的政治運動，將周永康集團、令計劃集團以及長期控制軍方的徐才厚、郭伯雄集團一網打盡。

對習近平來說，其他官員是清廉，還是腐敗，不是以事實驗證，而是看你站隊站哪一邊。你若站在勝利者那邊，無論怎樣腐敗，都能安然過關；你若站在失敗者那邊，無論如何清廉，也會被掃入腐敗的污水溝。那些「落水的鳳凰不如雞」的高官們，大概記不得自己發表過哪些冠冕堂皇的講話——薄熙來的名言是：「做清官，是一種境界。」周永康的名言是：「對貪汙腐敗，我們是零容忍。」徐才厚的名言是：「我最大的缺點，就是廉潔。」那麼，習近平在紀錄片結尾的那段自以爲是的談話，跟「大老虎」們昨日的自我標榜有多大差別呢？習近平跟被他搞掉的政敵，在腐敗的意義上毫無二致：習近平敢不敢公開女兒習明澤在哈佛大學每年數十萬美金的學費和生活費來自何處？習近平敢不敢將姐姐、姐夫斂聚的數百億美金巨額財富充公？

有趣的是，除了胡錦濤時代末期落馬的薄熙來之外，片中出現的腐敗官員都以「憶苦思甜」狀回顧各自貧寒的少年時代，給觀眾以「本是苦孩兒，得意便猖狂」的感覺。紀錄片的拍攝者大概希望突出這些官員「由儉入奢易」的人生軌跡，卻讓觀眾自然而然發出疑問：爲什麼除了薄熙來之外沒有任何一個「含著金湯匙降世」的「太子黨」或「紅二代」被查處呢？難道從小享受鐘鳴鼎食生活的「太子黨」、「紅二代」對腐敗具有天生免疫力？爲什麼被整肅的貪官都是「爬上高位的奴才」，永遠擺脫不了其「出身」——奴才永遠是奴才，主子永遠是主子？坊間流傳，習近平在掀起反腐運動之前，早就與數百個「太子黨」家族達成「保護協議」：只要「太子黨」成員（父輩是毛時代副國級以上高官）向習近平效忠，不像薄熙來那樣覬覦最高權力，無論其貪腐程度如何，都能享有丹書鐵券、免罪金牌。

更搞笑的是，這部紀錄片還採訪了一名美國高官，讓這名美國高官爲這場轟轟烈烈的反腐運動背書。這名美國的高官是前財長、擁抱熊貓派的代表人物鮑爾森（Henry Paulson），鮑爾森受訪時說：「我很讚賞習近平主席的舉措，對於一個國家來說沒有什麼是比腐敗更爲嚴重的損失和隱患，所以反腐至關重要，我認爲這將是一場持久戰。」這番言論，很有一點中共外交部發言人的口吻。鮑爾森及其效力的跨國公司在中國有數不清的生意，在中國賺錢賺到手軟，當然專揀好話說。鮑爾森不會不識時務地將西方根治腐敗的三大秘方奉上：多黨競爭、司法獨立、新聞自由。

吳儀不是中國獨身的女性副總理嗎？

中國軍事科學院的學者王衛星在新華社下屬的《國際先驅導報》發表了一篇文章，批評台灣新總統蔡英文因爲單身而「極端化」、「情感化」，將會給兩岸關係帶來災難。

這篇文章顯示了中共御用學者沒有學會如何用文明的方式表達和溝通，他們的思維方式冰凍在文革時代的「鬥爭哲學」之中。爲了得到主人的賞識，他們在寫作中不惜使用最粗暴和最下流的人身攻擊的方式，將跟他不一樣的人看作是異類、異端和歧視的對象。對此，《紐約時報》評論說：「對許多台灣人來說，王衛星的文章強化了他們對中國的一種印象，那就是中國爲了詆毀台灣可以不擇手段。」這種文章只能讓台灣人（包括一部分清醒的中國人）認識到，中國跟台灣的距離不僅僅是一道狹窄的台灣海峽，中國與台灣的差異乃是野蠻與文明的差異。

這篇文章儼然是向所有單身人士宣戰。台灣有超過三百萬單身人口，中國單身人口則超過兩億。當然不能因爲蔡英文單身，就說台灣沒有一個男人配得上她，因爲單身只是蔡英文個人選擇的一種生活方式。王衛星對選擇單身的生活方式的蔡英文所發出的惡毒攻擊，波及到台灣三百萬單身人士和中國兩億單身人士。按照王衛星的觀點，他們都是「極端化」、「情感化」的，甚至有缺陷的人。這樣的人不宜擔任高級官員。

王衛星對蔡英文單身身份的攻擊，完全可以移用到全球範圍內若干單身的女性領導人身上。比如，澳大利亞第一位女總理朱莉亞·吉拉德（Julia Gillard），吉拉德稱自己是一個「努力工作」、「希望看到變化」的人，在政治上則是一個「實際的人，喜歡解決問題」。她在個人生活上無暇自顧，一直未婚。又如，立陶宛首位女性總統達利婭·格里包斯凱特（Dalia Grybauskaitė），她向來以「直言不諱」著稱，不僅精通武術，還通曉多國語言，事業上很成功，卻一直未婚。未婚照樣可以擁有快樂和成功的人生。

王衛星對蔡英文對單身身份的攻擊，也可以一字不差地轉移到在胡錦濤時代曾擔任中共政治局委員和國務院副總理的吳儀身上。吳儀是女性，也是單身，曾經是中國最有權勢的女性，在清一色是男性的中共政治局的圈子裡一枝獨秀。此前，中共體制內曾出現過三名女性政治局委員——毛澤東的妻子江青、林彪的妻子葉群和周恩來的妻子鄧穎超，她們都是「夫榮妻貴」，沒有一個人生活幸福。唯有吳儀靠個人的能力由平民升到高位，在世貿談判和SARS危機中，表現亮麗，成爲少數在民間形象頗爲正面的「黨和國家領導人」。香港作家董橋評論說，這個感情生活一片空白的政壇女強人，終於贏得一位女記者一句搔到癢處的話：「以吳儀的冰清玉潔，中國的臭男人還眞沒有一個可以配得上她！」這句話太過誇張，中共高官哪一個冰清玉潔？吳儀是女性領導人，卻並非民選官員，跟其他中國男性領導人一樣不值得尊重。

王衛星是在攻擊吳儀嗎？吳儀若看到這樣的攻擊，會讓他閉嘴嗎？

郭文貴與習近平是孿生兄弟

無法無天的「潑猴」：「半文盲」與「半農民」

中國地產商郭文貴逃到美國之後，一度儼然成爲海外反抗運動的盟主，指點江山，激揚文字，不亦說乎。早已凋零離散的中國海外民運，若干當年氣吞萬里如虎的大佬們，看到郭文貴腰纏萬貫、騎鶴來美，認爲奇貨可居，爭先恐後，郭門立雪。這不可能是一場齊眉舉案的美好聯姻。短短幾個月之後，雙方的蜜月期就告終，彼此口誅筆伐，不堪入目。

這個結局是必然的。中共最邪惡的地方，就是將反抗者變得跟反抗的對象「精神同構」，前有法輪功，後有郭文貴，他們在氣質上跟中共如出一轍——唯我獨尊、獨斷專行、順我者昌、逆我者亡，尙未掌權，即已掩飾不住黃袍加身的殺伐之氣。以宣傳取代新聞，以謊言反對謊言，以河南農村的審美模式爲最高標尺，從英雄到小丑只有一步之遙。

當代中國沒有貴族階層，紳士集團在土地改革中被消滅了。共產黨的高級官僚，若往上追溯其家譜，其父輩或祖父輩，哪一個不是土匪、兵痞、流民？毛澤東爲中共政權打上深刻的個人烙印，中共與毛的同構性，不僅僅是天安門城樓上懸掛毛像那麼簡單。鄧小平等毛澤東的繼任者深知，否定毛就是否定中共統治的合法性，雖然心中恨毛，表面上一定要尊毛。在共產黨的統治下，任何渴望成功的人，無論是「工農兵學商，東南西北中」，都必須「以毛爲師」。在此意義上，習近平和郭文貴何嘗不是孿生兄弟？這兩人的身份可以互換：若郭文貴步入政壇，就是習近平；若習近平縱橫商界，就是郭文貴——他們都是毛澤東的精神傳人。

以習、郭之「共性」而論，兩人都是未受過系統教育的「半文盲」兼法盲：如果以是否識字爲標準來衡量，他們算不上文盲，他們畢竟還識字；但若以是否受過完整的中學教育來衡量，他們都是「半文盲」——他們只有初中文化水準（習近平得到了清華大學博士學位，但其博士論文由槍手代勞，其博士帽當然也是紙糊的）。

郭文貴以極佳的口才、俊朗的外表、眩目的財富等掩飾其學識之不足，混跡於中共高官顯貴之中而泰然自若、遊刃有餘——中共的上層社會本來就不是貴族，而是土匪窩。據落馬的國安部副部長馬建供述，郭文貴文化程度不高，經常用錯成語，詞不達意，寫作能力也比較低，「他的內心應該有很強的自卑感，但又極力掩飾，由於文化水準不高，所以他對公司的經營理念比較混亂」。馬建說：「郭文貴追求享樂奢靡生活，從他購買私人飛機，並對飛機進行豪華裝修，他也很注意自身儀表等方面看，實際上就是圖慕虛榮。」馬建確實是郭文貴的知己。識字有限、讀書有限，因而仇恨文化、仇恨知識份子，郭文貴如是，習近平亦如是。

郭文貴與習近平的第二大共同點是，都是「半農民」。所謂「半農民」，意思是他們不是被農村戶口死死限定的、一輩子「面朝黃土背朝天」、土裡刨食的農民，而是此前生活在城市，因爲個人或家庭在政治運動中挨整，被當局從城市發配到農村，在農村生活過相當一段時間，以後又成功脫離農村、重回城市的「準農民」。在當代中國的社會結構中，此類在農村吃過苦、浸淫農村底層社會弱肉強食生存鐵律的人士，存活和發跡能力最強。他們膽大包天、無法無天，在很多領域成爲無往不勝的「人上人」。

郭文貴在推特上宣稱：「郭文貴是草根出身，農民出身，不怕死。」其實，他不是成色十足的農民出身，他的父親算是半個知識份子，是國安系統的中層幹部，在反右運動被打成右派，全家被貶斥到農村。郭文貴有過在山東、河南之交的農村生活的體驗——那裡是中國傳統文化沉澱最深厚、自然環境相對惡劣的地區。有意思的是，郭文貴在對外發佈訊息時，常常不用第一人稱「我」，而用「郭文貴」或「文貴」，有江湖黑道特質，又宛如伊拉克前獨裁者海珊（Saddam Hussein）在講話中「自我引用」那些「海珊的名言」。若對此種表達方式作心理分析，即可發現其內心深處剪不斷、理還亂的自卑且自戀情結。

他們是毛澤東時代批量生產的「殘次品」，是「縮小版的毛澤東」

《新京報》對郭文貴的報導雖是「奉旨討伐」，其內容不無眞實之處。該報導描述說：在盤古公司多位前高管眼中，郭文貴具有多面性，既有「人情味很濃」的一面，又會隨時翻臉，威脅恐嚇員工，暴力性侵女員工，是「獨裁者」。一方面，郭「孝敬父母」，「家庭責任感很強」，自稱「虔誠的佛教徒」（據傳，郭逃亡美國之後又皈依基督教，與福建特大走私案遠華案的主角賴昌星被引渡回中國之前，在加拿大受洗的情節頗為相似，只能當做笑話看待）；對待下屬，有時十分和善，會噓寒問暖，還常常以人生導師自居，加之其外形俊朗，非常健談，「員工們看他都像看神一樣」。多位受訪者都談到，郭文貴只要在北京，中午都會儘量回家陪父母吃飯，在公司和家裡設有佛堂，每天拜佛。

但在其溫文爾雅的表像之下，則是不擇手段、厚黑無形之本質。郭文貴的合作夥伴曲龍評價說：「他喜歡張冠李戴，將這個人的話接到那個人身上；他是一個性格扭曲的人，生活在扭曲當中，是一個心理扭曲的好演員；他沒有老朋友，只有新朋友；就是兩種手段，一種是利益輸送，另一種就是抓住你負面的東西來要脅；求人的時候特別能放下身段，委曲求全，給人舔鞋都行，但是一旦得手就翻臉不認人。」

習近平也是一名「半農民」。習近平的父親習仲勛是農民子弟，在陝北帶領農民造反，與劉志丹一起創建延安「革命根據地」。後來，習仲勛貴為副總理、政治局委員，仍保持諸多農民習性。習近平成為最高領導人之後，陝西整修習仲勛故居，將整個村子裡的居民全部外遷，人文及自然生態意義上的村子不復存在，僅剩下一所翻修得富麗堂皇的習家大院作為「愛國主義教育基地」。

習家地位之高遠非郭家可比，在毛時代殘酷的黨內鬥爭中跌落得也比郭家更慘——父母被秘密關押多年，子女離散到各地。少年習近平的正規教育被中斷，從紅色貴族淪爲受同齡人唾棄的對象。年僅十六歲時，即被流放到延安梁家河村，過著茹毛飲血的生活，跟史達林時代被發配到西伯利亞農村勞動改造的「敵人的後裔」無甚差別。

梁家河與北京是兩個截然不同的世界。二〇〇四年，習近平在一次採訪中說：「我邁出人生的第一步，就到了梁家河。開始是格格不入啊。我剛一去了以後，看到我們這個窯洞在半山上，星星點點的煤油燈，我跟我的同學說，『我說你們感覺有沒有像山頂洞人的感覺？』但是後來我們就是在這樣的環境中住了七年。」習近平不會對此經歷作出深刻思考：爲什麼在號稱「工農是領導階級」的國家，農民的生活如此悲慘？

苦難有可能將庸人鍛造成英雄，也有可能摧毀庸人的良知和道德底線，將其形塑爲司湯達（Stendhal）《紅與黑》中的「於連式人格」。二〇一五年，習近平在「回延安」時對鄉親們說：「我走的時候，我的人走了，但我把心留在了這裡。」這句話對應著此前他在接受採訪時的一番表白：「我確實把自己當作是一個延安人。我現在所形成的很多基本觀念，形成的很多的基本特點，也是在延安形成的。」

習近平後來訪問美國時停留短短數天所遭遇的「文化震撼」，怎麼能與他在延安七年掙扎在生存線上的生活經驗相比？延安的農村生活造就習近平的世界觀，他成爲最爲落後、保守、停滯的西北農民文化的代表，即便他後來在福建、浙江和上海等較為開放的東南沿海地區任職，也不能改變此人格形態。

中共自始至終就是流氓痞子集團。郭文貴和習近平，還有王立軍、令計劃等人，在爭權奪力時是苦大仇深的政敵，但在知識結構、文化素養、道德觀念、思維和語言方式等方面，卻如出一轍。他們是毛澤東時代批量生產的「殘次品」，是「縮小版的毛澤東」。

中國人是黃帝子孫嗎？

中國人自稱炎黃子孫，這是中國歷史上最大的謊言。黃帝與炎帝是不共戴天的敵人，炎帝被皇帝滅掉了。你若是炎帝的子孫，就當殺掉黃帝的子孫，爲你的祖先報仇。你若是黃帝的子孫，就當繼續殺戮炎帝的子孫，以保有祖先傳下來的政權。所以，你不可能既是黃帝的子孫又是炎帝的子孫。更何況，中國歷史上究竟有沒有黃帝和炎帝其人，都是一筆缺少文字記載的糊塗帳。

統治者可不管歷史眞相是什麼。二〇一九年四月七日上午，農曆三月初三，己亥年黃帝故里拜祖大典在河南新鄭黃帝故里舉行。中國官媒報導，來自海內外近四十個國家和地區的嘉賓約八千人聚集中原大地，拜謁軒轅黃帝。

大典典禮儀程爲中國國務院公佈的國家級非物質文化遺產專案認定的九項，分別是：盛世禮炮、敬獻花籃、淨手上香、行施拜禮、恭讀拜文、高唱頌歌、樂舞敬拜、祈福中華、天地人和。大典主拜人由副國級領導、十二屆全國政協副主席齊續春擔任；主司儀由河南省政協主席劉偉擔任；河南省人民政府省長陳潤兒代表大典主辦單位致歡迎辭。

參加祭拜大典的官員中，級別最高的齊續春在中國官場並不知名。齊續春畢業於北大數學系，與習近平一樣是知青一代，早年爲河北承德的中學教師，後來從政，主管文教領域，然後加入中國國民黨革命委員會（中國八大「花瓶政黨」之一），由河北省政協副主席升任全國政協副主席。或許，由這樣的「黨外人士」（其實，他一定是共產黨秘密黨員）出面擔任「主拜人」，可以避免引發「封建迷信」與共產黨主流意識形態之衝撞。

黃帝崇拜已成新帝國主義之指標

中國官媒用報導奧運會和世博會的「熱情洋溢」的口吻描述說：黃帝故里拜祖活動，自從二〇〇六年升格爲「黃帝故里拜祖大典」以來，已經連續成功舉辦多年，二〇〇八年由國務院確定，新鄭黃帝拜祖祭典爲第一批國家級非物質文化遺產。

中共官媒更強調，二〇一九年正逢新中國成立七十週年、五四運動一百週年，二〇一九年的黃帝故里拜祖大典在全部活動設計和大典流程中，強化「愛國」主題和「國家」意識。大典期間，將圍繞「一帶一路」、人類命運共同體、「讓中原更加出彩」、鄭州國家中心城市建設等工作策劃舉辦第十三屆中國（河南）國際投資貿易洽談會、特色文化體驗遊、文化創意產品展示等相關活動，讓中外嘉賓分享鄭州大都市發展商機，實現共贏發展。有趣的是，神聖的祭祖大典仍然需要跟經貿活動緊密掛鉤，這是貧困的河南的一大「商機」。

黃帝祭典從二〇〇六年開始起不斷升格，其升格的過程跟中國從「韜光養晦」到「野蠻崛起」的步伐完全吻合。「六四」屠殺之後，中共的意識形態宣傳術與時俱進、精準調校：既然馬列主義和毛澤東思想無法凝聚民心，就搬出被毛澤東砸爛的中國傳統文化麻醉人心。於是，黃帝與孔子一起粉墨登場，全然不顧在中國歷史上兩者如火與冰般不相容：在漢代初期，帝王皆行黃（黃帝）老（老子）之術，垂拱而治、清靜無爲，黃帝這個符號被歸入道家範疇；此後，漢武帝好大喜功、窮兵黷武，董仲舒投其所好，提出「罷黜百家，獨尊儒術」，首要清除的就是黃老之術，而以法家化的儒學取而代之。不過，中共從來不學無術，哪裡尊重歷史淵源，權力在手，自可「亂點鴛鴦譜」，讓「黃帝與孔子同傳」（《史記》中，老子與韓非同傳）。

值得注意的是，在「行施拜禮」後，齊續春緩步登上拜祖台，恭讀拜祖文。在拜祖文中，首次提到全面小康、改革開放、和平統一、一帶一路等「中央大計」。其中引入注目的「應景段落」有：

> 修德懷遠，封土固疆。肇守一統，和合共襄。……港澳來歸，合力向前。兩岸相望，血脈相連。和平統一，勢所必然。一個中國，蚍蜉難撼。人類興衰，命運相連。共爲一體，唇亡齒寒。……一帶一路，文明互鑒。合作共贏，和平發展。龍騰雲起，日月經天。天長地久，四海同歡。

在此一天朝帝國敘事中，黃帝崇拜已成新帝國主義之指標。表面上看冠冕堂皇、威風凜凜、出師有名，實際上漏洞百出、自相矛盾、難以自圓其說：經過民國時代顧頡剛等「古史辨派」的研究，中國已有的考古資料無法證明黃帝在歷史上實有其人，它只是神話傳說而已。即便黃帝實有其人，也只是一個規模相對較大的部落的酋長，而非帝國皇帝。那時並無大一統的中國，也沒有「號令天下、誰與爭鋒」的卡里斯瑪領袖。所以，中共以黃帝來爲一帶一路和武力統一台灣開路，只能是「問道於盲」。

辛亥革命前後，黃帝是漢民族主義的旗幟

在漢武帝時代儒家獲得官方意識形態的地位之後，一千多年來，孔子始終是「萬世師表」，而黃帝並不尊貴。

黃帝成爲「網紅」，是因爲清朝末年，革命黨人爲「反滿」，抬出中國最古的一位「天下共主」黃帝。同時也有人倡議說，中國應以黃帝紀年。

最早提議以黃帝紀年的，不是革命黨人，而是戊戌前後的第一代翻譯家嚴復。嚴復在一八九八年即提出「開國自黃帝至今四千三百八十六年」的說法。一九〇三年，另一位國學大師劉師培發表《黃帝紀年論》一文，稱：「凡一民族，不得不溯其源。爲吾四百兆漢種之祖者誰乎？是爲黃帝軒轅氏。」劉師培將黃帝比作日本的神武天皇，「日本立國，以神武天皇紀年」，中國自當以黃帝紀年。劉師培在此文的末尾署其年份爲「黃帝降生四千六百一十四年」。

清末新政未能緩解革命潮起。立憲運動受挫，皇族內閣出台，更讓滿漢矛盾激化。在此背景下，黃帝紀年的說法得到民間熱烈響應。一九〇三年出版的《黃帝魂》一書，採用黃帝紀年，將當年推定為黃帝紀年之四千六百一十四年。同年創刊的《江蘇》雜誌，從第三期起取消光緒年號，以黃帝紀年，它以創刊之年為黃帝紀年之四千三百九十四年。革命黨人宋教仁根據《皇極經世》、《通鑑輯覽》等書，將一九〇五年推定為黃帝紀年之四千六百〇三年。隨即，革命黨人創辦《民報》，與改良派的《新民叢報》爭奪輿論領導權，並用「中國開國紀元」的名義正式使用黃帝紀年。

從以上五花八門的計算方式可看出，既然黃帝是一個子虛烏有的人物，黃帝紀年就人言人殊，無法達成基本共識。武昌起義成功，各省獨立，不少省份宣佈使用黃帝紀年，各省之計算方式遂有天壤之別。中華民國成立後，臨時大總統孫文電令各省，從「黃帝紀年四千六百九年十一月十三日」，即從一九一二年元旦起，停用黃帝紀年，全國統一採用公曆和中華民國紀年。

其實，黃帝紀年之爭早在漢代就已不可開交。如昭帝元鳳三年（西元前七十八年），就發生過曆法之爭。太史令張壽王與待詔李信根據傳世的黃帝《調曆》計算，「言黃帝至元鳳三年六千餘歲」；而另一方則依據曆書《終始》，認為「黃帝以來三千六百二十九歲」，兩者之差，竟至三千歲！

學者孫隆基在《清季民族主義與黃帝崇拜之發明》一文中指出，春秋以前的文獻如《詩經》、《書經》所載最古之帝王皆止於禹，不曾提及黃帝、堯、舜，《論語》、《墨子》、《孟子》等書則上溯至堯、舜而不及黃帝。黃帝傳說之大盛，在戰國時代在中華文明被納入西方中心的邦國秩序之前，不會有「民族肇始者」的構想。甚至有人說：中國是一個文明屈居一個「國家」之下。長期以來，中國高舉孔教文明，其中心人物只可能是孔子，不可能是黃帝，這是無需爭辯之事實。

孫隆基繼而指出，中華這個「天下」演變成西方式「國家」，在符號學層次上，以戊戌維新爲開端，以辛亥革命前後爲高潮。頗有象徵性的一幕是：一九〇三年初，來自浙江的留日學生周樹人（魯迅）剪掉象徵滿族統治的辮子，並拍一張「斷髮照」，送給同鄉好友許壽裳。相片後提了一首詩，即著名的「我以我血薦軒轅」。此時，各地之漢民族主義者展開樹立黃帝爲共祖之運動。革命黨機關報《民報》第一期刊首印有黃帝像，圖下說明「世界第一之民族主義大偉人黃帝」。這種漢民族主義是排他性的，反西方的（一九一七年，俄國革命成功後，馬克思列寧主義傳入中國，將義和團式的排外主義升級換代爲「反帝」學說），很多論述與後來的義大利法西斯主義和德國納粹相似。他們試圖以黃帝紀年取代光緒紀年和耶穌紀元，可謂「反滿」與「反帝」並重。於是，史學上的爭論被擱置，學術乖乖服從於政治，清朝兩百六十年的「異族統治」遂被五千年的「黃統」所排擠。

有趣的是，中華民國和中華人民共和國都未採取「黃帝紀年」。直到上世紀九十年代，爲了填補「六四」屠殺之後的所謂「民族虛無主義」，炎黃熱又在官方的鼓勵下興起（即便是黨內開明派的言論陣地、最重要的雜誌亦名爲《炎黃春秋》）。於是，又有人老話重提，提議以黃帝紀年。他們的理由是，西元紀年有基督教的宗教背景（又稱「耶曆」），是西方文化的產物（故又稱「西曆」），實行黃帝紀年，有助於恢復傳統文化、增強民族凝聚力和自信心。此外還有主張實行以孔子紀年者，稱爲「孔歷」。但是，中共當局不敢作出如此重大的調整——共產黨的馬列主義意識形態與中國傳統文化之整合遲遲無法完成，中共沒有能力講述一套平衡兩者的「中國故事」。

對黃帝最深刻的批判出現在台灣和香港

劉曉波之後，中國本土「全盤反傳統」的知識人幾乎斷絕。中國國內的自由派、改革派公共知識份子，即便有反共之心，卻也無「反華」之膽，反倒龜縮到大中華、大一統的沼澤中「抱團取暖」。對黃帝及天下敘事作出最深刻批判和反省的人物和思想，出現在「帝國邊緣」的台灣和香港，倒也是理所當然——帝國中心早已潰爛，找不到一方淨土、一口淨水；反倒是帝國的邊緣，自由激發出智慧和勇氣，滋潤了選擇與眞理同行的知識人。

台灣知識人曾昭明多年來致力於研究天朝主義譜系學，隔岸觀火、明察秋毫，對「中國自由派」的病灶看得一清二楚。當法學家許章潤批評「今上」、因言獲罪，被視爲「中國良心」，連台灣外交部都在推特上發文聲援之際，唯有曾昭明確確實實地指出，許章潤的「眞話」是包了糖衣的毒藥，許章潤的言論自由固然要保障，但其思想見識「不足道也」。從許的文風到思想觀念，都指向「儒教自由帝國」這個「四不像」。曾昭明仔細剖析許氏之〈論「家國天下」〉、〈今天中國爲何需要省思「國家理性」〉、〈現代中國的國家理性：關於國家建構的自由民族主義共和法理〉等論文後發現：「中國自由派」迄今還是相信，中國可以「走出帝制」而無需「走出帝國」。許反對習近平，乃是反對暴君，而不反對帝國，若帝國出現明君，他樂於充任帝王師。

曾昭明指出，許章潤的文章，以「民族國家論」爲修辭脈絡，卻以「文明帝國論」爲論題指向，刻意用心將天朝學人關於「天下帝國論」的種種立論，挪移到「民族國家論」的架構內重新表述，將「天下帝國的精神」嫁接到「中華民族」上，形成了貌似溫良恭讓、宛如磨平了狼爪的「中國特色帝國民族論」。許氏文章和思想，比中共國台辦的喊打喊殺更危險、更黑暗，因爲後者的邪惡是明明可見的，前者的邪惡則以善的名義展開，讓人防不勝防、猝不及防，如曾昭明所論：許章潤的「儒教自由帝國」，類似國民黨的三民主義教義學，依然有著濃重的「天朝喪屍」況味。

另一位批判中華帝國主義的健筆，是年輕的香港評論人盧斯達。盧斯達是港獨思想的重要闡釋者，也是最早戳破「民主中國」幻想的香港獨立知識人——「中國」這個概念與民主就是不相容的，除非它分裂。針對索羅斯（George Soros）等西方左派在批判習近平和共產黨的同時寄望於中華傳統，盧斯達嘲諷說，索羅斯等大概發現了，左派的普世平等價值最早是由中國發明的：古中華講聖王統治，講大同世界、統一九州，講世界是「一個的天下」，講「全」，講「道」是「一以貫之」，到之後秦始皇將它實行了出來，也是非常「整全主義」的；「仁」是人和世界終極的本質；至於君子之政，就是將仁政推行到世界所有地方。是故，《紐約時報》和CNN真該到中國、到河南新鄭的黃帝祭祀大典上「尋根」。中國政協副主席齊續春宣讀的皇帝祭文，像不像《紐約時報》的社論和CNN的假新聞呢？

黃帝沒有那麼英明神武。孔子認爲，「三代」是好的，古聖王統治的時代是伊甸園，古聖王都是德才兼備的，但莊子透過盜蹠之口指出：「黃帝不能致德，與蚩尤戰於涿鹿之野，流血百里。堯、舜作，立群臣，湯放其主，武王殺紂。自是之後，以強凌弱，以衆暴寡。湯、武以來，皆亂人之徒也。」由此，盧斯達論述說：暴君使用性善論、中國式哲學王的概念，去合理化自己擴大權力，最終使紛雜的「中原」不幸走向大一統、以宗教權威腐蝕各國各地的自治，令中原的分立和封建過早終結。

共產黨的根基不是貨眞價實的無神論和唯物論，共產黨乃是一種變形的神權統治。作爲祭祀大典背景的軒轅皇帝的巨型塑像，怎麼看都有一種蘇聯工農兵現實主義的藝術風格。就如同美國首都華盛頓潮汐湖畔的馬丁·路德·金恩塑像，出自中國專門塑造毛澤東像的雕塑家雷宜鋅之手，於是馬丁·路德·金恩就有了幾分毛主席「一覽衆山小」的軒昂氣勢——而為之揭幕是美國總統歐巴馬，其夫人在白宮的聖誕樹上毫無違和感地懸掛毛澤東像，這一切絕非偶然。

胡錦濤時代，孔子像曾被安置在天安門廣場一側，但沒有幾天，又被靜悄悄地移走。習近平時代，儘管習近平大力推崇馬克思，但中共沒有塑造更大的馬克思像，倒是向馬克思的故鄉德國特里爾市贈送馬克思像，這一舉動意味深長——兩年多之後，武漢肺炎肆虐歐洲，憤怒的德國人為特里爾市中心的馬克思銅像戴上冠狀病毒王冠，披上病毒紅旗，以示馬克思為冠狀病毒「始祖」之意。人們圍在戴著冠狀病毒王冠、披著病毒紅旗的馬克思像四周爭相拍照——中共的大外宣，成了打向自己的一記響亮的耳光。

或許，在馬克思與黃帝之間，習近平更青睞黃帝。然而，在走向法西斯主義的習近平的中國，黃帝能否與馬克思「和平共處」，猶在未知之數。

中國人都是凌友詩

詩詩叫春與堯舜禹湯

二〇一九年的中共「兩會」（如鬧劇般的人大及政協會議），是習近平完成稱帝之舉之後的第一次「兩會」，也是文革結束之後最沉悶的一次「兩會」。唯一的亮點是出生台灣、居住香港的港區政協全國委員凌友詩的一番激情演講。

凌友詩的穿著打扮、言語行事，大致符合中共中央文件中關於「高級黑」和「低級紅」的定義，卻因爲其身份特殊、橫跨台港，雖表演過火而有帶來負面影響，仍被「今上」所寬宥。中國民間對此一片倒彩，以一個新成語「詩詩叫春」形容之，香港評論人馮晞乾更以「自稱台灣女孩的北韓大嬸」稱呼之。面對諸多冷嘲熱諷，凌友詩不爲所動，高呼「愛國無罪」。

很多台灣人對這個「台灣女孩」的演說方式感到陌生而奇怪，視之爲天外來客。資深媒體人譚志強則認爲，凌友詩的腔調並非「文革腔」或「北韓大嬸腔」，而是地地道道的「台灣特產」——這是台灣宣佈解除戒嚴之前，在廣播節目或文康表演時，曾紅極一時的「政戰腔」，解嚴後出身的台灣年輕人對此一無所知。所謂「政戰腔」，即由北投復興崗「政治作戰學校」新聞系、音樂系、影劇系畢業生出任的，由中國國民黨文化工作委員會（前身是中央宣傳部）領導的國營電台電視廣播節目女主持人、女播音員獨有的廣播演講腔調。這套「神功」在解嚴後便已失傳，三十多年之後，除了曾在台灣「中央廣播電台」、「復興廣播電台」受過專業播音訓練的少數前輩，大概沒有多少台灣和港澳居民認識此腔此調了。所以，凌友詩一出山，立即舉世震驚。

會下，一舉成名的「台灣女孩」對著包圍她的媒體陳述其教育背景和成長歷程：「我在台灣所受的教育就是堯舜禹湯，文武周公孔子的中國正統歷史教育。」「我對民族的承擔和責任感是堅定的，絕對是反對『台獨』，而且願意大力促進國家統一。」這兩句話說到了關鍵之處，是解開凌友詩何為凌友詩的「基因密碼」。

國民黨敗退台灣，在「二二八」屠殺之後繼續漫長的白色恐怖統治，這是硬的一手；另一方面，則掀起中國文化復興運動，以對抗共產主義意識形態，並在青年一代中培養順民和奴才，這是軟的一手。如此軟硬兼施，國民黨得以在台灣維持了近半個世紀的獨裁統治。

風水輪流轉，共產黨奪取中國政權之後，先是毛時代「破四舊」、「批林（林彪）批孔（孔子）」，打擊除了法家之外的傳統文化；「六四」屠殺之後，轉而推動國學熱、傳統文化熱，在全球建立如雨後春筍般的「孔子學院」，以挽救官方馬列主義意識形態崩解之危機。

兩岸兩黨之手法大致相同，只是有一個時間差。由此可見，堯舜禹湯、周公孔子，都是專制政府的洗腦教育的一部分。

歐威爾說，誰控制了歷史，誰就控制了未來。如果說「讀什麼書，就成爲什麼人」；那麼，更嚴重的是，「讀什麼樣的歷史書，未來就會成長爲什麼樣的人」。不必取笑字正腔圓的「台灣女孩」，沒有像日本那樣經過「脫亞入歐」的明治維新的中國、香港與台灣，誰的身上又沒有「台灣女孩」的毒素呢？

徐川和陳果都是淩友詩

二〇一九年三月十八日，中共召開「學校思想政治理論課教師座談會」，新華社引述習近平在會上的講話，「必須培養一代又一代擁護中共領導和中國社會主義制度的人才、立志爲中國特色社會主義事業奮鬥終身的有用人才」。

習近平沿襲毛澤東和鄧小平都說過的「從娃娃抓起」的論調，強調說：「在這個根本問題上，必須旗幟鮮明、毫不含糊，這就要求我們把下一代教育好、培養好，從學校抓起、從娃娃抓起。」習近平又說：「引導學生扣好人生第一顆扣子，……傳導主流意識形態，直面各種錯誤觀點和思潮。」——可悲的是，有多少在幼稚園裡的「中國娃娃」，遭受「狼師」的體罰、虐待乃至性侵（甚至被「狼師」送給太子黨們淫樂），解開那些「中國娃娃」的「人生第一顆扣子」的正是「滿口馬列主義，滿肚男盜女娼」的共產黨官員。

引人矚目的是，在這次會議上發言的八名教師代表中，有兩名是八〇後「網紅」大學教師徐川和陳果。徐川爲南京航空航天大學馬克思主義學院副教授、黨總支書記；陳果爲復旦大學馬克思主義學院的高級講師。顯然，習近平和中共當局意識到傳統的洗腦方式已不適應新時代，必須推出更年輕一代的「戈培爾」並迅速佔領影響力大大超過其他傳統媒體的網際網路。

我特別從網路查找徐川和陳果兩人授課、演講的影片，唯一的感受就是：他們都是淩友詩。

南京航空航天大學是一所半軍事化的大學，政治氛圍保守和僵化，出現徐川這樣的奇葩人物也在情理之中。

中共官方媒體報導，二〇一六年五月，徐川撰寫的文章〈我爲什麼加入中國共產黨？〉在網上發表之後，閱讀量超過十萬，他在學校和青年圈子裡成了「網紅」。徐川編寫的黨課新教材上市僅四十八小時便全數完售。他不收費、不爽約，微信隨時線上答疑，三年累計回答近十萬個問題，成爲青年人心中的「藍顏知己」、「知心人」。

二〇一七年十月十八日，徐川作爲黨代表參加中共十九大，並推出《世界最大政黨爲什麼能？網紅帶你七分鐘速覽》的影片、〈陪我一起開個會，好嗎？〉等文章，再一次爆紅，接著他建立一支名叫「川流不息」的思想政治教育團隊。官方報導說，徐川一直在靠自己的努力、創新和堅持，影響改變著一批九〇後、〇〇後的年輕人——所謂「自己的努力」只能欺騙不瞭解中國國情的人，如果不是當局批准和支持，徐川怎麼可能隨意發表介紹共產黨黨代會的文字、影片？而他組建的洗腦團隊，經費從何而來？難道他們都是給黨做義工？

在南航舉辦的名爲「你好，馬克思」的紀念馬克思誕辰兩百週年主題教育活動上，徐川的這段表述吸引了現場師生們的注意力：「何爲一個成功男人的標準？三歲不尿褲子、六歲能自己吃飯……八十歲還能不尿褲子、九十歲還能自己吃飯、一百歲能不被掛在牆上、兩百歲還能被掛在牆上。」如此介紹馬克思，徐川似乎很會玩弄噱頭，但這些言論並無任何眞知灼見。徐川不會引用英國學者保羅·約翰遜（Paul Johnson）在《所謂知識份子》一書中對馬克思卑劣人品的揭露。不過，這段話中似乎有腹誹「今上」習近平的成分：既然「老爺爺」、「老祖宗」馬克思「一百歲能不被掛在牆上」是何其謙卑，那麼，六十多歲就被掛在牆上的習近平則是何其狂妄！

人民網中國媒體的報導稱，每到徐川上政治課，很多別的系科和學校的學生趕來「蹭課」。官方微博發表文章〈立德樹人，培養擔當民族復興大任的時代新人〉稱：「參加座談會的『八〇後』教師徐川，他的思政課『熱銷』很久，往往教室走道也『站無虛席』。之所以能夠贏得學生的喜愛，更成爲名副其實的『網紅』，根源就在於徐川的思政課既有思想性、理論性，也有親和力、針對性。」南航還成立「思想政治教育研究中心」，聘請徐川爲研究中心主任，進一步推廣「徐川思政工作法」。這篇報導沒有說出的事實是，當眞正有學問和有良知的教師都被封口、開除乃至入獄，學生們還能有什麼樣的選擇呢？在壞和最壞之間，只好選擇油腔滑調、懂得相聲術的徐川。

官媒表揚徐川放棄百萬年薪的工作，甘願大學裡當清貧的「靈魂工程師」。然而，事情的眞相是：徐川正是錢理群教授所說的「精緻的利己主義者」，他知道如何「學而優則仕」。在極權主義社會，權力永遠比金錢重要，權力可以帶來更多金錢，所以徐川捨棄發財的「黃路」，選擇當官的「紅路」。

與徐川經歷類似的陳果，被網友譽爲「最有型的大學女教師」。陳果生於上海，是復旦大學哲學系博士，曾師從哈佛大學神學博士James D、芝加哥大學心理學博士Evelyn。在復旦大學論壇有很高人氣，是復旦北區研究生公寓三寶之首——「酋長」。

美國頂級學者的言傳身教，並沒有讓陳果接受自由民主的普世價值，她轉身成爲中共獨裁政權的辯護律師和「幫兇、幫忙與幫閒」，正如學者李劼所言：「以容閎爲標記的中國留學生時代開啓了走向文明的歷程。不料，自八〇年代以降的中國留學生卻把歷史折回了愚昧和野蠻。」「六四」以後接觸西方文明、接受西方教育的中國年輕人，後來選擇站在黨的一邊，乃是出於功成名就的考量，用台灣話來說就是「西瓜偎大邊」。

陳果是二〇〇八年博士畢業的，此後長期在復旦任教「思想道德修養與法律基礎課」課程。她博士畢業那一年，正是《〇八憲章》問世的時刻。對於《〇八憲章》，她或許聞所未聞。同一個中國，同樣是博士，陳果跟劉曉波生活在兩個截然不同的世界裡。

二〇一七年，陳果在復旦講課的影片被網友上傳至網路後便一炮而紅，一些網友在流行於年輕人的短影片app「抖音」上轉載。據該影片畫面顯示，陳果一手夾著粉筆一手插褲袋，高談闊論說——「朋友是無用的」，「孤獨和寂寞不是一回事」，「只有成熟，才能對抗衰老」。在短時間內，該影片的播放量達到幾千萬次，好評如潮。此次，陳果參會發言的鏡頭在中國喉舌時政節目《新聞聯播》播出後，更成爲微博的熱門話題，被中國諸多主流媒體稱爲「全民心靈偶像」。

然而，陳果的「名人名言」非沒有爭議，尤其是她在課堂上說過的一句名言——「要學會與黑暗和解，當你與黑暗和解的時候，黑暗已經不那麼黑了。」一名微博網友評論道：「陳果這種人也能去開會，眞的呵呵了。魯迅教人戰鬥和抗爭，陳果教人接受和順從。」更有批評人士認爲，陳果在課堂上傳播的這些「心靈雞湯」，本質上是一種「反智主義」，是「害人的理念」。而這種「反智主義」和「害人的理念」正是中共需要的洗腦術。此前在央視「百家講壇」欄目「歪說孔子」的北京傳媒大學教授于丹是先行者，年輕的陳果則青出於藍更勝於藍。

徐川、陳果在大學和社交媒體的走紅，不是說明中共「獨裁者的進化」有多麼厲害，恰恰說明中國人當下精神生活多麼匱乏、中國大學學術自由多麼逼仄。我在上個世紀九〇年代初進入北大時，即便在「六四」屠殺之後的肅殺氛圍中，也還能聽到錢理群以及來自其他大學的王富仁、劉軍寧、秦暉、徐友漁、王東成、鄧正來、鄭也夫等堅持「獨立之人格、自由之思想」的教授的授課或講座。如果徐川、陳果之流出現在那個時代，不要說不可能出現「座無虛席」的盛況，恐怕只可能是「門前冷落車馬稀」。在那個時代，自甘墮落充當黨國喉舌的學人，即便不會如「過街老鼠，人人喊打」，至少大家會以白眼和噓聲對付之。

二十多年之後的今天，徐川、陳果之流佔據了大學的講壇並成爲網紅，不是一個可以等閒視之的現象。你只有理解這個現象，才能明白爲什麼納粹都不敢做的事情共產黨卻敢做：任命堪比蓋世太保的安全局長爲北大黨委書記；你只有理解這個現象，才能明白爲什麼加拿大多倫多大學百分之九十五的中國留學生，聯名霸凌新當選爲學生會主席的藏族女學生。徐川和陳果的成功，正意味著中國進入了評論人胡少江所說的毛時代之後的「第二個黑暗時期」。胡少江指出，毛時代和習時代這兩個黑暗時期的共同點是：由政治權威動用鎮壓手段推行企圖壟斷全民思想的愚民政策。在此次轟轟烈烈的「洗腦交流會」上，中共搬出一些善於利用新的科技手段和巧言令色對腐朽思想進行包裝，然後用現代的銷售手段向青年學生們進行兜售的投機者，將這些無恥文人作爲樣板，期待他們化腐朽爲神奇，爲執政黨在全國推行的思想控制工程帶來奇蹟。「執政黨不遺餘力地進行思想控制，正是因爲他們目睹了執政黨在思想控制方面的一次又一次失敗，更是因爲他們對思想控制失敗所帶來的後果的極端恐懼。」

徐川、陳果可以暫時吸引和欺騙一批年輕人，但不能永遠吸引和欺騙所有年輕人。一旦中國人爭取到言論自由、思想自由和學術自由，賣身求榮者必定身敗名裂。凌友詩、徐川和陳果只不過是這個黑暗時代留給後世的醜陋標本而已。

當葉嘉瑩變成祖母版的淩友詩

中國官媒《光明日報》之「光明網」刊登了一則新聞：中宣部「學習強國」學習平台（不是一般性的學習，而是學習近平語錄）自二〇一九年元旦上線以來，引起全國線民高度關注。南開大學中華古典文化研究所所長、詩詞大家葉嘉瑩先生特爲該平台題詩一首，李殿仁、李文朝、何雲春等依韻步和，現輯選部分作品以饗讀者。

其他那些東施效顰之作，不忍卒讀。葉嘉瑩這位被中共當作「國寶」養起來的「大師」，所寫的究竟是一篇怎樣驚天動地的佳作呢？且看其《爲中宣部「學習強國」學習平台題詩》：

中華詩教播瀛寰，李杜高峰許再攀。

已見舊邦新氣象，要揮彩筆寫江山！

如果不是明確標註作者是葉嘉瑩，我還以爲這是文革期間郭沫若所寫的吹捧毛澤東、江青的打油詩。當人們紛紛嘆息葉嘉瑩「晚節不保」時，我卻想起不久前讀過的葉氏的名作《王國維及其文學批評》。葉氏讚揚說：「王國維先生是一位很了不起的學者。他之偉大，他之了不起，他之所以得到很多人的尊敬，是因爲他所追求的東西跟我們當前一般所謂的『學者』所追求的東西有所不同。」她認爲，王國維先生所追求的是眞理。「陳寅恪先生說，我們眞正的讀書人讀書治學的目的是爲了追求眞理。也就是說，讀書是爲了明理，是在追求眞理。所以『思想而不自由，毋寧死耳』，如果不能夠自由地追求眞理，那麼生活就成爲一種痛苦。這就是陳寅恪先生所認爲的王國維爲什麼自殺的原因了。」

葉嘉瑩進而批評說：「當前很多人之研究學問其實是出於一種功利的目的。像現在大學博士班裡的有些學生，他們的目的是要得到一個博士學位，然後就可以得到比較好的工作、比較高的等級和比較高的待遇。所以，現在有很多人讀書其實完全是出於功利的目的，這在中國內地的教育界、學術界，是很普遍的現象。」

或許，葉嘉瑩沒有想到，她寫這本書、說這番話之後沒有過多久，她本人就蛻變成早先所批判的對象。在沒有思想自由、言論自由和學術自由的習近平時代，「一名教授說了幾句眞話就淪爲流浪漢，一名流浪漢說了幾句正常話就成了偶像」，葉嘉瑩的粉墨登場，即便不是「爲稻粱謀」，也是爲了滿足文人不甘寂寞的虛榮心。在一個沒有國學大師的時代，只要能被當作國學大師供奉起來，就可以不必「因眞理，得自由」了。

這是一個多麼醜陋的時代，一不小心，就看到葉嘉瑩變成了祖母級別的凌友詩。年齡可以當凌友詩奶奶的葉嘉瑩，在曠世英主習近平面前，似乎也要迫不及待地上演一齣「少女情懷總是詩」的青春版《牡丹亭》。

余英時只有一個，葉嘉瑩卻有無數個。卡夫卡說過，挺住，意味著一切；而我要補上下半句：趴下，就成了奴才。

在「互害型社會」，誰是無辜者？

爲什麼中國人向受難者落井下石？

自從二〇一八年十二月九日，中共當局對成都秋雨聖約教會成員進行大抓捕之後，秋雨聖約教會信衆所受之逼迫從未停止。近日，有一家秋雨聖約教會的會友，在網上披露了他們被迫搬家的經過。警方向房東施加壓力，房東則趁機落井下石，於是發生了以下如此奇葩的事件：

之前房東五、六次逼我們搬家，我們每次都說最早只能在七月份搬，最後說定就在七月份搬，如果更早有時間就更早搬。現在我們回來了，也打包好行李準備搬走了，但房東說她不退我們房租（房租到十月十四，還有兩個月十八天），說我們是自己要搬走，沒有提前跟她協商。就是直接無視她曾經幾次三番的逼我們搬家的事情。我們提起，她還說，怪我們，派出所還給她添了麻煩。現在說押金、房租都不退，違約金是一個月房租更不給。

她還揚言說，「肯定不能給你的，不滿意去法院告我啊。」

有時候說某個強大的邪惡力量毒害多少人。可是，別的不說，就這半年多以來和我家打過交道的：民警、社區人員、網格員（蒐集社區住户資訊的專員）、房東、門衛大爺，甚至街坊鄰居們，以及開鎖匠、一一九救援隊……在這半年多時間裡，幾乎無一例外地甘願做了幫兇。那些你在大街上看起來淳樸忠厚的老百姓，在一點點的好處或威脅面前，輕易地就丟掉了自己的良知，與罪惡爲伍，與邪惡親嘴，與醜惡調情。

更有的人，不需要別人的威逼利誘，就如此輕易地選擇了欺負被欺負的人。

八年前，我在中國遭受中共秘密警察迫害的時候，曾經遇到過少數的同情者和聲援者，比如樓下的鄰居做了疙瘩湯送上來，因爲害怕被警察看到，在樓梯上緊張得差點摔了一跤；如今，這個被劃爲「賤民」的家庭遇到的幾乎每一個人，都是專制政權的幫兇，趁火打劫、落井下石。這種變遷充分說明，中國已墜入「互害型社會」的深淵。這個事實，世界各國都看得清清楚楚，只有身在其中的中國人不自知（當災難還沒有臨到他頭上時，他以爲一切都歲月靜好），正所謂「不識廬山眞面目，只緣身在此山中」。

三月四日，美國駐華大使館網站刊登了國務卿蓬佩奧（Mike Pompeo）在愛荷華州發表的一篇演講的全文。這篇演講的主題是關於美國農業復興的，但蓬佩奧在演講中順勢猛烈抨擊了中國種種踐踏國際條約的可恥行徑。他指出，不僅美國農業出口商是中共政府主導的國家主義經濟的受害者，中國人民也是這種體制的受害者。他說：「回想二〇〇八年，成千上萬中國兒童因有害的牛奶和嬰兒配方奶粉生病，其中一些兒童死亡。直至今天，許多中國人仍出國購買嬰兒配方奶粉，海外的中國人通過向國內運送奶粉而大發其財。」他還說：「幾年前，《時代雜誌》對中國的假雞蛋做了研究，結果發現其中含這些美味成分：樹脂、澱粉、凝結劑、顏料、海藻酸鈉。」

蓬佩奧的這段話揭示了中國作爲「互害型社會」的本質——傷害中國人的，不是外國人，而是中國人自己，而始作俑者是中國政府。就中國的食品安全領域而言，中國的食品安全風險從生產、流通到消費每個環節無處不在。比如有一個段子說：「賣毒大米的喝了假酒；賣假酒的吃了蘇丹紅鴨蛋；賣鴨蛋的吃了農藥超標的蔬菜；種蔬菜的吃了『化學牛肉』；生產牛肉的吃了毒大米」……很多無良商家明確表示不會吃自己生產的東西，卻難以保證不被其他無良者算計。施加傷害的人認爲自己可以僥倖逃脫法律的制裁，卻必然逃脫不了另一個施害者的計算。古有「易子而食」，今有「易糞相食」，中國的進步和進化眞是日新月異、一日千里。

中國學者劉雲超評論說，互害型社會的一個顯著特點是傷害鏈的閉合狀態，也就是說互害型社會中，幾乎沒有人可以倖免於來自他人的傷害，也幾乎沒有人可以獨善其身，不去傷害他人。你覺得你占了便宜，我覺得我占了便宜，結果誰也占不了便宜處。既然互信和契約破裂和崩塌了，在這個鏈中的每個人，都逃不脫傷害和被傷害。劉雲超進一步提出，傷害他人的行爲並非人心所願，因爲它違反了每個人天性中的良知。但是，在一個叢林法則勝過契約精神的社會裡，人們就會認爲傷害他人的行爲反而對自己有利，於是良知就沉睡了，「比惡」變成一種常態乃至本能，只有比別更惡，才有可能在這個弱肉強食的社會中生存下來。

邪惡已經滲透到中國的每一個角落

在被中共「網格化」的「互害型」社會中，加害者與被害者的界限很快模糊了。極權主義體制綁架了全民，讓全民成為受害者的同時，絕大多數人也參與了對他人的加害行動。

就秋雨教會會友的遭遇而言，那名房東受到國保警察的壓力是真實的，一介平民確實無法抵禦這種無所不知的壓力。但是，房東可以採取的方式是：跟租客心平氣和地商量，說出自己的難處，請求租客早日搬家，雙方另外達成一份讓彼此的損失降低到最小的契約。外人當然無權要求這名房東雪中送炭，但他也不應該趁火打劫、火中取栗——如果他這樣做，就是自動選擇充當權力的幫兇。國保警察大概並沒有讓他在此事件中順手牽羊，他卻利用受害者的窘境為自己謀利。他絲毫不在意同胞的宗教信仰自由和基本人權遭到剝奪和踐踏，也不覺得這跟自己有什麼關係。他條件反射般地想到，既然租客已經淪為「賤民」，「這是我發財的機會」。他的做法跟「耶路撒冷的艾希曼」有什麼差別呢？

漢娜．鄂蘭在《平凡的邪惡：艾希曼耶路撒冷大審紀實》一書中指出，參與希特勒的滅絕猶太人計畫的艾希曼不是怪物，只是一名在工作時不涉及任何情感或道德，幹起活來如同機器人的平庸公僕。審判期間，坐在玻璃包廂中的艾希曼，虛弱無力、臉色蒼白、衣衫襤褸，看起來完全不像罪大惡極之人。納粹獵人西蒙．維森塔爾（Simon Wiesenthal）仔細觀察後發現：「他身上毫無邪惡的氣息，看起來就像個連開口要求加薪都卻步的會計師。」在鄂蘭眼中，這個既平凡又毫無存在感的傢夥，則宛如「惡之平庸」的化身。

艾希曼不是罕見的個案，不是電影中天生邪惡、外表讓人膽寒的連環殺人狂，而是「服從乃至配合暴政的大多數」中的一員，他一旦走在街頭，立即「泯然眾人矣」。像艾希曼這樣的人，在及全社會裡數不勝數，他們是最「正常」不過的一般人，他們是一種「新型罪犯」——在自己毫無所知也毫無所愧的狀態下犯下了種種不堪的惡行。

在法庭審判過程中，艾希曼自我辯解說，他只是大機器中的小齒輪，一切都「依法行政」，並不比別的同僚更加作惡多端。在納粹統治的時期，抱持這想法的不只艾希曼，整個德國上上下下大體上都如此。與之相似，今天納粹化的中國，像主動作惡的房東這樣的平頭百姓，數量遠遠多過國保警察。一小撮國保警察就讓全體居民「自願為奴」，乃至充當幫兇的角色。

柏林的艾希曼和北京的艾希曼是無辜者嗎？漢娜．鄂蘭打破了「我沒有責任」的迷思。她嚴肅地對艾希曼指出：政治不是兒戲，在政治中，服從就等於支持。正如你支持並執行屠殺命令，拒絕與尤太人以及其他民族共同分享這個世界一樣——好像你和你的上司眞有權決定誰應該或不應該在世界上存活；其結果必然是，沒有人，全人類中沒有任何一個成員，願意和你共同分享這個世界。「這就是你必須被處死的理由，也是唯一的理由。」不加思索地服從當局的規定與指令，僅僅仰賴規定而遮蔽、迴避當中的思考，把一切都交給規定與領袖說了算，沉淪其中而不自拔，這才是鄂蘭認爲的罪惡之源。今天，習近平時代中國的艾希曼，比希特勒時代德國的艾希曼更多。

紅衛兵沒有離開中國，義和團也沒有離開中國。病毒代代相傳。共產黨的惡不是飛來峰，可以順利移走，然後萬事大吉。惡在每個人心中。那位冷酷貪婪的房東，就是潛在的紅衛兵和潛在的義和團，就是中國的艾希曼。這是未來中國社會重建的最大困難——人心的敗壞，公民美德的重建，不是死去一兩代人就可以恢復的。我有充分的理由爲中國民主轉型抱持悲觀態度。

你不可能一輩子說謊而不被發現

匈牙利總理因爲說謊而下台

凡走過必留下痕跡。由於匈牙利總理「承認說謊」的一篇內部講話的外傳，引發了自一九八九年共產黨政權崩潰以來匈牙利國內最大的政治動盪。

據目擊者稱，數千名示威者聚集在國家電視台門前，一邊高呼著一九五六年反對蘇軍佔領的口號，一邊開始向電視台的警衛和負責維持現場秩序的警察雨點般地投擲土製燃燒瓶和石塊。數名警官被困在車上，一些示威者趕緊把動彈不得的警官護送到安全地帶。數十名示威者借機突破了警察的封鎖線，衝進了國家電視台的第一層樓。一名記者描述說：「那些突入大樓的示威者們連砸了好幾台自動販賣機……但沒有衝進演播室。」一名示威者表示：「我們會堅持遊行直到久爾恰尼下台爲止。明天來的人數將是今天的兩倍！」連日來，騷亂已經造成一百五十多人受傷。

二〇〇六年九月十七日，匈牙利總理久爾恰尼在執政黨內部會議上的一段講話錄音被媒體公開。現年四十五歲、風華正茂的久爾恰尼，二〇〇〇年加入社會黨，二〇〇四年九月選舉成爲總理，二〇〇六年再次連任，是匈牙利政壇一顆閃耀的新星。久爾恰尼在這篇內部談話中承認，爲了贏得選舉，執政黨和政府不斷向選民撒謊，謊報政府業績。他說：「我們從早到晚都在撒謊，因爲在我們執政的四年裡，政府拿不出引以爲傲的業績。如果我們一定要向選民交代我們做了什麼事，我們該怎麼說？」他還說：「我們把事情搞得一團糟，所以除了撒謊我們別無選擇。沒有一個歐洲國家像我們這樣幹蠢事。」這段講話錄音的片斷首先出現在匈牙利國家電台的網站上，隨後各大新聞網站上出現了更長的談話錄音。

據報導，得知該談話被公開後，當事人久爾恰尼反倒顯得相當解脫。他在部落格上將那次談話全文發表出來，並寫道：「匈牙利政治目前的問題不在於誰在什麼時候說了謊，而是誰有能力來制止謊言繼續下去。」他還說：「謊言是整個匈牙利政壇精英的罪惡。」同時，他還對這段「激情洋溢的演講」感到「自豪」。有人據此推測說，此次談話錄音遭到曝光，有可能是他一手導演的「苦肉計」。久爾恰尼試圖以一種置之死地而後生的方式，挑戰匈牙利政壇的「潛規則」。他首先承認自己是說謊者中的一員，然後公開表示從此之後再也不與之爲伍。由此，他希望觸動黨內和政府內的保守力量，並推動政府作大幅改革。然而，無論此事是否爲久爾恰尼本人一手策劃，事態的發展卻超出了他的預計。

這段談話在這個東歐國家引起軒然大波。久爾恰尼和社會黨都陷入十分尷尬和狼狽的境地。匈牙利總統嚴厲譴責久爾恰尼「有意地危害人們對於民主政治的信仰」，並要求他公開道歉。百分之七十二的受訪者希望久爾恰尼立即下台，而不久之前他才高票當選。那些感到被欺騙的老百姓，尤其是兩次投票給久爾恰尼的匈牙利人，更是怒火中燒，遂有大規模的市民集會和衝擊電視台的舉動。

久爾恰尼沒有估計到謊言的危害性，以及終結謊言的艱鉅性。謊言就像是一個吸血鬼，它不斷需要新鮮血液。通常情況是：當說謊者剛剛開始說謊時，似乎輕鬆無比，因為無須立即為此付出代價、承受懲罰。但是，一旦說謊成為習慣之後，說謊者便被謊言俘虜，說謊者便成了謊言的奴隸。不是說謊者在說謊話，而是謊話主宰了說謊者的人生，說謊者不得不奉獻出鮮血和靈魂來滋養謊言這個永不知足的吸血鬼。要改變這種日益牢固的主僕關係，是極其困難的。即便有一天，說謊者恍然大悟了，希望著手改變誕生謊言的外部環境，卻因為他本人與謊言之間存在著千絲萬縷的聯繫，而無法對謊言「斬草除根」。久爾恰尼因為這篇「承認說謊」的講話而聲名狼藉，這一吊詭的事實顯示出：謊言擁有何等可怕的、毀滅性的力量，正如聖經中所說：「詭詐的舌頭啊，要給你什麼呢？要拿什麼加給你呢？就是勇士的利箭和羅騰木的炭火。」

德國作家鈞特．葛拉斯因說謊而聲名狼藉

此次久爾恰尼所遭遇的信任危機，德國作家、一直享有「德國的良心」美譽的鈞特．葛拉斯（Günter Grass）也遭遇過。葛拉斯在其自傳《剝洋蔥》出版前夕，公開了他本人在二戰期間參

加過納粹武裝黨衛軍的事實。此資訊所導致的結果，亦爲鈞特．葛拉斯未曾料到：他本來希望此細節成爲一個小小的新聞熱點，成爲對該書的一種有效的促銷手段。然而，民衆的反響會如此之大：書倒是迅速銷售完畢，但作者的聲譽卻受到致命傷害。鈞特．葛拉斯的代表作《鐵皮鼓》故事的發生地波蘭但澤市，正式要求葛拉斯退還此前頒發給他的榮譽勳章。對於這位曾獲得諾貝爾文學獎的文學巨人，人們不得不置疑道：爲什麼延宕了半個多世紀之後，你才公佈此嚴重的汙點？此前那麼長時間裡，你一直佔據高山仰止的道德制高點，義正詞嚴地指責納粹的支持者們，與此同時，你是否捫心自問過？

長期以來，葛拉斯一直以「敢於說眞話的人」自居，德國及全世界的讀者和知識份子將他看作一種嚴格的道德標準。葛拉斯的作品大都與納粹歷史有關，他本人說過：「去討論罪責的問題是不夠的；僅有解釋也是不夠的，必須公開譴責它，追究它的責任。這是必要的、澄清歷史的訴訟中令人不快的一面，這種訴訟正受到種種規矩的束縛。」他好像獨行俠，對戰後德國的歷屆政府皆持嚴厲批評態度，認爲納粹思想在德國並未受到徹底的清理，他指出：「經常變幻的競選謊言無法給予人們在逃離後應該得到的東西，能稍微安穩一點，可事實與此相反，他們所得到的總是這樣一種虛幻的希望。」這些反對謊言的言論爲他贏得了莫大尊重和熱烈的掌聲。

多位諾貝爾文學獎得主對葛拉斯讚賞有加。比如：義大利作家達里奧．霍（Dario Fo）稱讚說：「葛拉斯在文明和文化領域裡打了許多戰役，他始終不渝地在爲正義、自由和民主奮鬥。」

奈及利亞作家索因卡（Wole Soyinka）稱讚說：「葛拉斯提出了另一種世界觀。它將幫助我們去抵禦那種極其狹隘的小團體主義的誘惑力而有利於全人類這個大團體。」波蘭流亡作家米沃什（Czeslaw Milosz）稱讚說：「葛拉斯的文學創作是對二十世紀所發生的事件以及對戰爭所發出的抗議的呼聲。這是一個使歷史不被遺忘的嘗試。他的文學使命在於，對自己國家的人講真話。」從某種意義上說，葛拉斯像魯迅小說《狂人日記》中的狂人一樣，從本國本族的歷史中發現了「吃人」二字。然而，突然有一天，這一切突然坍塌了。

葛拉斯在與著名記者哈羅・齊默爾曼的對話錄《啓蒙的冒險：與諾貝爾文學獎得主葛拉斯對談》中回憶說：「我十五歲輟學後，突然發現自己已身穿青少年防空兵的制服。我很長一段時間都擺脫不了這種制服以及軍隊生活的陰影：從服役到被捕，在開採鉀鹽中，頭幾次都是在營地住宿。我在做石匠學徒時也居住在教會宿舍。總之，我總和許多人住在一起。」這些細節在他加入過黨衛軍的經歷被披露之後，顯得更加耐人尋味。葛拉斯身上穿過黨衛軍的制服，他卻從未提及，而只是提及比較普通的「青少年防空兵」制服，這是一種有意識的說謊。他一直都不能擺脫的，究竟是不值一提的「青少年防空兵」制服，還是曾經讓人聞風喪膽的黨衛軍制服呢？

葛拉斯在上述訪談中特別強調「我總和許多人在一起」，言下之意是，所有的選擇和決定都是我們「大家」一起作出的。這顯然是有意掩蓋真相和推卸責任。由此可見，這位呼籲別人認罪和懺悔作家，本人卻像鴕鳥一樣，將頭深深地埋在沙堆裡，並試圖用一個更大的謊言來遮蓋小一些大謊言。

當然，參加黨衛軍時的葛拉斯還只是一個年僅十七歲的孩子，但並不能因爲是孩子，就可以將那段歷史一筆勾銷：同樣是孩子，有的中學生因參與反對希特勒的活動而被納粹絞死。勇士與懦夫之間、反抗者與屈從者之間，難道不應有所區別嗎？

余秋雨要說謊到死嗎？

在匈牙利和德國這樣的歐洲國家，人們對說謊者嗤之以鼻，說謊者一旦被發現，其信用和人格破產，無論是政府首腦還是文壇巨子，都不可能免責。但是在中國，在這個不以說謊爲恥的國度，說謊者即便被揭露出來，仍然毫髮無損，風光無限。

我最早系統地揭露作家余秋雨在文革中參與四人幫寫作班子的舊事，並向其發出質疑和呼籲——「余秋雨，你爲什麼不懺悔？」但是，余秋雨對於白紙黑字的事實，對於若干他署眞名的大批判文章，通通視而不見，始終將自己塑造成完美無瑕的聖賢形象。他之所以如此有底氣，是因爲如論爭議有多大，他的書仍然暢銷，尤其是在追慕「傳統文化」的港台，他被視爲中國美好的傳統文化的代表。大中華文化圈中的人們並不認爲說謊是什麼大事。這正是中國文化的死穴：缺乏對眞的探求和堅守，以及對假的排斥和唾棄。

作家吳中傑在《余秋雨與上海寫作組》一文中寫到，有一次，前些年上海寫作組的成員們在一起聚會，大家議論的不是余秋雨是不是寫作組成員的問題，因爲對這些當事人和圈內人而言，余秋雨參加寫作組是事實，不是問題。他們議論的是余秋雨竟然要否認他是寫作組成員，是出於何種心態，以及這個謊言將如何收場。大家都覺得余秋雨功名意識太重，一旦成名，就要將自己裝扮成一貫正確的樣子，但這樣一來，就使自己陷入被動。

當年靠寫作組起家、官至上海革委會副主任的徐景賢感歎道：「弄到現在這個樣子，小余要改口承認，也難了。」席間，還有人提到，余秋雨還否認在文革期間，他單獨寫過大批判文章，聲明如有人拿出證據，他願意拿出一年稿費作賞金。陳冀德說：「我就可以拿出證據，指出哪幾篇文章是他寫的！」吳中傑說：「好！你指出來，讓他賠錢。」陳冀德說：「我才不要這種錢，我也不想寫文章。」徐景賢笑著說：「陳冀德是惟一不想對余秋雨有所批評的人」。當年，陳冀德主管過《朝霞》文藝叢刊、《朝霞》月刊和《外國文藝動態摘譯》三個刊物，是余秋雨的直接上司，對其頗有愛才之心。

後來，余秋雨詭辯成精，陳冀德忍無可忍，在一封信中質問余秋雨說：文革期間，你從石一歌寫作小組被朱永嘉抽調至寫作組，爲姚文元修改《中國文化革命巨人——魯迅》一書提供資料，完成後，正式調入寫作組文藝組工作。其間，你在《學習與批判》、《朝霞》等刊物上，不止一次地發表過署名或與同事合作的文章。後來，你還曾被朱永嘉、王知常指定爲《學習與批判》的執行編輯。陳冀德並非苛責余秋雨當年的行爲有多麼惡劣（其實也夠惡劣的），她關注的重點是：問題在於，錯、沒錯，和有、沒有，是兩個概念。明明是有，你卻說沒有。

陳冀德的信就是鐵證，余秋雨無可辯駁。其美文的背後，是畸形、扭曲的人格。文革結束四十多年來，余秋雨從來不想將畸形和扭曲的人格復原，成為一個具有健全人格的正常人。他一生都生活在謊言的陰影下，即便是超級暢銷書作家又如何呢？

謊言可以持續多久？謊言不可能變成眞理——這是說謊者必須面對的事實。當年，捷克作家哈維爾（Václav Havel）給捷克共產黨總書記、捷克總統胡薩克（Gustáv Husák）寫了一封公開信，呼籲所有的捷克公民都選擇生活在眞實和自由之中。這封信撬開了專制制度的門縫。後來，哈維爾回憶說：「基本上，那封信是一種自我治療，我不知道它會帶來什麼後果，但這種冒險是値得的。我重新獲得了平衡和自信。我感到又能挺起腰杆，沒有人可以再譴責我毫無作為、面對那種令人悲哀的事情袖手旁觀了。我感到呼吸輕鬆多了，因為我不必再拼命壓抑心中眞理的聲音。」拒絕謊言，說出眞相，可以從此時此刻開始，不必等待一個合適的時機，如果一直等待某個時機降臨，說不定你早已淪為謊言的奴隸了。正如哈維爾所感受的那樣：「我不再等待世界自身去改善，而是開始使用自己的力量去參與那個世界，或者至少可以表達我對這個世界的看法。」

我們再也不能重蹈久爾恰尼、鈞特．葛拉斯和余秋雨的覆轍。我們可以生活在眞相和眞理之中，那樣的生活才是幸福且自由的。

陳雲林為何「絕對尊重」台灣民衆的不同意見？

陳雲林訪問台灣宛如上國巡撫

二〇〇八年馬英九當選中華民國總統之後，爲扭轉台灣經濟的頹勢，一廂情願地將希望寄託於中國身上。誰知，中客遊台和中資入台，都是雷聲大而雨點小，對台灣經濟的拉動作用十分有限。於是，一邊是急欲從中國得到更大好處的馬英九政府，一邊是企圖以經濟利益將過去不聽話的台灣牢牢鎖定的中共當局，周瑜打黃蓋，一個願打，一個願挨，一拍即合。於是，台中之間展開了新一輪的「陳江會」，以簽署一系列兩岸經濟合作的協定。

台灣經濟之病症不可能靠中國的外援「起死回生」。就好像一個病人倘若失去造血功能，靠別人輸入再多血也救不了命一樣。更何況那個輸血給你的人，還「醉翁之意不在酒」，甚至故意輸入帶有病毒的血。

台灣的復興得靠自己。我同意很少說眞話的星雲大師突然說的一句眞話：「台灣現在處於弱勢，佛家說逆來順受，但不是沒有尊嚴的。我想台灣要創造我們道德的偉大、人格的偉大、文化的偉大、包容的偉大、慈悲的偉大、人格道德的提升，這比經濟啊、大炮飛彈啊，都還要重要。」

二〇〇九年陳雲林訪台，前一年「開大門走大路」的聲明猶在耳邊，爲避開嗆聲群衆，卻未走航站大門，而是搭車經機場道路走旁門離開。爲保護陳雲林，台灣警方當天一早就在清泉崗機場部署重兵，約兩千名警力拉起兩層封鎖線，把航站圍得像鐵桶一般，同時封鎖中清路長達一公里，三步一崗、五步一哨，甚至租借至少三十戶民宅監控，屋頂到處可見警力部署。

有台灣媒體感嘆說：「令人宛如置身戰地或重返戒嚴。」陳雲林在沿途看到這樣宏偉的陣勢，大概也會感到洋洋自得吧。以他在北京的地位，不過是一名「一抓就是一大把」的副部長而已，出門連警車護送都不可能有，又哪裡享受過這種國家元首一般的待遇呢？而馬英九政府爲這個如此低層級的官員不惜勞師動衆、翻天覆地，簡直就是自貶身價、自取其辱。

台灣警方和台中市府無所不用其極，阻絕民衆向陳雲林嗆聲，但陳雲林仍難逃如影隨形的嗆聲群衆。他參觀中台灣房價最高豪宅「聯聚信義大廈」時，有抗議民衆揮舞「我是台灣郎」的T恤並高喊「台灣、中國，一邊一國」；陳下榻的裕元花園酒店更成爲各路人馬「圍攻」之標的，民進黨市議員推出「一中一台」氣球、台聯議員施放高空煙火、「海洋之聲」電台出動計程車、救台灣行動聯盟升台灣國旗，各出奇招向陳嗆聲；法輪功成員和在台藏人在酒店周邊持標語表達抗議。

經過了三十年民主歷程，台灣已是相對成熟的民主社會，即便國民黨夢想重回到兩蔣時代的「一言堂」亦不可得。「萬馬齊喑」唯有「一馬（英九）鳴」的格局，只有在彼岸才可能出現——在中共治下，十三億民衆都只能聽一個人的「胡（錦濤）言亂語」。

中共尊重你，只是因爲暫時還不能殺死你

陳雲林是一個見過些世面的外交官。遇到台灣民衆的抗議，並沒有像在劍橋大學被學生扔鞋子的溫家寶那樣惱羞成怒、大失風度，而是頗有雅量地對媒體表示：「對鄉親們表達不同意見，反對我來，不歡迎我來，我們會絕對尊重。」

中國媒體以〈陳雲林：絕對尊重不同意見〉爲題作大幅報導，仿佛以陳雲林爲代表的中共政權，在一夜之間忽然變得「海納百川，有容乃大」了。作爲上國使節，即便遭遇到藩國蠻夷之不敬，亦能「如蛛絲般輕輕抹去」。陳雲林不僅表示尊重不同意見，而且還加上「絕對」二字，就差沒有捶胸頓足、賭咒發誓了。但是，大家該相信他嗎？

我更感興趣的一個問題是：陳雲林爲什麼要「絕對尊重」台灣民衆的不同意見呢？原因很簡單，因爲中共的解放軍還沒有在台灣登陸，中共的宣傳部還沒有管制台灣的媒體，他不得不作出一副禮賢下士、兼聽則明的姿態來籠絡人心。如果有一天，中共的解放軍在台灣登陸了，中共的宣傳部統領台灣的大小媒體了，下至陳雲林、上至胡錦濤，必定會立即變臉，拿出他們在中國「防民之口，如同防川」的那一套做法來，哪裡會容得下一點不同意見呢？而台灣可憐的民衆就

只能「道路以目、沉默似金」了，哪裡有機會發得出一丁點不同意見呢？

當年的國共之爭，共產黨便是通過玩這套把戲席捲大陸，將國民黨逼到孤島。如今，國民黨又要重蹈覆轍，再度接受中共「請君入甕」的建議嗎？上個世紀四〇年代初，共產黨在實力尚未占上風時，將民主、自由、人權說得天花亂墜，知識份子無不心悅誠服。比如，毛澤東在一九四四年答記者問說：「中國是有缺陷，而且是很大的缺陷，就是缺乏民主。……只有建立在言論出版集會結社的自由與民主選舉政府的基礎上面，才是有力的政治。」比如，劉少奇在署名文章寫道：「共產黨反對國民黨的『一黨專政』，但並不要建立共產黨的『一黨專政』。」比如，《解放日報》一九四一年十月二十八日的社論說：「目前推行民主政治，主要關鍵在於結束一黨治國。」這些話，若不看出處，簡直就是劉曉波等異議人士「煽動顛覆國家政權」的反動言論。言猶在耳，一九四九年之後，中共堅持一黨獨裁、屠戮異己，比之國民黨更酷烈千百倍。中共自己讀這些言論也感到面紅耳赤，這本書很快被靜悄悄地查禁了。

中共有尊重自己人民的意見嗎？有尊重劉曉波的意見嗎？

就在「陳江會」把酒言歡、親如一家之際，北京當局開庭審判劉曉波「煽動顛覆國家政權」案。比起用各種「身體語言」向陳雲林嗆聲的台灣「老鄉」來，劉曉波不過是「溫柔書生」而已。二十多年前，在「六四」屠殺前夕，劉曉波挺身而出與戒嚴部隊談判並勸說學生撤離廣場，避免了更大規模的屠殺。此後，他成爲中國知識份子的良心，以一支筆對抗一個帝國，如余英時讚揚的那樣：「二十年來劉曉波不斷發出獅子吼，都是爲了挽救一個一天天沉淪下去的大國，希望它有一天回到文明主流。」劉曉波四度因言入獄，長期受到警察的監控和騷擾。此次因爲參與起草和組織《〇八憲章》，令中共當局如坐針氈，遂再度下毒手：先是非法綁架，再是宣佈逮捕，然後悍然開庭審判，既罔顧國際輿論，更不屑於國內民意。

「陳江會」的笑談與劉曉波的受審，看似風馬牛不相及，實際上息息相關。台灣民衆可要小心：今天中共如此對付劉曉波，明天就會如此對付你們。他們對自己治下的百姓都如此殘忍，對企圖染指的台灣又怎會心慈手軟呢？在劉曉波受審前一天，北京已是風聲鶴唳。秘密警察（國保）和派出所所長等多人上門約我談話，一大隊人馬圍在我家門口。他們威脅說，因爲劉曉波案開庭，不准出門，若非要出門不可，必須坐他們的車輛。像我這樣受到「優待」的人士，在北京便有數十人。這個龐大的政權如此外強中乾，心虛到了極點，仿佛不是他們在庭審劉曉波，而是他們自己在受審。他們連起碼的司法公正的面紗都不要了。

我想問一問陳雲林，問一問胡錦濤：你們何曾尊重過劉曉波和其他中國公民的「不同意見」，更遑論「絕對尊重」呢？如果你們不尊重中國民衆的不同意見，你們宣稱的尊重台灣民衆的不同意見，當然是連你們自己都不相信的謊言。像劉曉波這樣一位「動筆不動手」且手無寸鐵的作家，共產黨都要將其投入黑牢；那些走上街頭用種種方式抗議陳雲林訪台的「鄉親」們，如

第三卷

中國能夠戰勝美國嗎？

孟晚舟身上最值錢的首飾是什麼？

「狼公主」的「獄中書簡」

華爲公主孟晚舟，在加拿大被捕已半年之久。她在溫哥華第三次出庭時，打扮得眞的像個公主，一身黑色長裙，容光煥發，健步如飛，一掃之前邋遢如老婦的模樣。

不過，有眼尖的人立即指出，孟晚舟穿著高跟鞋的腳踝上，戴著一個醒目的有電子腳鐐，顏色跟裙子倒是非常搭配，看來有頂級的形象顧問幫她出謀劃策，讓她看上去不像罪犯而像是遵紀守法的成功人士。更有人追問說：這款時髦的腳鏈，是不是華爲的最新產品，是不是她身上最值錢的、擁有高科技含量的首飾？或許等公主親自試用之後，這款產品就會在中國大規模推而廣之，華爲的十八萬八千名員工，乃至所有中國民衆，未來都有福氣戴上這款高科技產品招搖過市，也就能享受到跟公主同樣的無比尊貴的待遇。

出庭之後，孟晚舟在華爲官網上發表了一封含情脈脈的信件。她這名財務總監大概沒有美妙的文筆，一定是付了大筆「潤筆」才請到余秋雨式會煽情的秀才代其立言。這封信是這樣寫的：

在溫哥華的這段時間，雖然我的活動範圍僅在「方寸之間」，但是，心中的色彩和天地卻前所未有的豐富而廣闊。

而我，從未有機會如此緊密地與十八萬八千華爲人聯接在一起。任何事情，都有美好的一面，這份緊密且溫暖的聯接，如春風般美好。

每次庭審結束，看到這麼多的華爲人熬著時差，遠隔重洋，徹夜期待著我的消息，瞬間淚目！這麼多我認識的，還有不認識的華爲人，在這幾個月裡，一直默默地記掛著我的安危，持續不斷地在心聲社區上給我留言，爲我祝福，給我加油，一種難以描述的感動總會從我心底由然升起。還有不少已經離職的華爲兒女，他們已經定居在溫哥華，每次庭審，他們都早早地去排隊入場，盡他們最大的努力支援我。

你們的牽掛，讓我讀到溫暖；你們的支持，讓我感到力量；我相信，我走出的每一步，都有十八萬八千華爲兒女的陪伴。所以，無論眼下面對多大的困難和壓力，我的內心都能依然堅定。

我想，正是這種力量，讓我們的手握得更緊，讓華爲意志的堡壘更加堅強。

謝謝每一位華爲兒女，謝謝你們的支持與關心！讓我們一起加油！

孟晚舟這封情深意長的信透露了三個耐人尋味的訊號，值得進一步解讀和分析。

孟晚舟的「一把辛酸淚，滿紙荒唐言」

首先，孟萬舟對美方提出的多項嚴重罪行堅決不承認，所謂「死豬不怕開水燙」，我是流氓我怕誰。她將自已塑造成中美國家爭端的犧牲品，以及中國國家和民族利益的捍衛者，以贏得包括華為員工在內的國人的支持。

孟晚舟是她信中所描述的愛國者嗎？非也。美國對華為的調查早在數年之前便已啓動，孟晚舟在出差時，小心翼翼地避開美國（卻未料到在加拿大轉機也是自投羅網），她卻繼續讓其中的一個孩子在美國留學——美國不是敵國嗎？為什麼讓親生骨肉受帝國主義文化的汙染？孟晚舟的丈夫和其他三個孩子長期居住在加拿大，都擁有加拿大國籍。既然加拿大投靠美國對抗中國，加拿大也成為中國的敵國，孟晚舟為何不命令丈夫和四個孩子一起放棄加拿大國籍，回到大國崛起的中國懷抱、跟祖國人民朝夕相處、共赴國難呢？加拿大究竟還有什麼值得這一家人留戀之處呢？

此次出庭，孟晚舟向法庭提出搬到另一處更貴的豪宅的要求。因為此豪宅更便於保安公司的監控，法庭同意了這一要求。孟晚舟僅在溫哥華購買的兩處房產就價值兩千一百九十萬加元，眞正的愛國者為何在國外購置房產呢？為什麼不投資挺中國的房市而讓外國人佔便宜呢？

更有甚者，孟晚舟拿著七本護照滿世界跑，義無反顧地投入資本主義的懷抱，卻又竭力反對西方民主自由的價值觀，理直氣壯地高喊愛國、愛黨、愛習，這難道不是人格分裂症患者嗎？（她的律師如果眞想讓她脫罪，不妨以她患有精神疾病爲由向法院提出無罪辯護）

其次，孟在信中聲稱，她的身體雖然被限制在方寸之間，她的心靈卻能越過萬水千山，自由翱翔；她的支持者都能進入法院旁聽，向其表達支持，何其幸福、何其光榮。她在彰顯本人夠堅強、國人夠支持的同時，卻又不愼暴露出加拿大是一個法治國家的事實。相比於她在溫哥華豪宅中舒服的生活，被中國當作人質逮捕的多名加拿大公民則受到故意的虐待，不允許家人和律師會面，被迫接受長期的審訊。兩個國家的巨大差異被世人看得清清楚楚。

孟晚舟渲染自己所遇到的「困難和壓力」，她眞應該看看人權律師王全璋的遭遇，看看王全璋遇到的是什麼樣的「困難與壓力」。王全璋在二〇一五年的「「七〇九」大抓捕事件」被抓後，杳無音訊超過一千天（三年九個月又二十八天），成爲「「七〇九」案最後一人」，據稱在此期間曾遭電擊等酷刑。法國媒體譴責說，這種非法手段「在全世界的法治國家中找不到第二例」——這個評論根本就是搞錯了，中國完全不是法治國家，而是獨裁且野蠻的國家，怎麼能用法治國家的標準去要求中國呢？

王全璋刑滿釋放後，被警方單獨帶到濟南隔離，當局聲稱是武漢肺炎疫情之緣故，且不准家人與之團聚。武漢肺炎再次成爲政治迫害的藉口。後來被警方送回北京家中，仍然處於半軟禁狀態。

我相信，如果孟晚舟知道王全璋的遭遇，只會感嘆自己在加拿大被捕是莫大的幸運。當然，她不會對王全璋和李文足有絲毫的同情——華爲生產一系列的高科技監控工具，就是用來幫助中國政府維穩和打壓人權活動人士，孟晚舟對此心知肚明。

第三，孟晚舟的信中將華爲員工描述成跟她血脈相連的親人，這是何等僞善與無恥。她刻意將自己與整個華爲牢牢捆綁在一起，換言之，她被美方指控的那些罪行，並非她的個人行爲，而是她的職務行爲，更是華爲的企業行爲。所以，審判她就是審判華爲乃至審判中國。這種拉大旗作虎皮的行爲，是一種具有中國特色的智慧。

那麼，華爲員工眞有那麼愛戴孟晚舟及其父親任正非嗎？孟晚舟父女對待華爲員工眞的像皇帝那樣「愛民如子」嗎？恰恰相反，有華爲前員工控訴說，任正非一家賺足官商勾結的黑心錢並擄掠華爲員工的血汗錢，不僅壓榨員工，更對員工苛刻、刻薄，不斷炒掉三十五歲以上的員工、聘請更加年輕的人，因爲年輕人工資不高、精力旺盛。任曾言「華爲永遠都會是狼文化」，華爲用「狼文化」剝削年輕人，讓其不分白天黑夜、拼命加班加點地工作，每天工作長達十五個小時，一個人幹三個人的活。華爲內部常發生員工過勞死的案例，華爲和員工的關係，跟富士康非常相似，就是血汗廠和包身工的關係——兩者唯一的區別是，富士康的員工是農民工，華爲的員工是工程師（碼農）。

任正非宣稱，華爲屬於所有員工。這種說法是瞞天過海、自欺欺人。任雖僅持股百分之一點四，卻對公司具有百分之百的控制權。華爲所謂的「全員持股」，其本質是以員工名義拿股權到銀行進行質押貸款，此融資模式比上市成本低且不必接受監管。華爲給員工的「股票」實質上是「虛擬股」，對於這些看不見、摸不著的股票和股權，員工無所有權、無表決權，也不能轉讓、出售。辭職員工的股票必須由華爲「回購」，回購按華爲單方面規定的一元一股的、聊勝於無的價格。

華爲這個騙子公司，就是中國這個騙子國家的縮影。任正非、孟晚舟父女，就是「企業版」的習近平、習明澤父女。中國民主化那一天，這兩對父女腿上都會被設置孟晚舟已經先行享受的電子腳銬。

華爲公主用蘋果，賤民用華爲

有西方媒體報導，華爲公主孟晚舟在被加拿大扣押時，隨身攜帶的電子產品也被扣留。身爲華爲的副董事長、財務長和接班人，孟晚舟擁有全套「蘋果三寶」——蘋果手機、蘋果平板和蘋果電腦，眞是「一個都不能少」。

孟晚舟被捕後一直打民族主義牌，吸引不少旅居加拿大的華人粉絲爲之搖旗吶喊，甚至在法庭上播放中國國歌。然而極具諷刺意義的是，孟公主一邊聲稱以華爲和祖國爲傲，一邊卻使用蘋果產品並跑去加拿大去享受生活。當然，喜歡蘋果的不僅僅是孟公主，習近平的夫人彭麗媛陪同丈夫出訪時，也被國際媒體拍到高興地玩新款蘋果手機的畫面。公主和國母都是蘋果迷，這個國家還有希望嗎？

華為在一份內部文件明確規定，若有員工使用蘋果的電子產品，輕則扣罰獎金，重則開除。孟晚舟是創始人任正非的女兒，大概可以享受「法外開恩」的待遇。任正非最近接受西方媒體採訪，透露了一個是石破天驚的「秘密」：孟晚舟在被捕前，感到在華為工作十分不快樂，想要跳槽。難道是因為華為的員工不准用蘋果，而她是蘋果迷嗎？她難道要跳槽到她心儀的蘋果公司去嗎？

任正非的言論當不得眞，孟晚舟對華為始終忠心耿耿。如果說沒有任正非（其實是沒有共產黨或解放軍）就沒有華為，那麼同樣道理，沒有華為也就沒有孟晚舟——她的丈夫和孩子所擁有的加拿大身份，她在加拿大的豪宅，難道是從天上掉下來的餡餅？中國評論人沈勇平反問說：「華為高管孟晚舟在加拿大購買豪宅的錢是哪來的？都來自愛國群眾的智商稅。可憐的就是那些愛國群眾，被人給賣了，還在幫著人家數錢。」

到加拿大和美國表演對中國的愛，是一種嚴重的人格分裂。比如「反美鬥士」司馬南，一邊大罵美國，一邊將妻兒送到美國去定居，自己三天兩頭去美國「探親」，還自稱「反美是工作，赴美是生活」。又比如，中共黨魁習近平口口聲聲說「從娃娃抓起」，完善從幼稚園到大學的思想政治教育（也就是洗腦教育），偏偏將女兒送到哈佛大學去接受資本主義思想文化的「毒害」。再比如，中國杉杉集團的老總鄭永剛在講台上忽悠別人要購買國產品牌，當下面有人問他身上穿的是什麼牌子的衣服時，他說穿的是國外品牌，然後振振有詞地辯解說，由於工作上的需要，必須穿國外的高級品牌。

按照孟晚舟、任正非、習近平、司馬南和鄭永剛等人的邏輯，高等華人用蘋果，賤民才用華爲。高等華人到西方過資本主義生活，賤民才在中國「自願爲奴」。

「自願爲奴」的不只是中國人，很多台灣人爭先恐後地加入奴隸的行列。前不久，華爲的新手機在台北微風南山、台中文心秀泰、高雄夢時代等三家「體驗店」同步舉行實體首賣活動，現場排隊購機就有機會獲得記憶卡外加車載禮包的「排隊禮」。話題新機加上慷慨贈禮，當天吸引了許多消費者排隊搶購。其中，台北微風南山華爲專賣店最早參與搶購的用戶，在淩晨五點就來到店外排隊。據悉，該用戶是華爲手機的忠實粉絲，參與購買時手中握有前代產品。眞是古有「商女不知亡國恨，隔江猶唱後庭花」，今有「島民不知華爲惡，蠅頭小利把身賣」。

多年來研究亞洲軍事安全議題的美國《國家利益》雜誌駐台北的記者Wendell Minnik撰文指出，即使中國一再威脅要侵略台灣，台灣依舊跟華爲做生意，「台灣對國家安全的注意，似乎比不上它的保護者——美國」。他將華爲在台北開的第一家店形容爲類似帶狀皰疹（shingle）的「破口」。他進而發現，華爲的客戶竟然包括法務部調查局（相當美國聯邦調查局），連總統府都在手機通訊中使用華爲的網路卡。他引用台灣網路安全專家Kitsch Liao的話說，華爲在通訊設備中打造了一個「後門」，可以用來蒐集資料，以及發動網路攻擊。「華爲以及中興的產品，即使能排除中國後門，也是不安全的。政府單位以及包商，應該建立嚴格的法規，來管理中國製造的個人電子產品，並且對未經授權使用中國產品處理政府檔案的行爲，加以重罰。」Kitsch Liao 還說，國安局的第五辦公室（主管智慧科技與電信安全）應該「加快公佈相關技術情報，以教育說服台灣公衆這樣的威脅。」

然而，台灣政府及國安單位至今仍未對華爲採取實質性的行動，很多台灣民衆仍然樂此不疲的購買外表時髦的華爲手機，像當年貪圖秦國「贈送」的金牛犢而修好蜀道的蜀王和蜀人一樣，一旦蜀道修好，秦兵長驅直入，蜀國就滅亡了。

抵制蘋果，支持華爲，從誰做起？

既然美國制裁華爲，中國就企圖打擊蘋果。《人民日報》英文海外版發文威脅說：「蘋果在中國市場締造了令人刮目相看成就，唯一旦美國總統川普最近採取的保護主義對中國公司造成嚴重打擊下，很可能會挑起中國的民族主義情緒。」文章進一步指出：「儘管存在貿易糾紛，中國不想對蘋果關起大門，但如果美國公司想在中國賺取可觀的收入，它應該與中國人民分享它的利潤。」這幾句話翻譯成更直白的語言就是：你們有蘋果，我們有義和團，此路是我開，留下買路錢。

那麼，抵制蘋果，支持華爲，從誰做起？當然是從中國每一個消費者做起。但是，中共用什麼方法，才能勸說數千萬計中國鐵桿「果粉」棄蘋果而用中興、小米、華爲等中國手機呢？僅有愛國說辭是不夠的，難道向每個使用蘋果的國民徵收高額罰款嗎？更何況，大部分中國手機的晶片等核心零件，仍是美國等西方國家的產品。若乾脆不准所有國民使用智慧型手機，中國的「新四大發明」中，除了高鐵之外的移動支付、電子商務和共用單車都需要智慧手機支撐，豈不全成鏡花水月？

抵制蘋果，支援華爲，需要先從指標性人物做起。此前，唯一由蘋果轉投中興的使用者，是習近平的夫人彭麗媛。習近平攜彭麗媛訪問墨西哥時，遊覽世界新七大奇蹟之一的瑪雅金字塔，彭麗媛突然變身蘋果代言人，舉起白色iPhone左拍右拍，手機後面的鏡面蘋果標誌在陽光下閃閃發光。此照片在西方媒體發表之後，在中國網民中引發熱議，「國貨當自強」的號召不攻而破。

幾個月後，彭麗媛隨習近平出訪德國時，再次舉起手機拍照，已棄用iPhone，換了白色機身的國產中興手機，大概是在輿論的壓力之下暫時「割愛」。中興借機宣傳，將該手機型號稱作「國母手機」——如此諂媚，奴性入骨。但彭是否僅僅是在公開場合如此作秀，私下裡仍使用其心愛的蘋果手機，外人不得而知。後來，中興因違規而受到美方嚴厲懲罰，遭致最大的「國恥」，淪爲美方派人監督的「新租界」，彭麗媛還會繼續使用這款中興手機嗎？

另一名知名「果粉」，是常常對西方喊打喊殺的《環球時報》總編胡錫進。胡在微博上發文指，「今天絕不是中國赤手空拳只能任由美方宰割的時候」，更表示「向中興的八萬員工致敬，今晚老胡和《環球時報》全體員工都是中興人」。

然而，該則貼文卻被網民發現胡錫進竟是透過蘋果手機發布，網民紛紛加以嘲諷：「用蘋果手機，力挺華為，做中興人」、「我們是中興人，怎麼能丟掉蘋果手機呢」、「嘴上愛國，身體還是很誠實」、「又想當婊子，又想立貞節牌坊」、「愛國光靠嘴可不行」、「典型的兩面人」。

胡錫進在微博發文「死撐」：「我要是丟了蘋果，換上華為或中興，那些人又要說我在鼓勵抵制洋貨，拒絕對外開放了。」好了，如果用胡認可的這種邏輯，抵制蘋果就是「拒絕對外開放」，就是「閉關鎖國」，那麼，堅持使用蘋果豈不就是「支持改革開放」並「與中央保持一致」？

中國在如何對待蘋果的問題上進退兩難，而聰明的富士康已經「春江水暖鴨先知」。消息人士表示，富士康將於美國的新製造基地設立代工廠，直接組裝蘋果手機。此舉是為了對應美中貿易戰的影響，相比於中國廠房組裝蘋果手機再進口美國市場，新安排可大大降低關稅成本，且僱傭大量美國勞工，迎合川普總統美國優先的政策。如果此計劃實現，中國連「代工之國」的地位亦將不保，還來不及制裁蘋果，倒是被蘋果的合作小弟富士康拋棄了。

我們是人，真正的人，不是牲口

蘇聯不是自動崩潰的，是被熱愛自由的人民推倒的

一九九一年八月十九日，一群來自蘇聯黨政軍要害部門的高級官員發動了一場政變，軟禁了正在休假的蘇聯總統、蘇共中央總書記戈巴契夫，並成立「國家緊急狀態委員會」接管政權，他們企圖將蘇聯拖回史達林時代。

國家緊急狀態委員會決定展示其力量和堅定意志。八月十九日清晨，數百輛坦克、步兵戰車、裝甲運輸車、幾個傘兵團被調到莫斯科的街頭和廣場。國家緊急狀態委員會訴諸的是自布拉格之春以來的方式：街頭的坦克是最有力的政治論據。他們決定依賴軍事實力來樹立自己的權威。然而，時任蘇聯總統助理、戈巴契夫秘書的奧斯特羅烏莫夫敏銳地指出：「這首先是他們對自己的政治力量不自信。」

政變者認爲，他們所應付的還是六〇年代的蘇聯：宣佈奪權，在街上部署幾輛坦克就成了。人們會按部就班地做自己的事，有些人高興，有些人失望，但大多數人都不會太在意。只要答應他們生活會好起來就行了——至於是否眞的會好起來，承諾者不必遵守承諾。民衆信不信都無所

謂，因爲他們對左右局面無能爲力。他們不是公民，他們只是臣民，甚至是「自願爲奴」的奴隸。這是蘇聯共產黨的獨裁統治得以持續七十年的秘訣。

然而，正如美國駐蘇聯大使小傑克・F・馬特洛克（Jack F. Matlock，Jr.）在《蘇聯解體親歷記》一書中所指出的那樣，政變者失敗的最重要原因，不是政變組織得太糟糕了，而是政變者沒有看到戈巴契夫改革六年來，蘇聯發生的一系列變化，政變者「是其自身偏見的犧牲品」。政變者沒有想到，國家緊急狀態委員會無論是在莫斯科、聖彼得堡還是在其他城市都沒有得到群衆的支持，他們甚至沒能製造出得到「廣大群衆」支持的假相。改革使社會政治意識產生了不可逆轉的深刻變化。很多人意識到自己是公民並且開始像公民那樣表現自己。儘管改革年代困難重重，俄羅斯大多數的公民並沒有接受叛亂份子所提供的回到改革前的機會。

這種變化也影響到蘇聯軍隊。前線指揮官沒有聽從政變者下達的開槍殺人的命令。國防部長亞佐夫（Dmitry Yazov）盡力一個接一個地勸說指揮官，盡快動手攻佔葉爾欽據守的俄羅斯聯邦議會所在地白宮。從軍事上來說，擊潰聚集在那裡的、反對政變的數萬名手無寸鐵的民衆易如反掌。但空軍司令沙波什尼科夫將軍和空降兵司令格拉喬夫將軍斷然拒絕暴力攻擊民衆的命令。列別德少將奉命從莫斯科南部調兵過來，但他馬上告訴葉爾欽說，他不會進攻俄羅斯政府所在地白宮，他手下的一些士兵加入到葉爾欽的隊伍保衛白宮。克格勃特種部隊、極具威懾力的阿爾法小組的三名副指揮官表示，不會向同胞開槍。

走上街頭的莫斯科民衆並不知道軍方指揮官的眞實想法，他們抱著以命相搏的決心和勇氣走上街頭。街頭並非沒有留一滴血，有三名年輕人與坦克兵遭遇時被打死。如果軍隊動手，使用重武器，廣場上必然血流成河——那將是天安門屠殺的重演。

很多莫斯科市民不顧國家緊急狀態委員會發佈的戒嚴令，走上街頭反對政變。他們表示，「我們已經沉默很久了」、「我們要用身體來捍衛自由」。一年多以前，在俄羅斯異見領袖、科學家沙卡洛夫（Andrei Sakharov）的葬禮上，人們在其靈柩上留下「原諒我們」、「永遠不要再這樣了」等字樣，如今那種感情好像又復甦了。但無論是一九八九年十二月還是一九九一年八月，政變者們都未能捕捉到民衆眞實的呼聲。

沙卡洛夫的遺孀葉琳娜·波納走上街頭，她對一起上街的夥伴說：「他們認爲他們能夠統治我們，指使我們，但我們要讓他們看一看，我們要向他們證明，我們是人，眞正的人，不是牲口。」

這句擲地有聲的話，仿佛是今天香港抗爭者們的宣言。以習近平爲首的共產黨當局和以林鄭月娥爲首的特區政府，跟當年蘇聯的政變者一樣，不知道香港人要成爲「眞正的人」的決心和勇氣有多大。儘管香港警察以及僞裝成香港警察的中共特警和軍人並無昔日蘇聯軍隊的良知和人性，他們虐殺了數千名抗爭者，將香港變成伊斯蘭國那樣的「殺戮戰場」，但香港民衆沒有被嚇倒，沒有從「經濟理性」出發而停止抗爭、舉手投降。中學生留下遺書走上街頭，年愈九旬的老人要爲年輕人擋子彈，大學校長不畏催淚彈挺身而出保護學生，餐廳老闆免費爲學生提供食物……這是一種「民不畏死，奈何以死懼之」、「時日曷喪，吾及汝偕亡」的決絕，這是一場超越世代和階級的眞正的「香港革命」。

那些攻擊和辱罵香港人的中國人，包括很多在自由世界可以得到眞實訊息和眞相的中國留學生，他們的言行再次證明，他們不是人，是牲口，是動物農莊中四條腿的動物；而香港人，用他們的淚，用他們的血，用他們的生命，向世界宣告：我們是人，眞正的人，不是牲口。

再教育營是具有中國特色的集中營

二〇一八年十一月九日，中國在聯合國人權理事會上提交的國家人權報告獲一百二十多個國家贊成而通過。儘管中國在新疆設立「再教育營」、西藏人權、宗教迫害等成爲焦點議題，但中國通過合縱連橫、收買威脅，成功地將聯合國人權理事會變成對中國言聽計從的「流氓國家俱樂部」。此一事件從反面證明，美國總統川普決定美國退出聯合國人權理事會的舉動何其正確。

具有諷刺意義的是，出席會議的中國外交部部長助理張軍總結發言時指出，事實表明中國在人權領域的進步是實實在在的，中方敦促各國客觀看待中國的發展進步，同時堅決反對、絕不接受借人權問題干涉中國內政、損害中國主權和領土完整。

中國外交部副部長樂玉成在會中表示，在九百六十多萬平方公里的土地上，沒有戰亂、流離失所，十三億人民安寧、自由就是最大的人權進步。他自稱中國建立了「最大規模民主體系」、以習近平思想爲指導「走中國特色人權發展道路」。他的意思是說，今天中國是世界上最大的豬圈，儘管有時會流行非洲豬瘟和武漢肺炎。

中國拒絕多達四十八條的來自各國的建議，如批准聯合國《保護所有人免遭強迫失蹤國際公約》、不再用非法措施控制人權活動者、停止迫害基督教和法輪功等宗教自由、尊重少數民族等。

習近平在新疆設立「再教育營」，剛引起國際社會注意時，中國拒不承認其存在。當國際媒體披露鐵證之後，中國改口說，這是爲了反恐和去極端化而開辦的「職業培訓學校」。接著，中國宣佈新疆當局通過修改後的《去極端化條例》，補加有關開設「職業培訓中心」的內容，企圖將此一作法合法化。國務委員兼外長王毅要求國際社會不要理會有關新疆集中營的「小道消息」。

法新社報導說，中國在新疆設立的再教育營至少有一百八十一座。中國聲稱，這是「免費吃住」的職業培訓，參加者均對黨的「關懷」感恩戴德。

習近平上台以來，新疆的集中營如雨後春筍般出現或擴張。澳大利亞廣播公司新聞部（ABC News）通過澳大利亞戰略政策研究所整理的新近研究，確定並記錄了二十八個拘留營的擴建情況。這些拘留營是中國政府在新疆地區開展大規模征服計畫的組成部分。自二〇一七年初以來，這二十八個拘留營的占地面積擴大了兩百多萬平方公尺。

「我們在這裡看到的侵犯人權的行爲規模之大，是自天安門事件後從未有過的」，澳大利亞戰略政策研究所的中國專家弗格斯．里安（Fergus Ryan）說，「我們正在研究的是一個以令人難以置信的速度擴張的網路系統，其範圍和規模絕對堪稱巨大」。

其中，規模最大的拘留營地群之一位於新疆西部。該拘留中心被冠冕堂皇地命名爲「阿圖什市職業技能教育培訓服務中心」。利用公開的衛星資料發現，該營區至少可以容納一萬一千人。如果眞的被用來監禁少數族裔，這將是世界上最大型的監獄。

二〇一六年初，這個拘留營只佔據一塊土地，幾乎沒有圍欄，位於一個工業園區內。隨著中國增加大規模拘留的力度，這個營地的規模不斷擴大。一份針對該場址、日期標注爲二〇一八年三月的工程招標書中，概述了一項九萬五千平方公尺的開發計畫書，包括一棟八千五百平方公尺的武警大樓、一堵一千三百公尺長的牆和大約七千六百平方公尺的「學生」空間。在該區域南向的位置上，建造了三個大型拘留中心，周邊至少有三層柵欄。這個「再教育」中心建築群的面積已接近十五萬平方公尺，比二〇一六年增長了百分之四百八十。

據「維吾爾人權項目」發佈的報告指出，數百名知名維吾爾教授、學者，未經正當指控與審判過程就突然被抓走，連忠於國家和共產黨的人士（多所大學校長）也遭到莫須有的指控、誣陷——只要你是維吾爾人，你就是壞人，這跟納粹對待猶太人的方式一模一樣。這份題爲《對維吾爾知識精英的迫害：永遠的失蹤？》的報告指出，隨著中國政府試圖審查、控制維吾爾文化遺產，像是音樂、舞蹈、文學、歷史，當局祭出極權手段，其目標是把維吾爾人的文化智慧結晶列爲中國文化遺產的一小部分。美國喬治城大學歷史教授米華健（James A. Millward）指出：「北京嘗試用『文化清洗』（cultural cleansing）的方式找到新疆問題的最終解方案。」文化清洗很快升級爲種族滅絕。

在這場對維吾爾人和其他少數民族的大規模迫害中，中國重點消滅知識階層，如同蘇俄對波蘭實行「卡廷屠殺」、中國國民黨對台灣人實行「二二八」屠殺」一樣——消滅一個族群的知識精英，這個民族就如同被抽掉脊樑，可以如綿羊般被統治。

習近平已經蛻變成新時代的希特勒，聯合國人權理事會則淪爲流氓的幫閒。

西朝鮮無人死亡，死的是數字

二〇一九年三月二十一日，中國江蘇省鹽城市天嘉宜化工爆炸事件，造成重大死傷，之前官方曾發布，已死六十四人、二十八人失蹤，數百人輕重傷。

然而，中國官方在關於爆炸事件的第三次新聞發布會上，卻詭異地宣佈受傷六百多人等數字。肯定會持續上升的死亡和失蹤的數字全部憑空消失，眞是金庸小說中的絕世神功「乾坤大挪移」。逝者可以不死，死人可以復活，哪像是信奉唯物主義的政黨的所作所爲？

中共當局爲何敢於在光天化日之下如此「吞吃」死難者的數據呢？原來是習近平親自下的命令。據說，正出訪歐的習近平聞訊震怒，立即發出指令，不是命令地方官員承擔責任、引咎辭職、公開眞相、撫恤死者，而是要求有關部門「引導輿論」，他關心的是不要讓這個事故爲他威風八面的外訪行程蒙上陰影。

習近平在羅馬入住一晚上萬歐元的頂級總統套房，盡享大國崛起的榮光；習近平手下的外交官赤裸裸地恐嚇義大利的女記者不准報導中國的負面新聞，關於中國只能刊登正面新聞，簡直就把羅馬當成了北京，將記者當成馬可波羅。在這裡，習近平的「引導輿論」是一種婉轉含蓄的說法，中共使用的術語，表面上看是中文，但其內在含義是需要經過特別的翻譯，翻譯出來就是：掩蓋眞相，欺騙民衆，持續洗腦。

就連習近平御用的、僞裝成「香港媒體」的「多維新聞網」，也忍不住用「屋漏偏逢連夜雨，船遲又遇打頭風」這兩句古詩來諷刺中共的處境。習近平前腳離境訪歐，努力在義大利等歐洲國家推進「一帶一路」全球經濟戰略，後腳就發生江蘇響水化工廠「特別重大」的爆炸事故，「不僅揭開了地方政府監管無能的遮羞布，也再一次揭開了中南海的內外交困境的尷尬」。

「多維新聞網」認爲，此事故表明中國正陷入內政和外交的兩個「三期疊加」困境中。所謂內政的「三期疊加」，早在二〇一三年上半年中共中央政治局討論經濟形勢會上，就首次提出中國經濟正處於「三期疊加」階段的論斷，並在次年第二季度的中央政治局經濟形勢分析會上對

「三期疊加」作出詳細表述：增長速度換檔期、結構調整陣痛期、前期刺激政策消化期，這三個「困難時期」偏偏都給習近平遇上了。如果說中國國內的「三期疊加」主要關注國內經濟轉型中面臨的困難，那麼中國還遇到外部環境變化所帶來的新挑戰，即外交的「新三期疊加」：全球經濟復甦下行期、全球貨幣政策緊縮期、全球貿易環境動盪期，個個都讓習近平和中共焦頭爛額。所以，「多維新聞網」感嘆說：「在內部三期疊加問題依然沒有得到很好解決的情況下，新的外部三期疊加的出現給中國經濟帶來了新的難題，形成了內外雙重三期疊加的嚴峻挑戰。這個難題中南海怎麼去解？」

眞是皇帝不急太監急，習近平的解決問題方式向來都是「以不變應萬變」。天下太平，歲月靜好，何必杞人憂天！中國有十三億人，死掉幾十個、幾百個人根本算不得什麼。官方媒體一定要咬緊牙關，絕不透露死亡人數。就好像當年「六四」屠殺之後，國務院發言人袁木斬釘截鐵地宣佈說，天安門廣場一個人都沒有死！

有苦中作樂的中國網友創作了一則名爲「死了多少猴子」的段子：

花果山發生坍塌，

猴王孫悟空問：死了多少猴子？

土地公：二十六個洞穴被淹。

悟空又問：到底死了多少猴子？

山神：只有五千顆桃樹被淹。

悟空急眼了：到底死了多少猴子啊？

土地公：已將活的猴子安全轉移了。

大聖怒了：你說清楚，到底死了多少猴子？

山神和土地公一起忙拭眼淚：十六位天庭領導正迅速成立救災小組趕赴災區救援，死亡猴子家屬目前情緒穩定。

另一位網友嘆息說：我們有什麼資格嘲笑北朝鮮，前些年平壤市平川區一處建設工地發生嚴重事故造成人員傷亡。實際指揮建設的人民軍七總局長被免職，同時被送到強制收容所，四名設計、施工的負責人在事故發生後立即被槍斃。

但在中國，該當官的照樣當官，該跳舞的照樣跳舞，該唱歌的照樣唱歌，一切如常。可見，人命在西朝鮮（中國）比在北朝鮮還要卑賤。

中國人比美國人更愛國，愛的是美國

成為美國傘兵的中國女孩驚動了黨中央

一名二十五歲的中國女孩，從小在深圳長大，高中畢業後，美國親戚邀請她去玩，因為喜歡美國文化，決定留在美國上學。她原本是一個做廣告印刷品設計的女孩，二〇一八年突發奇想加入美軍，經過一系列殘酷訓練後，她成了一名美軍傘兵。

這位自稱名叫高天才的女孩在社交軟體上說，在訓練營中的內容涵蓋體能、格鬥、射擊，甚至是夜間跳傘。她身穿防彈背心、頭盔、防毒面具，加上水袋和槍支，全身裝備有近四十公斤。天天睡在地上，身邊出沒著不下六、七種蜘蛛。她表示，將自己的故事講出來，是想鼓勵大家尋求自己喜歡的的東西，努力不被社會的條條框框束縛，「無論想要怎麼樣的人生，我們都可以努力去實現」。

然而，高天才在美國享受的生活和參軍的經歷，尤其是行文中處處可見的驕傲與自信，刺痛了眾多中國網友的神經。中國網路輿論似乎不認為這是一個值得讚揚的勵志故事，高天才遭到近乎一面倒的嚴厲聲討——賣國賊！很多中國人質疑說：高天才加入美軍是否為了綠卡？如果將來戰場上兩兵相見，她會不會對中國同胞開槍？她的故事是不是為美國軍隊招攬士兵的廣告？

高天才並未在文中對她的國籍和如何在美國參軍做出解釋。不過，根據美國的「緊缺人才募兵計劃（MAVNI）」，一些外籍人士只要在美國服兵役，便可迅速獲得綠卡並進而成為美國公民。這就加深了中國網友對高天才藉參軍移民的懷疑。

就連高高在上的黨中央也被驚動了。官媒《紫光閣》的微博貼文發布了一組中國女兵的圖文：「她們，為國而戰，不為國籍而戰。」中國空軍的官方微博帳號也發布一系列女傘兵訓練宣傳照，配圖貼文也意味深長：「跳就完了，別整那些花裡胡哨的。」頗有嘲諷高天才「自我炒作」的意味。

高天才加入美軍的故事，觸動了中國軍方脆弱的神經。腐敗透頂的中國軍隊已無法吸引優秀的青年人加入。胡錦濤時代的中央軍委，沒有動過一槍一彈，中央軍委的委員們全軍覆沒——不是犧牲在戰場，而是被腐敗打垮，只剩下昔日的軍委主席胡錦濤還是自由人，胡錦濤跟一群壞人共事了十年，還眞不容易。那些肥胖而腐敗的將軍們在監獄中可組建一個將星閃爍的、兵種齊全的作戰團隊，卻沒有一個士兵可以指揮。這樣的軍隊，如何賦予基層官兵榮譽感？這樣的軍隊，如何在戰場上保家衛國？

高天才加入美國軍隊，實現自己的夢想，讓黨和人民、讓中國的父老鄉親們心裡很不是滋味。高天才成為美軍傘兵，當然有為了更快拿到美國身份的意圖，這一點無可厚非，我身邊不少移民就是如此。既然在中國不能投票，高天才們就用腳投票，他們跟那些有錢辦理投資移民的中國富豪和官員家屬「逃離鐵達尼號」的目標是一樣的。這個國家被極權主義的政權所綁架、佔有和壟斷，既然此一事實無法改變，有識之士至少可以選擇離開。高天才的離開，靠的是自己的努力，她比習近平和薄熙來的家人利用民脂民膏辦理移民要高尚得多。

至於說「叛國」或「賣國」，更是無稽之談。國家是爲人民而設，人民不是國家的「肉票」。如果一個國家剝奪人民的自由和人權，人民可以反抗這個國家或者離開這個國家。美國就是由一群「叛國」或「賣國」的清教徒創建的自由國家。爲了獨立，很多來自英國的殖民地人民不惜拿起武器反抗昔日母國的暴政，他們「叛國」或「賣國」的行爲是何其勇敢和高尚。美國自建國以來，多少熱愛自由、背井離鄉的人，輾轉萬里，遠渡重洋，衝著紐約港自由女神像基石上銘刻的猶太女詩人艾瑪・拉撒路（Emma Lazarus）的十四行詩《新巨人》中最後的那一段詩句來到美國——「歡迎你，那些疲乏了的和貧困的，擠在一起渴望自由呼吸的大衆，那熙熙攘攘的被遺棄了的可憐的人們。把這些無家可歸的飽受顚沛的人們，一起交給我。我站在金門口，高舉起自由的燈火。」

與高天才一樣，我也因爲在臉書貼出入籍美國的照片，而遭致中國人鋪天蓋地的辱罵。我好奇的是，他們爲什麼不敢罵有十多個直系親屬都持有歐美各國綠卡、護照的習近平呢？答案很簡單：罵我是安全的，罵習近平是不安全的。這群「愛國」的儒夫多麼可悲，他們在「祖國」接受被奴役的命運，乃至「自願爲奴」，他們唯一的言論自由就是辱罵不願跟他們一起做奴隸的人。

高天才既然是美軍的一員，一旦中美爆發戰爭，她當然不假思索地與中國作戰。就如同作爲美國公民的我，雖然不是軍人，但在價值、情感和法律等若干層面，都義無反顧地站在美國一邊，反對作爲美國敵國的中國。

背叛獨裁的帝國，擁抱自由的價值，不是從高天才開始。一九〇〇年，八國聯軍與清帝國作戰，聯軍中就有一支「華勇營」。「華勇營」由清一色的華人組成，裝備精良，六百人的隊伍擁有一個精良的炮兵連，擁有連英軍自己都沒有成建制裝備的馬克沁機槍。在英國軍官看來，華人組成的「華勇營」是女王旗下一等一的精銳，甚至比被譽爲天生雇傭兵的廓爾喀人還厲害。

在八國聯軍進攻天津和北京的多場戰役中，「華勇營」都是勁旅和先鋒。當時英軍的主要參戰部隊幾乎全是華人：威海華勇營、香港團和新加坡團裡的華人。在北京城下，他們毫不留情的使用火炮轟擊清帝國的首都，每一次轟擊都會引起旁邊與他們一起作戰的美國人的大聲歡呼。在北京城破之後，「華勇營」在紫禁城內接受了八國聯軍高層將軍們的檢閱。隨後，一枚集體勳章頒發給這些雇傭兵，以獎賞他們立下的卓越功勳。

當時參戰的華人官兵，僅威海雇傭兵就超過兩百人，而八國聯軍中義大利軍隊僅有八十五人，所以說「華國」是擊潰清帝國的八國聯軍中的「第九國」毫不爲過。

昔日，抵抗納粹暴政的潘霍華、紹爾兄妹等人不是賣國賊，而是眞正的愛國者；今天，每一個反抗中共法西斯政權的勇敢者，以及逃離其陰影、奔向自由國度的人，也是如此。

人們是愛以分贓維繫的盜賊國家，還是愛以價值立國的國家？

美中對峙的格局逐漸成型，未來數年，兩國將迎來你死我活的對決。部份中國人，甚至有海外中國民運理論家，對美中貿易戰有一種「長中國志氣，滅美國威風」的觀點：中共善於凝聚民心民氣，中國人民可以忍受貿易戰帶來一時的傷害；但是美國人民無法以同樣的熱情與政府「共渡時艱」。正如同過去在毛澤東時代可以一聲令下、要求全國民衆勒緊褲腰，「不要褲子、只要核子」，李敖稱之爲「中國式偉大」，王岐山稱之爲「中國人可以吃草度日」；而美國人在越戰死傷若干官兵後，民間就會掀起聲勢浩大的反越戰運動，迫使總統灰頭土臉地下令撤兵。

然而，學者沈榮欽在臉書上反駁說：「本質上這是一種民主不敵專制政權的說法，也常見於崇拜威權的論述中。」沈榮欽指出，在一個富裕的民主國家，經過一陣子的公開討論和事實澄清後，遇到考驗，大部分的菁英都是很願意共赴國難的（例如金融家 Baruch 和 J.P Morgan 都有戰時替政府效力的經驗），一般民衆亦然。反過來說，以利益分贓維繫政權的國家，遇到經濟衝擊，能讓樹倒猢猻散慢一點就偷笑了，使出強力手段硬壓住是撐不了太久的，人民只會陽奉陰違繼續逃命。

其實，當年的納粹德國和軍國主義日本在評估美國的戰鬥力時都犯過同樣的錯誤。德國和日本都認爲美國人是糖水中泡大的，嬌生慣養，反戰，堅持孤立主義，不願爲國捐軀。德國和日本的決策者放心大膽地攻擊美國的運輸船，發動珍珠港偷襲。結果如何，歷史書上寫得清清楚楚。

民主制度並非表面上看的那樣一盤散沙，長期享受民主自由的民衆也並非貪生怕死、自私自利之輩。美國的愛國教育是自幼便在學校養成，並且透過體育競賽、商業科技與競爭文化，無所不在星條旗深植於大衆文化與日常生活中。歷年的調查顯示，美國平均有百分之七十六的人自認愛國。

我家兒子在一所公立小學讀書，老師常常帶他們參觀華府的二戰、韓戰、越戰紀念碑以及學校附近的南北戰爭古戰場。孩子們從小就深深明白了「自由不是白白得到的禮物，自由需要通過浴血奮戰才能得來」的道理。每到七月四日獨立日，沒有政府出面組織和督導，我們居住的社區裡面，家家戶戶都會掛出美國國旗；在煙花晚會上，一旦奏起國歌《星光燦爛的旗幟》，不管來自哪裡、什麼膚色的移民，全都起身肅立，沉浸在一片莊嚴肅穆的氛圍之中。

當然，何謂「愛國」，在美國並無統一的標準。一般而言，美國的愛國主義與保守派的榮譽、忠誠、自律、獨立等價值有關，美國人一般是先愛鄉土，再愛國家，這就是當年名將李將軍爲何拒絕林肯的邀請而爲家鄉維吉尼亞而戰的原因，他雖敗猶榮，獲得南北雙方的尊重。大致而言，共和黨自認愛國人士多些，民主黨人士則將多元價值列入愛國標準，即使批評政府或燒國旗，都可能是愛國的表現。有趣的是，自認愛國與否也受到總統是哪個黨派的影響，總統屬於自己政黨時，表態愛國的人會更高些。例如，川普執政後，共和黨自認愛國的比例高達百分之九十七，民主黨則僅有百分之七十一。不過，當國家有難時，民衆則毫無分別的願意爲國家挺身而出，「九一一」攻擊時，百分之九十九的共和黨人與百分之九十三的民主黨人表示極度或非常以美國爲傲、願意爲美國而戰。

此次川普啓動美中貿易戰，兩黨人士大部分都同仇敵愾。兩黨在若干國內議題上針鋒相對、南轅北轍，但川普的對中政策在國會獲得九成以上支持率。中共此前寄望於通過對來自美國中部和南部的農產品徵收高額關稅，來讓作爲川普基本盤的美國農民轉而反對川普，進而讓川普「後院起火」，爲選票的緣故，被迫停止貿易戰。然而，中共打錯了如意算盤。反川普的左派媒體旗艦媒體《紐約時報》派記者赴美國中南部農村採訪，卻發現美國農民對自己的利益在短期內可能受損有一定的憂慮，卻衆口一詞地表示，全力支持川普的對華貿易戰戰略，他們並未受中國的挑撥離間之計的影響。

中國有多少人支持「皇帝戰爭」？

反之，中國人眞的比美國人愛國嗎？中國人眞的比美國人對貿易戰有更大的承受能力嗎？當年，毛澤東長期閉關鎖國，生活在「動物農莊」裡的中國人眞以爲自己是世界上最幸福的人，甚至聽從毛的指揮，要去拯救生活在「水深火熱」的資本主義世界。但是，改革開放以後三十年來，大部分中國都不會如此愚昧了。

近日，我的一位生活在美國的北大學長回中國探親，與諸位已身爲成功人士的北大老同學相聚。他吃驚地發現，幾乎所有同學的最大願望都是送孩子到美國等西方國家留學。所謂「水往低處流，人往高處走」，中國的中產階級對哪裡是「樂土」知道得清清楚楚。他們即便自己不能成爲美國人，也要讓孩子成爲美國人，他們究竟愛哪個國家呢？

中國的中產階級與一百多年前大清王朝的臣民一樣，知道這是一場「事不關己，高高掛起」的「皇帝戰爭」。英法聯軍還沒有衝進圓明園，附近村莊的老百姓就先衝進去偷竊各種寶物。那是「皇帝老子」的財富，不是人們有責任守護的「國家寶藏」，不拿白不拿。人們自告奮勇地充當聯軍的帶路人，甚至不拿聯軍的報酬，因爲天下爲帝王所苦久矣！今天中國的中產階級內心深處盼望美國打贏這場貿易戰，這樣他們就能買到價廉物美的美國貨、乃至享受第一流的「美式服務」，何樂而不爲呢？

當然，也不排除中國有一批被中共成功洗腦的「愛國者」。他們是一個這樣的群體：他們喜歡罵美國，他們用力把沃爾瑪、麥當勞、肯德基、蘋果、Google、福特、通用都罵一通，罵得口乾舌燥了，就買一瓶可口可樂，回家打開蘋果電腦，連上網路，用盜版微軟，然後看新賽季的NBA。他們沒有理想，不會思考，卻有一個偉大的中國夢。他們身爲房奴，手無選票，卻覺得是國家的主人。他們是眞正的愛國者。當然，他們不願爲「愛國」而不能用蘋果電腦上網，也不願爲「愛國」而不能看NBA，更不能爲「愛國」而讓自己受苦、乃至走上戰場。

中國能靠這群「愛國者」打敗驕傲的美國嗎？就如同慈禧太后靠義和團的「民氣」向萬國宣戰那樣？

一個坐地分贓的帝國，得不到民眾的支持和愛戴。當美國駐華使館在微博上宣佈美方對中國出口產品加徵關稅之時，留言的中國網友中，超過百分之九十的人站在美國一邊。有人說：「第一局，（自由）燈塔贏。」有人說：「美帝，再猛烈些吧，世界民主需要你。」有人說：「支持美國加大貿易戰，打醒沉睡的蟲。」有人說：「我以爲底下會全是罵聲，看來天朝百姓已經不像以往有飯吃有地方睡就樂意當牛做馬了。」還有人說：「美國制不制裁天朝和老百姓關係不大。普通人還是住破房或沒房住，還是吃粗茶淡飯。天朝賺了一百億，進權貴家裏九十九億，普通人只有一億。」

二〇一八年秋，川普在推特上炫耀貿易戰第一階段戰果，強調過去四個月中國股市跌幅高達百分之二十七，顯見貿易戰已成功重挫中國經濟。沒想到竟引來大量中國網友翻牆留言，自爆中國股市沒有多少參考價值，建議川普應針對中國房價展開猛攻，只要房價泡沫一崩盤、中國就完蛋了，「打中國股市沒用，中共不關心。打爆房價，中共才會低頭！」這種踴躍爲敵國出謀劃策的民間心態，跟鴉片戰爭時毫無二致：那時，無數中國民眾遭到官兵荼毒和劫掠，反倒盼望英軍早日進駐，驅趕官兵，恢復秩序。此前，官兵強迫他們提供勞役、繳納特別捐稅，英軍卻以相當

他們的嘴巴說愛中國，他們的心要「出中國」

假洋人可以享受超級國民待遇

川普下令對兩千億美金的中國出口商品加稅，美中貿易戰進入第二輪，中國的回應是對六百億美金的美國出口商品加稅，兩國已處於非對等狀態。

這一次，「國師」胡鞍鋼乖乖閉嘴了，但後繼者仍絡繹不絕，紛紛給習近平呈上讓敵人一招致命的錦囊妙計。

中國社會科學院美國研究所所長吳白乙警告說：「一般中國百姓都積極關注國際議題。若十三億中國人的心被美國人傷害，恐怕非常難以修補。」吳白乙提出一個中國用以反制美國的鐵腕手段：「中國家長一直樂於送孩子到美國深造，但若美國繼續這樣，我們可以把孩子送往英國、德國，甚至巴西或印度。」目前，中國每年約有三十五萬人前往美國留學，美國是中國留學生第一優先選擇留學的目的地國，他們也是部分美國院校的重要財源。為了吸引中國留學生，美國名校哈佛大學、耶魯大學、史丹佛大學等使出渾身解數，校長親自赴中國，與中國獨裁者把酒言歡。

這個建議可以先呈送給習近平，並質問習近平為什麼要將女兒送到哈佛大學唸書？既然偉大領袖習近平在各個方面都是中國人民的表率，教養孩子的方式當然也要被全民效仿，「高山仰止，景行行止。雖不能至，然心嚮往之」。習近平將女兒送到美國的哈佛大學去留學，這難道不是「望子成龍、望女成鳳」的中國人的「中國夢」的巔峰嗎？既然要求中國人愛國、反美，就當以身作則，讓自己的女兒到中央黨校接受純正的共產主義思想的薰陶。若習近平能就此事下罪己詔，必定能感召無數官二代、富二代離開美國，回歸祖國的懷抱。

吳所長的建議可以跟此前中國教育部部長陳寶生發出的「二〇四九年，中國將成為世界上人們最嚮往的留學目的地」的豪言壯語相媲美。陳寶生稱，目前中國已成為亞洲第一、世界第三的接納國際學生的大國。

有趣的是，很多到中國的「外國留學生」，根本就是如假包換的中國人：北京中國人民大學附中二〇一七屆三十六個外籍學生，三十二人考入清華、北大。可是，細看照片，這「外國友人」看起來，怎麼都有一張中國人的面孔？尤其是很多國籍標註為非洲「幾內亞比索」的學生，並非「黑人弟兄」，明明就是「黑眼睛、黑頭髮、黃皮膚」的「永遠永遠的龍的傳人」。

原來，這些有著中國名字和中國面孔的所謂外國留學生，只是因為他們的父母過於聰明，花了區區一萬九千八百元人民幣，全家拿到世界上最窮的二十個國家之一的幾內亞比索的護照。相比於國內高考上清華北大難於登天，作為幾內亞比索的公民，只要經過簡單的測試，就可躺著上中國名校，還可享受「超國民待遇」：領全額獎學金，領生活費補貼，住單人房或雙人房的留學生公寓。這就是中國家長「讓孩子贏在起跑線上」的超人智慧。

這些「曲線救國」的家庭，大都是普通中產階級，他們沒有更雄厚的財力送孩子到美國等西方國家留學，便只好退而求其次，用這種方式讓自己的孩子在中國「逆向留學」。爲了孩子的前途，寧願今生不做中國人，眞是厲害了，你的國！

當然，擁有更高社會地位和財富的官僚和富豪，是不屑於成爲「幾內亞比索人」的，他們直接送孩子去歐美留學，即便每年十萬美金左右的學費和生活費也不在話下。中國的官二代、富二代們絕對不會接受吳所長給出的「愛國」建議，去巴西或印度去留學——印度和巴西有幾所大學排名在美國常青藤名校前面？吳所長自己的孩子去了巴西或印度留學嗎？有心人可以查一查。

看來，吳所長的妙計還沒有使出來，就只能胎死腹中了。

他們的孩子在哪裡，他們的祖國就在哪裡

據台灣《鏡週刊》報導，香港藝人陳小春將年僅六歲的兒子Jasper送到台灣讀幼稚園，一家三口似乎選擇到台灣定居。據指Jasper原本是在香港九龍塘國際小學就讀二年級，學費高達新台幣八十萬元，目前則是降級在北市某老牌貴族學校附設的幼兒園上課。陳小春讓兒子轉學到妻子應采兒的故鄉台灣，主要是因香港警察大量鎮壓民主運動，使用上萬發催淚彈，導致香港空氣惡

化，許多人都出現皮膚敏感、紅疹、水泡等症狀，香港已經淪爲不宜居住的地方。

愛子之心，人皆有之，送孩子到安全的地方學習和生活，是人之常情。但是，那些被香港警察淩虐、強暴、殺戮的香港青年，難道不也是父母的孩子嗎？那些被捕的年僅十一、十二歲的孩子，難道不也是父母的心頭肉、掌中寶嗎？那些被死亡列車送到中國、然後人間蒸發的青少年，難道就可以被冠以「暴徒」的名稱遭到屠殺嗎？每一個父母都有權珍惜愛護自家的孩子，但沒有人可以充當警察的幫兇，將別人的孩子視爲任意清除的「甲蟲」。

陳小春歷來喜歡就政治議題發聲，他每一次發聲都是站在中共暴政一邊，而不是站在人權捍衛者和弱勢群體一邊，他比他扮演的《鹿鼎記》的主人公韋小寶更明白「水往低處流，人往高處走」的人生哲學，他從來都以皇帝的好惡爲自己的好惡。早在二〇一四年，陳小春就成爲其出生地惠州市的政協委員，同年於微博表示反對佔中，並寫道「我們家在香港起碼三百年以上，要攪（搞）破壞，請離開，『反暴力：反佔中』。」然而，不到五年之後，陳小春一家就率先逃離他們家族生活三百年的香港，他爲什麼不留下來跟林鄭政權同患難、共存亡呢？

在逆權運動期間，陳小春一度跟成龍一樣非常活躍，公開表示已在連署信上簽名支持修例，並願意動員演藝界朋友拍片支持修例，對於政府推動修例「一定往正面的方面想」，面對修例時不要「道聽途說」，又表示「總之犯了法就一定要繩之於法」。那麼，比韋小寶還要「忠黨愛國」的陳小春，爲什麼不像那位光頭警長那樣，高調宣佈送孩子到大灣區或者北京去讀書呢？偏偏要到偏遠的小島台灣，難道他不怕接受台灣教育的孩子從此成為他所痛恨的台獨青年？

陳小春是惠州的政協委員，卻不讓孩子到惠州去讀書。他們口頭上說愛國，卻將孩子送到中國之外的地方去讀書，他們內心清楚地知道中國是一個什麼樣的國家：一個非洲豬瘟、毒奶粉、毒疫苗、鼠疫、武漢肺炎盛行的國家，絕對不是孩子健康成長的地方。陳小春如此，習近平、薄熙來們也如此，中共大小官員無不如此，有人戲稱中共中央全會是「海外留學生家長會」，這個說法並不誇張。儘管美中貿易戰愈演愈烈、中美關係日漸惡化，但最近十多年來如潮水般湧入美國讀書的官二代、富二代們並未止步，他們的父母天天在口頭上痛罵美國是「亡我之心不死」的帝國主義，在內心深處卻知道美國是孩子的伊甸園。

二〇一九年十一月二十七日，美國總統川普正式簽署「香港人權與民主法案」與「禁止商業出口涵蓋軍用品給香港警方法案」，對香港民主抗爭表達支持。前者授權美國政府制裁侵犯香港人權的中港官員，後者明令禁止向港府出售美製催淚氣體、橡膠子彈或其他群眾控制裝備。中國惱羞成怒，外交部發言人誓言報復，但如何報復，語焉不詳。

身兼國務院參事、中國人民大學國際關係學院、美國研究中心主任等要職的左派御用文人時殷弘表示，中國政府反擊的手段包括在北韓和伊朗問題上停止與美方合作，甚至喊停貿易談判，讓川普面對股市大跌等巨大的民間壓力。「應對川普這樣的極端馬基雅維利主義者，必須夠強硬才能迫使他做出極不情願的退讓；以精緻迂迴的戰略與他較量，不會有明顯效果。」有網友看到這樣的建議，不禁諷刺這位國務院「智囊」其實是「智障」——美國早已直接跟伊朗和北韓展開直接交涉，中國在伊核武和朝核問題上已經失去了話語權，再也不能「放狗咬人」了；而且，貿易戰中受損最大的是中國，想迅速簽約的也是中國，停止談判，中國經濟將發生雪崩，無異於自殺。

比時殷弘更聰明的是《環球時報》總編輯胡錫進。胡錫進在個人社交平台推特兩度發文談《香港人權與民主法案》（身爲黨的宣傳幹部，他長期非法翻牆、使用推特，民衆應當報警舉報），他仿效川普簽署法案的聲明的口吻指出：「據我所知，出於對總統川普和美國人民的尊重，中國正考慮將《香港人權與民主法案》的起草人列入禁止入境名單，禁止他們進入中國內地、香港和澳門。」該法案的起草人包括美國國會參衆兩院的若干重量級議員，白宮和國務院的很多官員都有參與、如此，就等於將美國立法和行政部門的重要決策者（包括簽署法案的川普總統）全都拒之於門外，中國再度實行毛時代閉關鎖國的戰略。

如果中國這樣反制美國，美國不會無動於衷。長期關注香港情況的美國共和黨副主席Solomon Yue在推特上反擊說，如果中國敢這樣做，「美國參議院可以公開表示中國爲一個邪惡國家，我們也可以取消三十六萬三千個中國留學生簽證」。這個措施打擊的當然是中國的權貴和既得利益階層。中國的權貴和富豪們將他們的孩子送到哪裡，說明他們心中眞正愛的是哪裡。倘若中國的貪官汙吏都不能送孩子到美國讀書（這些孩子在讀書的同時，還幫助父母在美國洗錢和購置產業），這才是對他們的致命一擊。美方亮出這招殺手鐧，中國立即鴉雀無聲。

馬雲能實現他的美國夢嗎？

中國各大網路傳媒以及微信均報導馬雲退休並且將赴美國隱居的消息。耐人尋味的是，該消息沒有遭到禁封或澄清。難道中國的網路和媒體監控人員都疏忽了？或者最高當局故意讓這個消息公之於衆？

據微信文章說，馬雲選擇在二〇一九年九月十日這一天退休，這天是他五十四歲的生日。在退休晚會上，多次登上中國首富排行榜的馬雲一度淚流滿面。雖然他沒有發表透露心聲的退休感言，但他心中大概明白，急劇回歸毛澤東統治模式的中國，不僅不再有產生下一個馬雲的土壤，也不可能有讓他「安享晚年」的社會和自然環境。

該文章用充滿浪漫色彩的筆調寫道：「從此江湖再無風清揚，再無桃花島，也無光明頂，更不會有一個高考失敗三次，無處就業的小年輕就因爲愛好英文，看遍世界然後產生一個做網站的想法就能發大財，享譽全球的故事了。」其實，作者眞正想說的事實是：中共已選定阿里巴巴等網路巨頭實行「多元所有制」試點，也就是新一輪的「公私合營」，更直白地說，就是要「打土豪，分田地」了。磨刀霍霍的聲音從後廚傳來，再遲鈍的豬也聽得清清楚楚，聽得心驚肉跳。

馬雲早已準備好退路。狡兔三窟，馬雲爲自己準備的後半生居所是一片世外桃源：二〇一五年，馬雲在美國購買了面積約爲一百一十三平方公里的布蘭登公園（Brandon park）的所有權（據《華爾街日報》報導，購買價格約兩千三百萬美元）。布蘭登公園位於美國紐約州東北部的阿迪朗達克山脈（Adirondacks），這是一塊自然保護地。布蘭登公園面積爲一百一十三平方公里的土地，公園內綠樹成蔭，風景優美；pristine河流七英里流經公園；十一片濕地是brook-trout（一種野生淡水鱒魚）棲息地；還有一片寧靜的湖泊、山脈和森林。馬雲夫婦買下這塊地後，曾有這樣的感言：「我們共同的未來依賴於彼此。」

布蘭登公園山清水秀，雲淡風輕，非常適合養老。馬雲轉移到海外的財富，當然遠遠比郭文貴多。以經濟能力而論，他的餘生可以在美國過上石油國家王公的奢華生活。但是，馬雲能在大洋彼岸實現「美國夢」嗎？

就在馬雲宣佈退休之後的第三天，美國雜誌《石英》（Quartz）報導，華府高級官員近日指控阿里巴巴、騰訊及百度等科技企業可能爲中國政府從事間諜活動，或擴大對中國科技企業的審查範圍和力度。有觀察家認爲，被華府點名的中國企業可能更難在美國投資或從事商業活動。

美國國務院主管安全與防擴散局的助理國務卿福特（Christopher Ashley Ford）在華盛頓的一個會議上表示，華爲、騰訊、中興、阿里巴巴及百度等巨型企業，不論在事實上或法律上，在某些重要方面或出於某種目的，充當中國政府的武器和工具，幫助中國政府發展、建立和維護用作監察和控制社會的技術。國務院可能以對待華爲的同樣的方式，對待百度、阿里巴巴及騰訊等中國科技企業。

什麼是對待華爲的方式呢？用川普總統的說法，華爲被美國軍方和情報部門定義爲對美國國家安全的重大威脅，不可能就解禁華爲問題跟中國展開談判。華爲不在美中貿易戰的談判清單上。接近白宮的智庫人員推測，孟晚舟被捕只是第一步，美國政府要徹底摧毀華爲，不給它以喘息或翻身的機會。所以，華爲創始人任正非近期才會對媒體發出願意向歐洲公司全部出售其5G部門和技術的信號。在此意義上，美國對待華爲的方式至少包括：收緊其對美國的投資，對它們的高層展開司法調查，進而在關鍵技術上對其釜底抽薪。

那麼，此時此刻，如果馬雲入境美國，很可能招致跟華爲公主孟晚舟相似的命運。若出現此種情形，即便馬雲可以居住在其購買的那座「青山隱隱水迢迢」的莊園，卻要像孟晚舟那樣佩戴一個高科技的電子足環（淘寶上大概可以買到）。沒有人身自由，他未必比居住在小公寓中的普羅大衆快樂和幸福。

曾幾何時，像馬雲這樣的商人，「腰纏十萬貫，騎鶴下揚州」，在中國和西方「長袖善舞，多財善賈」、兩邊通吃，何其逍遙，何其猖狂！然而，三十年河東，三十年河西，他們萬萬沒有想到，轉身之間，如《紅樓夢》所說「金滿箱，銀滿箱，轉眼乞丐人皆謗；正嘆他人命不長，那知自己歸來喪？」，河東即將沉入泥沼，河西也將關上大門，「中國夢」化爲一縷青煙，「美國夢」則遙不可及。

過去幾十年來，美國成爲中國官僚和富豪們的天堂。他們似乎是一群不受法律約束、爲所欲爲的「天上人」。習近平的女兒習明澤和薄熙來的兒子薄瓜瓜不經過考試，就輕鬆進入普通美國人家的孩子夢寐以求、求之不得的頂級名校哈佛大學和哥倫比亞大學就讀，他們的成績如何，外界不得而知；即便以賣假藥起家的中國藥廠老闆，也有能力花費六百五十萬美元，賄賂美國招生人員和體育教練，將女兒趙雨思（英文名Molly）順利送入史丹佛大學。中國的財富，讓許多美國人眼紅心跳，不惜膝蓋發軟跪下來。

然而，美國是清教徒的美國，美國不是藏汙納垢之地。既然中國選擇成爲美國的敵國，美國就只能以敵國模式來對待中國，包括那些一夜之間將「中國夢」切換成「美國夢」的馬雲們。

馬雲宣佈退休之後第六天，爲中國政府工作的華人男子劉忠山，因涉嫌簽證詐欺，經司法部調查後被捕。隨即，劉忠山被以密謀簽證詐騙的罪名，移送紐約曼哈頓聯邦法院審判。

聯邦檢察官指出，擔任「中國國際人才交流協會」（China Association for International Exchange of Personnel）紐約辦事處負責人的劉忠山涉嫌以研究學者名義，暗助中國政府部門員工取得留學生簽證，這些中國政府員工入境美國的實際目的，是爲了尋找能讓中國獲利的美國科學人才。主管國家安全的司法部助理部長德梅斯（John Demers）在聲明中指出：「我們不歡迎簽證詐騙，尤其是代表外國政府的簽證詐騙。」德梅斯表示，將持續打擊中國政府爲了謀求己利而企圖破壞美國法律的作爲，存心把美國研究成果與技術轉移到中國。」

劉忠山此前在中國國務院外國專家局擔任高級官員及黨務主管，再調任美國充當「獵頭」。在美中關係良好的時代，美方對這種遊走法律灰色地帶的行徑睜一隻眼閉一隻眼；在美中關係進入「新冷戰」的時期，美國政府高調抓捕中國高級官員，形同向北京發出嚴厲警告：你們以後別想在美國無法無天、強取豪奪了！

馬雲不是像劉忠山那樣的黨和政府官員，但他對美國的危害遠遠超過劉忠山，美國難道會視而不見嗎？

美國已開始「自我淨化」過程，執法部門致力於清理在美國境內的各種「外國代理人」。身家並不清白的馬雲，如果想要圓「美國夢」，僅有錢是不夠的，他的唯一出路就是：充當「汙點證人」，將這些年來他作為中共「白手套」做過的卑污下流的事情全部供認出來，美方才有可能對他網開一面——當然，前提是他能活著離開中國。

中國如何打贏美中貿易戰？

清華教授李稻葵重彈林則徐的老調

在中共政協大會的發言中，清華大學中國經濟思想與實踐研究院院長李稻葵表示，外部壓力和國內經濟面臨下行的問題是中國「成長的煩惱」。但他對未來前景樂觀，認爲不必擔心中國在美中貿易戰中處於下風，「我們在晶片方面確實受制於人，但我國是全球最大的維他命、抗生素原料出口國，一旦減少出口，某些發達國家的醫療系統就運轉不靈」。

在中國一旦當了官，無論原先多麼聰明的人，立刻變得頭腦愚蠢、心思邪惡。李稻葵對華爲、中興等企業偷竊美國技術、違反美國法律的種種惡行避而不談，反倒指責西方嫉妒中國的快速發展，眞是倒打一耙。李稻葵提出的中國反制西方的方式，根本不像是一名訓練有素的經濟學家的理性言論（他是哈佛大學經濟學博士），連一般稍稍了解常識的普通人都不會如此異想天開。各種維他命、抗生素都是西方發明的，只是西方嫌利潤太薄而不再生產，如果中國惡意減少出口，西方要恢復生產乃是易如反掌的事情。中國要靠這一招給西方以致命打擊，眞是可笑的自取其辱。

李稻葵的謬論，讓人不禁想起清末時林則徐對西方的看法。中英戰爭初期，林則徐認爲自己勝券在握，在給道光皇帝的奏摺中信心滿滿地寫道：「夷兵除槍炮之外，擊刺和步伐都不是其長處，他們的腿足裹纏，束縛嚴密，膝蓋屈伸不便，到了岸上便無所作爲，我們有制伏他們的辦法。」林則徐又認爲，洋人嗜吃牛羊肉，若沒有從清國進口的大黃、茶葉以輔食，將會消化不良而死：「大黃、茶葉、湖絲等類，皆中國寶貴之產。外國若不得此，即無以爲命。」也就是說，西方離不開中國的貨物，中國則不必進口西方的產品。如果中國不出口這些特產，英國很快就會乖乖求饒。當然，這場戰爭的結果如何，不用我再多說了。

李稻葵此次重彈林則徐的老調，只能說明他在哈佛大學並未學到什麼眞才實學。他是奉黨中央之命令到美國「偷學」的，偏偏像馬英九一樣學無所成。哈佛大學的學位對他們來說，只是向衆人炫耀的頭銜而已。

中國偷竊外國的技術，從晶片到飛機引擎，從核武器到石斑魚，眞是從天上飛的到地上跑的，坑矇拐騙、無所不偷，而且以偷竊爲榮，古往今來，從來沒有這樣無恥的國家。近日，日本大阪府警方依涉嫌違反《家畜傳染病預防法》爲由，逮捕了大阪府的餐飲店主前田裕介和無業者小倉利紀，兩人被指控涉嫌把日本和牛受精卵和精子帶往中國，企圖以幾百萬日圓的價格賣給「中國熟人」。報導稱，和牛是日本主要的出口農產品之一，若和牛受精卵和精子流往海外，可能會對日本國內畜產業產生嚴重打擊。

這樣一個「竊賊國家」，卻要高聲威脅以減少出口維他命和抗生素來讓發達國家的醫療系統運轉不靈，這種陰暗與邪惡的心思意念，眞是跌破人類的底線。

中國要靠「新鴉片戰爭」打贏美中貿易戰？

畢竟是書生之見，李稻葵的斷絕出口抗生素和維他命的建議還不夠毒辣；中共更厲害的招數是：加速向美國偷運作爲另類鴉片的吩坦尼（fentanyl）——這是摧毀美國的殺手鐧。

據美國《凱澤健康新聞》報導，美中貿易戰致使雙方一些與貿易無關的議題合作喊停，特別是針對吩坦尼等危險鴉片類藥物從中國輸入美國的問題。

美國的大部分吩坦尼和其他鴉片類藥物都來自中國。吩坦尼效力比海洛因強五十倍，比嗎啡強一百倍。據美國疾病控制及預防中心的一份報告顯示，鴉片類藥物亦已導致三百萬美國人嗑藥上癮，二〇一七年有六萬四千人因此而死亡。根據白宮經濟顧問委員會的報告，二〇一五年美國光是鴉片類藥物濫用問題就造成高達五〇四〇億美元的損失，佔當年國內生產毛額的百分之二點八，六萬多人死於藥物過量——此數字高於越戰中死亡的美軍人數。

美國作家傑德．凡斯（J.D.Vance）在自傳《絕望者之歌：一個美國白人家族的悲劇與重生》中描述了若干美國中部「鐵銹地帶」家庭毀於藥物濫用的慘劇。凡斯本人通過艱辛的努力，上了耶魯大學，與上層社會家庭出身的女同學戀愛、結婚，成爲律師和投資家。但童年的創傷並未完全離開他：他的家族從阿帕拉契山脈，追逐工作來到中部的工業小鎮；又因全球化產業遷移，供鎮上萬人工作、保險、獎學金、社區福利的鋼鐵廠沒落，加上教育價值、消費文化種種原因，使這群人世代被毒品、少年生子、家暴、貧窮糾纏。凡斯的母親過的就是典型小鎮人生：高中懷孕，有過五段婚姻，失去了護士的職業，始終在「吸毒／戒毒」間擺盪。凡斯在自立之前，日日擔心受怕，不知道原本應該保護他的母親，又要鬧出什麼事。在自立之後，他不敢給母親錢，母親一有錢就會去買毒品；當母親來電求救時，他給予的幫助僅限於將母親安置在汽車旅館，幫她付幾天的費用。

川普當選之後，致力於打擊毒品泛濫——左派卻致力於大麻合法化，造成嚴峻的社會問題。川普對媒體表示，美國除了打贏鴉片危機這一仗之外別無選擇。平均每天有超過一百名美國人因鴉片類藥物濫用而死亡，美國境內藥物濫用在過去二十年內翻了兩倍，解決該問題的努力卻減弱了。川普發誓採取措施對抗這種「糟粕」，包括更加嚴厲地起訴與毒品相關的犯罪，更完善地管理美國南部邊境（大部分鴉片類藥品從這裡被走私入境），以及提高醫療水準和預防藥物成癮。

川普更直指中國是這類毒品的主要來源地，稱其「不是運送至美國，就是被毒販從南部邊境偷運進來」。美中經濟安全審查委員會在一份報告中援引執法和毒品調查人員的話寫道：「中國是美國、墨西哥和加拿大的主要吩坦尼供應地。」該報告稱，中國「對管控這種藥物的生產和出口不太重視」。川普在與習近平會面時，曾把中國製造的「廉價、致命性的吩坦尼泛濫」作爲頭等大事提出來。習近平不置可否。中國公安部禁毒局副局長魏曉軍在新聞發布會上說，對於美國國內出現濫用藥物——尤其是效力非常強大的人工合成類阿片藥物吩坦尼——來自中國的「事實」，「中方不排斥也不否認」——這是中國式的謊言，也不說是，也不說非，說了也白說。

那麼，此次中國對美國的「新鴉片戰爭」，會不會讓川普打擊毒品泛濫的努力破功呢？中國能讓美國像當年的清帝國那樣被鴉片洪流所吞噬嗎？「新鴉片戰爭」是中國在美中貿易戰中「不戰而勝」的唯一的妙計嗎？

過去一百年，「鴉片戰爭」成爲現代中國民族主義的建國神話：從孫文到蔣介石再到毛澤東，共同將之塑造成西方用鴉片和炮艦摧毀中國的陰謀，及中國人爲此展開的百年鬥爭（一八四二到一九四九）。英國歷史學家藍詩玲（Julia Lovell）在《鴉片戰爭：毒品，夢想與中國建構》一書中指出，當時在中華帝國方面，上自皇帝，下至地方官員，都視之爲南方邊疆的小型騷亂、或外國商人抗議地方官府的不公待遇。由於官僚無能，軍事失誤，政治投機和通敵，最後被迫與英國簽定兩個條約。然而，鴉片戰爭過後一個半世紀以來，居然改頭換貌，由區區的「邊釁」，變成國共兩黨官方歷史敘事中的中國現代史的悲劇性開頭，而且成爲中國共產黨一黨專政的重大支柱。

頗具諷刺意義的是，先後掌握建構中國近現代史敘事權的國共兩黨，都是鴉片的熱愛者。國共兩黨共同奉爲中華民國「國父」的孫文，早在一八九四年就上書清廷，建議朝廷鼓勵國人自己種植罌粟，來排擠掉外國的競爭。他以權威的口吻說，他老家廣東種的罌粟，「蓋其氣味較公土（印度鴉片）爲尤佳，迥非川滇各土可比」。孫文儼然是鴉片經濟的代言人。

而共產黨困居延安時，更是靠著鴉片貿易生存下來，台灣近代史學者陳永發稱之爲「中共歷史上的最大機密」。一九四二年至一九四五年，蘇聯特務弗拉基米洛夫以共產國際駐延安聯絡員兼塔斯社記者的身份，在延安工作，與中共高層密切接觸。他在《延安日記》提到，「鴉片是當地貿易中最重要的一宗商品」。中共早在一九四一年就下達種植令，轄區農民每戶栽種五至十畝鴉片。對外銷售，對內禁煙，是中共發展鴉片經濟的方針。一九四一年底，邊區成立禁煙督察局，後改爲禁煙督察處，中央書記任弼時被任命爲「鴉片問題專員」。

近年來，學者高龍走訪晉西北，獲見一批中共當年種植鴉片的檔案，爲一九四〇年代的中共統治區鴉片種植提供了確鑿證據。這批檔案從忻州某縣檔案館流出，以「賣廢紙的價格」賣給了文物販子，目前的擁有者花高價從文物販子手中購得這批數量達兩百多件的檔案，稱之爲「忻州鴉片檔案」。這批「忻州鴉片檔案」，紙張已泛黃，但裡面的毛筆字工整，訊息量較大，內容涉及晉西北鴉片種植、收割、運送、稅制等等，全方位勾勒了中共割據政權的鴉片經濟。作者利用這批檔案和相關資料，結合採訪到的民間記憶，對中共「邊區」的鴉片經濟做了較全面的梳理，也證實了鴉片經濟對中共割據政權存亡具有決定性作用。「忻州鴉片檔案」中有一件《腰莊煙畝稅冊》，有關於腰莊農戶鴉片種植情況的詳細記錄。

中共靠鴉片起家，中共能靠鴉片打贏貿易戰嗎？即便中共故伎重施，也不可能靠向美國大量輸出鴉片類藥物來毀掉美國。美國政府已意識到這一問題的嚴重性，川普總統務實且敢作敢爲，不會像左派的歐巴馬那樣講究「政治正確」而無所作爲。川普政府已獲得國會的授權並得到大筆資金支持，快速行動起來：對外，強化南方邊界的檢查、嚴禁毒品的輸入；對內，提升執法機構的士氣和資源，嚴厲打擊毒販。川普宣稱要對毒販施行死刑——川普在一次公開演講中指出，按照現行法律，一名可能導致數千人喪生的毒販卻只被判很短的刑期，「如果我們對毒品販子不嚴厲，我們就是在浪費時間，而這種嚴厲包括死刑」。白宮國內政策委員會主任安德魯・布萊姆伯格對記者表示，適當時將按照現行法律尋求對毒販實行死刑。當被要求舉例說明時，布萊姆伯格告訴記者去司法部詢問「具體的法律分析」，但補充說，「很明顯有些情況下實施死刑是適當的」。在左派眼中，執行死刑又是一種「政治不正確」，但它確實是在得不到中國的配合、甚至中國故意危害美國的情形下，美國自行解決這一難題的重要方式之一。

中國如果膽敢以此種方式對付美國，將使得本來已經在國際社會臭名昭著的形象雪上加霜，淪爲過街老鼠，人人喊打。

且看中國「僞外媒」多維網如何報導美中貿易戰

在中國巨無霸式的「大外宣」戰略中，有一批表面上看持獨立立場的「外媒」，實際上早已被中共牢牢掌控，拿北京的錢，說北京的話——與其說它們是媒體，不如說是宣傳機構。在香港已有數十年歷史的《大公報》、《文匯報》自不待言，最近二十多年來急劇膨脹的「鳳凰衛視」媒體集團也是如此，更不用說台灣的「媒體怪獸」《中國時報》等「旺旺系」。比以上這些眾所周知對北京唯命是從的「外媒」更加隱蔽的，是諸如多維新聞網、香港〇一等「僞外媒」。

多維新聞網最初由多位海外中國民主人士創辦，對中共持批判立場。後來，中國資金大舉滲透，該媒體面目全非。數年前，其表面上的控制者換成親習近平的香港商人于品海，其總部遷往北京，該媒體成爲專門負責幫助習近平向海外「宣傳」的御用媒體之一。中共的官方媒體《人民日報》、新華社、央視等在海外聲名狼藉，需要有多維這樣的「小清新」爲之妝點門面。

多維在中國國內被封鎖，中國國內的民眾看多維需要翻牆出來，只是他們沒有想到的是，翻牆出來看到的並非自由世界的自由媒體，而是《人民日報》和《環球時報》的升級版，翻牆出去了，仍然接受中共無所不在的洗腦宣傳，悲乎？

多維對美中貿易戰的報導及評論頗值玩味。其中一篇報導名爲《首輪對戰中國傷痕累累，新媒：結果或令人大跌眼鏡》，文章轉載新加坡《聯合早報》的文章，引用新加坡多名財經界人士的評論指出，「人民幣匯率下跌，不是示弱而是以退爲進」，「中國股市受挫，是因投資者過度擔心」。其中，星展集團經濟師謝光威指出，「長遠下來，美國產業很可能會自食其果，受到重創」，「美國面對四面楚歌的局勢，而中國則有更多迴旋餘地。儘管目前局勢看來對中國不利，但長遠而論，美國並非勝券在握」。我上網查了半天，也查不到謝光威在新加坡和東亞經濟學界有什麼地位和名聲。此人睜開眼睛說瞎話，毫無論據支援，也沒有論證環節，大肆爲中共張目，並唱衰美國，水準跟中國國內的五毛黨差不多。不過，新加坡政府遠比此類「經濟師」聰明，新加坡政府明確表示站在川普一邊——甚至主動爲川普和金正恩的峰會提供場地，以贏取自己最大利益。

另一篇報導名爲《美中貿易戰惡果顯現，美大豆船衝關失敗損失千萬》。看到這個標題，真以爲中國的報復行動打到美國的痛處：美國終於損失千萬了！仔細閱讀正文才發現眞相：「由美國西雅圖開往遼寧省大連港的貨船『飛馬峰』號，雖然高速行駛，意圖在中美互徵關稅前的『死線』前到港，但事與願違，未能及時到達，買家損失逾千萬人民幣。」原來，眞正遭受損失的是買家（中國），而不是賣家（美國）。那麼，買家是誰呢？是中國的國企和央企「中儲糧總公司」，是中糧要多付百分之二十五關稅，損失逾千萬元，這是美中貿易戰開打後中方所徵收的第一筆關稅。再後來有知情者透露，中國政府悄悄向利益受損的國企表示，此部分增收的關稅，政府將以特殊補貼的方式返還。中糧之類的國企，本來就是政府所有，政府對其徵稅或補貼，不過是左手給右手，羊毛出在羊身上。美方包括種植大豆的農民毫髮無損——近期美國大豆的出口數據顯示，對中國的出口少了，但對其他國家的出口猛增。

還有一篇報導的題目更眩目《美中貿易戰幕啓，川普錯判中方反應》。文章指出，「在川普爲首的華盛頓高層眼中，北京曾經是個在『極限施壓』之下改變立場的角色，美國學者和分析人士對中方這次會採取『妥協』的意願也很有信心」。誰知，中國方面「對於一個不守規矩的美國自然也難以繼續以禮相待，在其威脅之下已經『立即出台同等規模，同等力度的徵稅措施』，從此開始要和一個『反復無常』、『損人不利己』的美國政府打貿易戰。」這種義和團式的咒罵，除了滿足中國人的精神自慰以外，什麼實際作用也沒有。川普從來沒有錯估中國的反應，川普的戰略目標非常明確——他要達成自由和公平的貿易，改變中國肆無忌憚的偷竊行徑。

貿易戰剛剛開打，川普就勝券在握，接受CNBC訪問時強調：「我不是爲政治做這件事，我是爲了我們的國家做正確的事，我們被中國影響了很長時間。……這樣非常不公平。」他威脅說，將對中國全數入口商品開徵關稅，相當於五千億美元，這將是中國不可承受之重。美國《國會山報》報導稱，川普正在贏得貿易戰勝利。文章指出，有以下幾種跡象表明中共爲拒絕服從川普的要求付出了代價：首先，中國股票交易市場股價暴跌，這表示，投資者認爲中國要比美國輸掉更多，他們是正確的。其次，北京感受到這種強烈的衝擊，官員們似乎開始淡化在「中國製造二〇二五」計畫上的論調。北京還嘗試與歐盟一起聯合對抗美國，卻遭到歐盟拒絕。第三，根據中共官方發佈的經濟報告，中國第二季度經濟增長放緩，各種數據都不容樂觀。那麼，中國宣稱自己能獲勝，中國能拿出什麼數據來支持這一結論呢？

多維網上最搞笑的一篇報導題為《貿易戰是川普權力膨脹、傳統制衡失效的結果》。文章非常懷念「喜歡看著民調做決策」的歐巴馬，而無法理解「看著經濟資料或股市表現做決策」的川普。文章評論說，川普「是一位剛愎自用，天然排斥異見的總統」。中國舊有的戰略戰術都不再適用：「共和黨傳統遊說勢力根本不起作用。比如，美國商會一直反對美國發起關稅貿易戰。歐盟盟邦也明確建議，這樣反而會傷害美國自身經濟，但川普就是聽不進去。」

這一點作者倒是說對了，中共投入鉅資收買遊說公司、重要退休政客（如季辛吉）以及利益相關的美國跨國公司，過去成功幫助中共影響了美國政府的對華政策。川普上任之後，拋開這些「華盛頓的沼澤」、「深層政府」，而以美國民眾的利益為重。他是不可收買的人，這些傳統做法統統失效了。川普身邊的一群鷹派新人，取代了昔日的腐敗政客。中共黔驢技窮，遂發出如此哀嘆。

多維的文章又說：「國會對川普的制衡也不是很明顯。……國會雖然對川普打貿易戰的『手法』有疑慮，但終究沒有國會議員站出來旗幟鮮明地反對川普打貿易戰。」文章作者把事情的因果關係弄顛倒了：不是川普擺脫了立法和司法分支機構的制約，一意孤行、獨裁專制，而是他的政策符合美國的根本利益，得到國會兩黨絕大多數議員的支持，美國已經從過去三十年錯誤的對華政策和昏睡狀態中醒來。

多維新聞網及其中南海的無法理解川普的願景以及美國對內、對外政策的重大調整，一個新的時代已經來臨，中共卻還在刻舟求劍。如果多維新聞網代表著中共決策者的思維水準，那麼無論中國如何「整合」數十個「智庫」，也不能做到「知己知彼」。

美中貿易戰，中國人為什麼站在美國一邊？

美中貿易戰中的「國家興亡，匹夫有責」

美中貿易戰正式開打，中國股市一瀉千里，美國股市全線飄紅，勝負之勢，高下立判。中國官方媒體表態堅決反對美方「保護主義、單邊主義的倒行逆施行為」，如同四川民間俚語所說「鴨子死了嘴殼硬」——鴨子死了，全身都變軟了，但嘴還是硬的，形容知錯不改，明知漏洞百出還要強詞奪理。

那麼，中國普通民眾如何看待這場與他們切身利益攸關的貿易戰呢？中共長期推行的反美、反西方的宣傳教育有沒有成功呢？

在中國最大的社交軟體微信上，各地的網友熱議美中貿易戰的結果，有人說：「美帝擅自發動貿易戰，就是赤裸裸的想阻止中國發展進程。如果能割地解決的話，就割我們山東，山東百姓願為國分憂。」

有人立刻跟進說：「走開，我們廣東先割，畢竟廣東經濟最好。」

下面馬上又有留言：「福建好啊！」

有人急不可耐了：「請大家顧全大局，不要說過激言語。即便要割地，也是天津吧，天津人民願意共赴國難。」

外國人還沒有打進來，自己就爭吵成一團了：「美國看不上你們，還是把我們江浙割了吧。」

最後，還是老牌租界上海的居民最聰明：「我們願意成爲美利堅合衆國上海自由市。」於是，有人總結說：「衆人捨己爲國的精神，正是我黨社會主義之核心價值觀！」

還有人說：「割什麼割？！我廣大人民群衆哪一個不能爲國犧牲，我們都願意去美國做人質，以換黨國之安寧。有道是：我不入地獄，誰入地獄？」

更有人一語道破天機：「難怪這麼多愛國的高官都把情婦子女送到美帝當人質，美帝卻還予取予求，實在太可惡了！」

看來，沒有多少中國人相信「厲害了，我的國」。據中國胡潤研究日前發布的一項中國投資移民白皮書，平均財富兩千九百萬人民幣以上的中國富豪，有八成以上優先選擇移民美國。其中，百分之三十七受訪者表示正在考慮移民，百分之十二已移民或正在申請中。一般百姓沒有能力投資移民，便憧憬著中共用割地的方式，使他們直接實現移民夢，豈不快哉？

這就是中國民間鮮活的生態與真實的意願。習近平不可能對此一無所知，他趕緊派官員在香港放話說，「習近平從未放棄韜光養晦的外交政策」；馬雲控股的《南華早報》更說得直白——

該報引述中國高級官員的話說，習近平指示中國需要小心應對美中貿易戰所帶來的影響，以免中國的改革開放政策「出軌」。報導又指，鄧小平推動的改革開放路線，爲中國帶來四十年不曾間斷的經濟增長，習近平是緊跟這個路線的領導人。此前，習近平控制的僞「外媒」多維新聞網秉承上意，直接點名批評鄧小平「賣國」和「腐敗」；如今，習近平又搬回鄧小平「改革開放」的神主牌，變臉之快，讓人目不暇接。

中國人爲何歡迎川普的兩千億徵稅決定？

美國貿易代表辦公室宣佈對價値約兩千億美元的中國進口產品加徵關稅。美國總統川普亦在與來訪的波蘭總統的聯合記者會上，以及推特上表明其堅定的立場，嚴厲譴責中國企圖干擾美國即將進行的國會中期選舉：「中國曾經公開表示，積極尋求通過瞄準美國忠實於我農民和工人，來影響美國的選舉，但中國不明白，這些都是愛國人士，看得淸楚中國的伎倆」。

同一天，美國駐華使館的官網及微博發布了美國總統的聲明，立刻湧入不計其數的中國民衆的熱議和按讚。很多人感嘆：只有在美大使館的微博上才能暢所欲言，這是中國唯一的「言論自由的租界」。

川普一定想不到，他在中國的支持者比在美國的支持者還多。中國人瞧不起在習近平面前畢恭畢敬的歐巴馬，卻對痛宰習近平的川普敬佩有加。如果川普到中國參選總統，一定會將習近平

以上言論充分呈現了中國眞實的民情和民意，「天下苦秦久矣」。反之，年初的那一次對取消國家主席任期制投出全票贊成的在全國人大會議，絲毫不具備民意基礎，習近平不要眞以爲自己「深受全國人民愛戴」。

當然，中國的問題，得靠中國人解決。尤其是中國人的自由、權利及社會公正，必須靠中國人爭取，不可能靠美國和川普無償賜予。中共這座大山，也得靠中國人來推倒。川普對中國的徵稅，首要著眼點是完成「美國優先」的競選承諾，而不是幫助中國人獲得解放——客觀而言，此一舉措可能對中國的經濟自由化和政治民主化有所幫助。

意滿志得的習近平，如果看到這些言論，會怒火攻心，還是氣急敗壞？中共控制的大小媒體和教育部門，長期實行洗腦宣傳和教育，讓中國人將美國當作「亡我之心不死」的敵人，但從上面那些言論來看，官方的洗腦宣傳和教育並未成功。中國人不把美國當作恨不得食其肉、寢其骨的敵人，而將中共當作日夜咒罵、恨入肺腑的敵人，這種情形跟清朝末年百姓與朝廷的關係如出一轍。

英法與清帝國的換約戰爭（第二次鴉片戰爭）期間，詩人龔自珍的兒子龔半倫，帶領英法聯軍把圓明園洗劫一空，又擔任英國公使的翻譯，代表英國和恭親王談判。恭王怒道：「你等世受國恩，卻爲虎作倀甘做漢奸！」龔半倫毫不示弱地回答說：「我們本是良民，上進之路被爾等堵死，還被貪官盤剝衣食不全，只得乞食外邦。今你罵我是漢奸，我卻看你是國賊。」恭王理屈詞窮，無言以對。

龔氏的這句話道出了一個眞理：當統治者以國家爲私產，當統治者是強加在百姓頭上的壓迫者、掠奪者時，作爲被奴役對象的老百姓不會替這樣的國家或政府賣命，反而會拼命挖牆角，盼望其早點垮台。

慈禧太后和光緒皇帝棄都城及子民而逃，追隨者寥寥無幾。北京市民紛紛列隊歡迎八國聯軍的入城。此前拳匪及潰敗的清軍燒殺搶掠，如今八國聯軍軍紀嚴明，兩相對照之下，民眾知道該支援和效忠哪一邊。這是人類生存的本性使然，超過堂而皇之的愛國主義的魅力。

清廷仍然不知悔過。兩年後，封疆大吏張之洞舉行慈禧太后萬壽慶典，時爲張之洞幕僚的辜鴻銘感嘆：「滿街都是唱《愛國歌》，未聞唱《愛民歌》者」，並聯詞成句：「天子萬年，百姓花錢；萬壽無疆，百姓遭殃。」張之洞爲之默然。

此後九年，就在「滿街都唱《愛國歌》」的武漢，新軍打響了爲清廷送葬的第一槍，那些唱《愛國歌》的民眾沒有一個人站起來保衛朝廷，正所謂：「國不知有民，民亦不知有國。」

終結中國共產黨統治的，必定是中國共產黨的倒行逆施，川普只是在旁邊加一把力；正如當年終結蘇聯共產黨統治的，是蘇聯共產黨的窮兵黷武，雷根只是在旁邊加一把力。

爲什麼中國孕婦要跑到美國生孩子？

二〇一八年十一月一日，川普在密蘇里州哥倫比亞市出席國會中期選舉造勢活動時，直接點名批評中國：「試想想，你是我們國家的敵人，你的將軍一直想著開戰，獨裁者一直對抗著我們，但獨裁者的妻子及子女卻在美國的土地上……恭喜你們，你們的子女都是美國公民，有沒有人認爲這是合理？」

川普特別點出每年數萬中國孕婦跑到美國產子這一事態的嚴重性。他向在場支持者說，中國孕婦到美國產子的數字最多，「你可能會覺得意外，不是南美洲，而是中國」，他形容這種情況已經到了「瘋狂」的程度。他認爲，應當以行政命令取消「出生公民權」政策——修憲相當困難，但可以用行政命令重新釋憲。

比起浩浩蕩蕩地企圖湧入美國的南美難民車隊來，中國人的更爲狡猾的做法對美國更具威脅性。那些來自宏都拉斯和委內瑞拉的難民，逃離崩潰的祖國的心情何其迫切，對著媒體的鏡頭毫不掩飾地表達對美國的熱愛與嚮往。而那些用隱蔽的方式、表面上合法的手段，來到美國的中國人（包括孕婦），一邊享受著美國豐富的物質生活和民主自由的政治制度，一邊辱罵美國並支持中國共產黨的暴政。在美國的華人群體是對美國忠誠度最低的少數族裔，也是最疏離於美國精神和美國價值的族群。即便他們入籍美國多年，內心效忠的仍然是中國。雖然我無法擺脫這一種族身份，我仍要說出這個事實。

早在川普還是一名商人和娛樂界名人時，他就著書立說，強調中國是美國最危險的敵人。可惜，川普的敵人們從來沒有認眞閱讀川普的著作，不瞭解他的眞實想法——習近平自以爲是地認爲，川普是一個唯利是圖的、可以用金錢收買的小人物，他可以將川普玩弄於鼓掌之上。

殊不知，川普當選意味著美國的對中國政策迎來大調整、大轉彎——中國被打回原形，回到美國及西方的敵人這個名副其實的位置上。中國不是正常國家，不是法治國家，不是現代國家，中國擁有再多的高樓大廈、高鐵飛機，也掩飾不住其野蠻、卑賤、暴虐之本質，正如美國務卿蓬佩奧接受採訪時所指出的，美國當前對中國採取的一系列舉措，包括起訴商業間諜、禁止向中國晶片公司銷售技術等，是美政府戰略回擊中國行動的一部分，意在促使中國「在貿易和國際法規方面表現得像一個正常國家」。

中共不會承認中國是一個「非正常國家」。二〇一八年十一月一日，外交部發言人陸慷主持例行記者會，有記者問中國如何應對美方對中國「非正常國家」的定義。陸慷回答說：「我們注意到有關報導。什麼叫『正常』國家，要看你怎麼定義了。」中文的官式表達往往需要進行「翻譯」。陸氏的話，「翻譯」過來就是：「正常」與「非正常」，沒有一個統一標準，端視如何定義之。過去，中國沒有經濟實力，沒有話語權，西方國家可以單方面定義是非善惡；如今，中國有了經濟實力，有了話語權，可以重新定義何爲是、何爲非，何爲善、何爲惡。在中國這個神奇的國家，高尚是卑鄙者的通行證，卑鄙是高尚者的墓誌銘，偷竊是成功者的錦囊計，謊言是執政者的殺手鐧。

首席智囊劉鶴能輔佐習近平收拾美中貿易戰的殘局嗎？

一聲「狗奴才」，劉鶴華府驚魂記

美中貿易談判一波三折，習近平的首席智囊劉鶴取代躲在幕後沉默不語的習近平，成爲萬衆矚目的焦點人物。有人說，劉鶴曾在美國哈佛大學甘迺迪政府學院留學並取得碩士學位，是習近平女兒習明澤的學長，也是中共政治局委員層級中少有的「知美派」。也有人說，習近平可以沒有任何智庫爲之參謀策劃，卻不能沒有劉鶴爲之運籌帷幄，劉鶴是習近平的大腦。只要手持尚方寶劍的劉鶴出馬，什麼問題都能迎刃而解。

儘管如此，劉鶴歷經千辛萬苦從美國拿回國的協議，仍被習近平全盤推翻。川普震怒之下，加大對中國出口產品的制裁力度。中國在貿易戰中的頹勢，非劉鶴之錯，而是習近平出爾反爾、橫挑強敵的結果。習近平聲稱「所有後果由朕一人承擔」，儼然是老佛爺葉赫那拉氏當年悍然發出的「向萬國開戰」之詔命。

劉鶴心事重重，離開華府談判地點時，看到外面有一群華人聚集，以爲是來歡迎和支持的，強作笑顏，向人群揮手致意。誰知，人群中發出一陣憤怒斥罵——「劉鶴狗奴才，劉鶴狗奴才！」劉鶴清清楚楚地聽見咒罵聲，尷尬萬分地放下手，走下樓梯時，一步邁了兩級台階，重心不穩，險些跌倒。原本就心情不佳，當面遭遇咒罵，執掌經濟大權的劉鶴差點就「出師未捷身先倒」。

這一細節讓人聯想起英國前首相柴契爾夫人（Margaret Thatcher）在人民大會堂與鄧小平商談香港前途，會議結束後，走下高高的台階，腳蹬高跟鞋、一時踩空，摔倒在台階上。這一跤，隱喻著日後香港的悲慘命運。有人猜測，大概她是被鄧小平準確地吐痰到痰盂中的武功嚇破了膽。

劉鶴沒有像赴日本簽訂《馬關條約》的晚清重臣李鴻章，遭到日本激進民族主義者之槍擊而血流滿面。但中外評論家皆推測說，劉鶴的下場不會太好，當過川普總統顧問的班農（Stephen K. Bannon）指出，劉鶴有一半的可能會「進監獄」，甚至更糟。一旦中國的政治和經濟局勢因美中貿易戰出現波動，劉鶴會被習近平拋出來當作替罪羊。

劉鶴的結局早已註定。他所服侍的對象，是不學無術、剛愎自用的習近平，即便他本人狡兔三窟，又豈能全身而退？習近平不願接受來自比他聰明的智囊任何意見，其智囊只能將智商降低到跟習同等水準上，才能勉強保全首級。更嚴重的是，中共內部政治鬥爭宛如高速運轉的絞肉機，伴君如伴虎，各級官員隨時可能淪爲絞肉機中的肉末。就連偉大領袖毛澤東本人都不能免於屍體被製作成臘肉，且淪爲「反革命份子的家屬」——毛澤東的妻子江青等人在其去世後的一場政變中成為階下囚，遭到終身監禁直至自殺身亡。

那麼，冰雪聰明的劉鶴會重蹈其父親的覆轍嗎？他爬得比父親高，跌得可能比父親更慘。

劉鶴的父親劉植岩為河北人，曾就讀於北平師範大學附屬中學，參加過「一二九」學生運動。一九三六年，十八歲的劉植岩加入中共，後來擔任中共先鋒隊第五區隊隊長，被派遣到軍閥孫殿英舊部工作。國共戰爭時期，劉植岩任西北局工委委員、太嶽軍區第十三軍分區政委、晉綏十一地委書記兼十一軍分區政委等職務。

一九四九年五月，劉植岩被調回北京，先在中央政策研究室工作，後任政務院參事室參事、人事部第三局副局長、第一局副局長。一九五二年秋天，被調到中組部，任幹部管理處副處長、幹部管理處二處處長。劉植岩沒有上過大學，卻是中組部有名的「筆桿子」，不少檔案、報告、社論都出自其手筆。一九五八年七月，劉植岩被外派到雲南，任昆明市委書記、雲南省委常委。一九六一年後，又先後任西南局組織部部長、祕書長、書記處書記等要職。

文革開始時，劉植岩先被任命為西南局文革小組組長，後來被認為是劉少奇、安子文一派，很快被打倒，遭殘酷批鬥。在一份造反派的小冊子中寫道：「以李井泉、劉植岩為首的西南局，……對他們在文化大革命中所犯下的這一滔天罪行，我們必須徹底清算！」在小冊子中，還有劉植岩自我作踐、不堪入目的「供詞」。

文革期間，四川是暴力最肆虐的省份之一，被批鬥致死的官員以及武鬥中死亡的造反派的人數在全國名列前茅。一九六七年十二月十二日，不堪受辱的劉植岩在錦江賓館九樓的關押地點跳樓自殺，終年四十九歲。劉植岩自殺時，劉鶴年僅十五歲。此時，劉鶴跟習近平一樣淪爲不可接觸的賤民。

據旅美作家蔡楚披露，他當年親眼看到劉植岩傷痕累累的屍體之慘狀。一九六八年四月，蔡楚到成都殯儀館處理朋友的喪事，到冷藏間找朋友的屍體。他發現左邊最下面屍匣外有一個牌上標註：西南局書記處書記劉植岩，一九六七年十二月十二日。他拉開屍匣一看，「見到屍身較長，穿戴整齊，但整個頭用紗布包裹，戴著鴨舌帽，仍然有血跡」。蔡楚說，從牌上看，「死者已經去世近半年，但還沒有親人來奔喪」。那個迷狂時代，哪個親人敢來認屍？也有消息引述劉植岩第二任妻子的說法，劉植岩是被造反派毒打致死後，僞造自殺丟下樓的。

無論如何，劉鶴跟共產黨有著「不共戴天」的殺父之仇，他有想過爲父報仇嗎？共產黨政權最邪惡之處在於，它在殺死父親之後，還能讓兒子對其忠心耿耿，甚至前仆後繼爲其服務。像劉鶴這樣的人不止一個，比如教訓大學生「向解放軍學習」的武俠小說家金庸（其父親遭解放軍槍決），比如到處演奏「紅色音樂」的鋼琴家儲望華（其父親爲被中共虐殺後連屍體都找不到的右派知識份子儲安平）。共產黨擁有足夠多的資源和力量，讓幾乎所有中國人成爲其幫凶、幫忙和幫閒。

加害者和受害者的界限模糊了，習近平和劉鶴都是受害者的兒子，卻又成爲新一代的、殘民以逞的加害者。抗議者痛罵劉鶴是「狗奴才」，劉鶴當之無愧。

劉鶴要嘛不會英文，要嘛不懂經濟

此前，有若干訪問美國的中國副總理級別官員，頗受美國總統厚待，在白宮與美國總統「平起平坐」地坐在沙發上開心地暢談。但當美中之間再也無法回到「琴瑟調和」的美好往昔之際，兼有習近平特使身份的中國副總理劉鶴在白宮受到的待遇是：被安排坐在一張小椅子上，像小學生一樣接受川普訓話。

曾在哈佛大學甘迺迪政府學院混過一年、拿了個特供的碩士學位的劉鶴（他的碩士學位的含金量比不上西方大學普通學生的碩士學位，卻比習近平假博士的含金量高得多），雖然英文很爛，卻也要在川普和世界面前秀一番。

在中共等級森嚴的極權模式之下，劉鶴不會事前跟英文比他好的外交部官員翻譯面對面地討論該如何用英文表達，更不會事先演練一遍，讓下屬幫他糾正英文讀音和用詞。正如習近平斷然不會在公開演講前演練幾次，才會貿然將「寬農」（寬农）讀成「寬衣」，被民間加上「寬衣帝」的謚號。而西方國家的政治領袖，一般都會反復潤色講稿、多次模擬演講，即便是二戰時力挽狂瀾、躋身一流作家之列的英國首相丘吉爾，也會花費很多時間和精力準備和演練演講，所以其千錘百鍊的演講才有「一言興邦」的力量。

此次會見即將結束時，劉鶴為了給美方一個大驚喜，突然伸出手，張開五根手指，鄭重其事地對川普說，中國要每天購買美國五十億噸大豆，讓美方與會人員目瞪口呆。劉鶴旁邊的助手見勢不妙，顧不上禮節，趕緊糾正說，「是五百萬噸」。川普聽不懂劉鶴的「中式英文」，立即追問說，「是每天嗎？那麼，美國農民會很高興的」。旁人又糾正說，是今天，不是每天。

劉鶴要嘛不會英文，要嘛不懂經濟，更有可能既不會英文也不懂經濟。還有一種可能是，他剛剛被旅美的中國訪民衝上前抱住大腿，嚇得魂飛魄散，從酒店的垃圾通道倉皇而逃，現在又被川普強大的氣場嚇得魂不守舍，遂言不由衷、語不成句。

二〇一八年，中國一共進口大豆八千八百萬噸，由美國進口大豆的總量為一千六百六十萬噸。若以劉鶴作出的口頭承諾（每天五百萬噸）計算，半個月左右，中國即可超越去年大豆總進口量；僅用四天，便可超越去年從美國進口大豆的總和。若中國每天購買五百萬噸大豆，每年就是十八億噸，全世界大豆的產量只有這個數字的兩成多。更有細心網友計算出，如果中國真的買這麼多大豆，等於十四億人口每天要吃七斤大豆，中國的孩子長大後就會成為「憨豆先生」。更有網友說，幾年前，貧病交加的農婦楊改蘭先毒殺幾個孩子，再自殺，一家人走上絕路，實在生不逢時，沒有趕上全民吃豆的好日子。

當然，中國媒體事後不敢質疑劉鶴英文不好或現場發揮失常，反怪起川普及美方代表的英文聽力不佳，把「today」（今天購買）錯聽成「per day」（每天購買）：中國官媒《環球時報》

透過官方微博「陶然筆記」發文，反駁白宮發出的會見記錄，認爲是川普、白宮及美國媒體全都「聽錯了」，劉鶴說的是「today」，不是「per day」。是啊，作爲英明神武的習大帝的經濟顧問，在習大帝的耳熏目染之下，畢竟也黏上幾分仙氣，劉大總管怎麼會犯下如此低級的錯誤？儘管讓美國人學好中文的可能性不大，但他們以後可要好好提高一下英語聽力水準——美國人連英語都聽不懂，中國人對此能不捧腹大笑嗎？

很多政治分析人士將劉鶴視爲體制內改革派的代表，乃至中國未來的希望所在。但我從來不認爲劉鶴的水準有多高，被習近平這個超級蠢才重用的官員，只能是次一級的蠢才。

讓戈培爾甘拜下風的中共大外宣

中共控制海外華文媒體，形成「恩庇侍從」結構

我去我家附近的亞洲超市買菜時，偶爾會帶回幾份放在超市門口的免費中文報紙。我知道這些報紙差不多全都被中共操控，所發表的新聞及評論跟中國官方媒體口徑一致。我不會被其洗腦，我只是在休息時當作笑話來讀。但我知道，很多生活在美國的華人，相信這些中文媒體勝過相信英文媒體。尤其是很多海外華人每天耗費數小時使用微信，將自己活生生地從自由世界拖回不自由的中國，牆外的人跟牆內的人語言和思維方式變得驚人「同構」。毫無疑問，中共大外宣戰略獲得從所未有的成功，這種成功是納粹宣傳部長戈培爾夢寐以求而求之不得的。

對中共大外宣政策的研究和批判，沒有人能超過旅美經濟學家何清漣。何清漣是罕見的既有外部視野、又有內部經驗的華人學者。在研究中共外宣政策之前，她多年來致力於研究中共「內宣」政策，曾出版在該領域具有奠基之作地位的《霧鎖中國：中國大陸控制媒體策略大揭密》。《紅色滲透：中國媒體全球擴張的眞相》則轉而研究「外宣」政策，堪稱前者的姊妹篇。二〇一八年底，美國數十名頂級中國問題專家合作完成一份《胡佛報告》，承認美國政府和學界長期

以來誤判中國，坐視中國野蠻崛起，以致養虎爲患。該報告用長達二十二頁篇幅介紹中共對美國境內的媒體、大學和智庫的滲透及控制，多處引用當時尚未公開發表、此後收入《紅色滲透》一書的研究成果。

何清漣指出，中共建政後經過七十多年磨礪，其「外宣」早就形成成熟的整套方略。近年來，中國每年投入高達四百五十億人民幣推進「大外宣」計畫，在世界範圍內搶奪話語權，中國官方對此有相當直白的表述，「世界上話語權的分配很不平衡，百分之八十的資訊被西方媒體壟斷」，所以中國要力圖做到「對外宣傳中國的主張，建立良好的國家形象，反駁海外對中國的歪曲報導，改善中國周邊的國際環境，對外國的政策決定施加影響」。

有錢能使鬼推磨，在二〇〇八年北京奧運會之後，自信滿滿的中共恩威並施，迫使世界各國華文媒體在政治上歸隊。中國首先將遍佈全球的華文媒體收入囊中，又花錢新辦若干華文媒體。何清漣發現，中共「大外宣」的手法五花八門，比如開辦海外華文媒體研究中心、網站、雜誌；舉辦各種海外華文媒體研修班，邀請海外華文媒體高層到中國好吃好喝，讓他們變成爲中國服務的「宣傳先鋒」，進而以這些宣傳機構「教育生活在資本主義國家的華人」。

近年來，外宣資源爭奪戰成爲黨內派系鬥爭的延伸。二〇一九年一月，「大外宣」幹將、澳大利亞籍華人寫手楊恆均入境中國時被國安抓捕，此事件對《紅色滲透》一書形成有趣的印證。自稱民主小販的楊恆均並非異議人士，早在二〇一四年十二月十一日，他就召集三十五位來自世界各地的海外華文媒體社長在北京協同成立「國際新媒體合作組織」並「當選」主席。作爲此一「民間機構」的「主席」，楊恒均在即席演講時指出，成立國際新媒體合作組織，其目標是將海外華文媒體和網路名博有效結合起來，將中國的眞實聲音傳遞到世界各國，「正像習主席所講的那樣，借助華人媒體與華人的力量，『講好中國故事，傳播好中國聲音』，傳遞正能量……由此成爲中國眞正的對外軟實力」。楊恆均被抓，不是「大水沖了龍王廟，一家人不認一家人」，而是中共外宣領域油水太多，人人眼紅，導致新一輪洗牌。不是每個被中共抓捕的人都是民主人士。對此，何清漣早就指出：「中國政府投入大量金錢，由中國國家媒體、香港、台灣或其他地區的華人資本出面打造媒體集團，形成了一種『恩庇侍從』結構，這種結構支配下的媒體，就是中共宣傳機構的延伸，而非自由媒體。」

在這場遊戲中，主子始終只有一個，奴才卻隨時會遭到替換——要當奴才的人太多了，而奴才的位置只有那麼幾個。

「洋五毛」是怎樣煉成的？

中共大外宣的新特徵是大量招募其他膚色的人士爲其背書，有錢能使鬼推磨，有錢也能找到洋人當應聲蟲。

二〇一九年的中國兩會期間，一個長著白人面孔的記者站在天安門前，發出一個影片報導，說中國的成功得益於其特有的「民主制度」。這種「有中國特色的民主」打破了西方對民主概念的壟斷。這個記者叫科林（Colin Linneweber），是如假包換的美國人。中國人看到這則新聞一定會感到很亢奮——連美國人都誇獎中國式民主，現在眞是東風壓倒西風、美國學習中國的時代了。科林是中國國家通訊社新華社的全職記者，領取在美國媒體中不可想像的高薪。美國人似乎並不以在黨媒新華社工作爲恥，但美國人當年斷然不敢受聘於戈培爾的納粹宣傳部。

二〇一九年二月十八日，《人民日報》英文網發表了一篇署名爲紐西蘭前總理珍妮．希普利（Jenny Shipley）的文章，標題是「我們有必要學會傾聽中國」。文章認爲：「中國在教育、就業、發展女性等方面取得了很大的進步。」文中稱「一帶一路」是「我們在世界上聽到的最偉大的想法之一」，是「前瞻性的想法，有潛力創造下一輪經濟增長浪潮」。文章發表後，在紐西蘭國內引發激烈批評，有國會議員譴責其危害國家安全。珍妮．希普利辯解說，那不是她親筆寫的署名文章，而是《人民日報》記者寫的訪談，但她並未否認其主要觀點。隨即，珍妮．希普利辭去中國建設銀行紐西蘭有限公司董事長一職。這是「大外宣」行動中「心急吃不了熱豆腐」的例子，有關人士心太急，用力過猛，把事情搞砸了。

科林和珍妮．希普利等人的表演說明，他們並未因充當「洋五毛」有心理上的不適感——這比他們究竟幫中國說了什麼話更嚴重。他們認爲中國並不是一個像納粹德國或共產蘇俄那樣的敵國，他們本身就是被「大外宣」洗腦的「外國朋友」（或他們假裝如此），繼而主動參與到這場史無前例的洗腦行動中（以此賺取天價報酬）。

何清漣在書中引用一位西方記者的評論——他看到昔日的同行為優渥的薪資待遇而加入「大外宣」隊伍，警告說：

> 在過去十年，中國推出一種更為精巧，更為主動的策略，日益轉為以國際觀眾為對象。中國正在嘗試以大把大把的金錢來改變全球資訊環境，由撥款購買包含置入性行銷的評論，到贊助宣揚正面資訊的新聞報導等，不一而足。在中國境內，媒體受到的控制日益嚴密；在海外，北京則尋求利用新聞自由的弱點來推進自己的利益。

美國前中情局官員法迪斯（Charles S. Faddis），發表了一篇調查報告，揭露美國主流媒體對「佛洛伊德事件」及黑命貴運動的報道背後都有「中國因素」作祟。他在報告中指出，美國主流媒體包括《紐約時報》、《華盛頓郵報》、CNN、MSNBC和NBC、ABC、彭博社（Bloomberg）均已遭中國染指。《紐約時報》有百分之十七的股權掌握在墨西哥億萬富翁史利姆（Carlos Slim）手上，他本身即和中國黨國企業有大量業務往來，例如已被美國視為具間諜危害性的華為。《華盛頓郵報》早已被亞馬遜（Amazon）執行長貝索斯（Bezos）收購，而亞馬遜銷量最好、最受歡迎的商品（如Echo和Kindle）的生產線幾乎全都在中國。當讀者收到《華盛頓郵報》時，即會附帶收到一個名爲「China Watch」的廣告資訊，那些資訊的供應者，就是由中國官方大外宣《中國日報》提供，《中國日報》由此每年向《華盛頓郵報》支付百萬美金。

在廣播電視方面，CNN現爲華納媒體（Warner Media）的資產之一，華納媒體另外投資了中共監管的「華人文化產業投資基金（China Media Capital）」。該基金參與NBA在中國的轉播，並致力擴大NBA在中國的觀衆群。此外，當美國國務院要求中國環球電視網（CGTN）所有美國員工必須塡寫個人資料調查表時，發現至少有六名前CNN記者正在爲這家中國公司工作。MSNBC和NB，兩者皆是由NBC Universal經營，它與中國黨國企業有巨大的財務聯繫。NBC另與包括已被美國國務院列爲「外國使團」的新華社密切合作。NBC的東方夢工廠（作品有聯合製片的《功夫熊貓3》）在CMC牽線下，現已由一家中國財團全資擁有。擁有迪士尼和ESPN的美國廣播公司（ABC），也在中國有著大量投資。當NBA拒絕譴責中國對香港的鎮壓時，ESPN的新聞總監亦曾指示內部網絡工作人員，應該避免討論和中國政治或和香港有關的議題。

曾出馬參與民主黨黨內初選的億萬富翁、前紐約市市長彭博（Michael Bloomberg），擁有彭博社。彭博在中國進行了大量投資，尤其Bloomberg LP曾透過美國債券市場運籌十億美元，轉以幫助中國公司融資，在其資助的多達三百六十四家中國公司中，有一百五十九家直屬中共。彭博曾要求旗下記者撤掉關於習近平家族斂財的報導，嚴重侵犯新聞自由的原則。

如果知道了這些利益關聯，就不難理解所謂的自由派媒體其實一點都不自由，它們不同程度的受中國「大外宣」計畫之控制，只有反對川普的自由，沒有批評習近平的自由。

中國促成莫言獲得諾貝爾文學獎，讓諾獎變成小粉紅

《紅色滲透》一書，既有宏觀論述，又有個案分析；既有中國對香港、台灣等特定區域和國家的宣傳滲透的研究，也有中國對歐美及亞非拉的不同外宣方式的對比，材料之豐富，觀察之透徹，論述之高屋建瓴，批判之切中肯綮，如同一面照妖鏡，照出中國「大外宣」金牛犢之魔影。這種「一招制敵」的研究與著述，當然比到中共駐外使館門口喊幾聲口號更管用，可惜海外華人學者中極少有人願意做這種全是乾貨的學問。

何清漣在臉書上提及一則有趣的往事：二〇〇〇年，她到瑞典開會時，曾與歐洲第一號漢學家、諾貝爾文學獎評委馬悅然（Goran Malmqvist）有過一番爭論。馬悅然指責中國知識份子特別沒有骨氣，何清漣當場反駁說：「沒有一個國家的知識份子像中國知識份子這樣遭受過極權政府如此殘酷的持續迫害。根據我對一些外國知識人的觀察，我不認爲在相同的條件下他們做得更好。」

具有諷刺意義的是，當年仙風道骨的馬悅然，十多年之後變得比他批判的沒有骨氣的中國知

識份子更沒有骨氣。馬悅然是中國作家協會副主席、共產黨員莫言獲得諾貝爾文學獎的重要推手，這一決策對諾貝爾文學獎的聲譽造成前所未有的傷害。流亡德國的作家廖亦武批評說：馬悅然先生，你怎麼能像衆多中國官方文人那樣，在獨裁中國和民主西方之間遊刃有餘呢？天安門大屠殺後不久，馬悅然即訪問中國，與官派作家莫言相見甚歡，從此有了在文學江湖上流傳至今的「三支煙交情」。廖亦武追問說：「此刻的中國是一超級兵營，冤魂彌空，我等已經鋃鐺入獄，卻不知他們在穿鼻的歷史血腥味兒中，是如何把酒論文學的。」

一切都被何清漣不幸而言中：大量外國記者、學者接受中國政府的高薪收買以及高規格接待，放棄新聞自由、言論自由的原則，折射出「天下熙熙，皆爲利來；天下攘攘，皆爲利往」的幽暗現實和貪婪人性，身爲瑞典學院院士、年逾九旬的馬悅然居然晚節不保，成爲中共「大外宣」萬神殿中的一員。

中共招安馬悅然，不一定直接給他多少金錢賄賂，中國深切地洞察人性之弱點，尤其是知識分子的虛榮心。中共樂於給歸順者以紅地毯的排場和衆星捧月般的待遇，馬悅然、楊振寧、李敖、陳映眞……這張「中招」的名流的名單可源源不斷地開下去，眞個是「天下英雄皆入吾彀中矣」！

馬悅然將莫言捧上諾獎寶座，莫言則利用諾獎新科得主的身份，在中共「大外宣」戰略中鞠躬盡瘁：莫言銜著西方記者們宣佈了一條宇宙眞理——中國的新聞檢查制度跟上飛機的安全檢查同樣必要，中國的監獄中沒有關押任何一個眞正的作家——在莫言眼中，諾貝爾和平獎得主劉曉波算不上作家，而是煽動顛覆國家政權的罪犯。

馬悅然畢竟是學者，能幫中國的忙也就到此爲止。中共之「大外宣」，不僅針對海外華文媒體、西方主流媒體、西方大學及智庫，也針對西方的政客、商人、學者等有影響力的個體和人群。所謂「射人先射馬、擒賊先擒王」，中國的古老智慧被中共運用到得心應手的地步。日前，英國前軍情六處的情報人員克里斯多夫．斯蒂爾和前外交官亞瑟．斯內爾在一份題爲《中國的精英捕獲》的報告中指控中共試圖操縱英國的關鍵建制人物，將他們培養爲「全職代理商」或「有用的白癡」，震動英國政界。這份報告長達八十六頁，點名五個英國政壇要人已淪爲中國的獵物：女王任命的倫敦郡長肯尼斯．奧利薩爵士（Sir Kenneth Olisa）、英國電信前董事長邁克．雷克爵士（Sir Mike Rake），倆人目前都在華爲英國子公司的董事會擔任非執行董事；英國自由民主黨的上議院議員、政府數字經濟部門發言人、前華爲顧問克萊門德．瓊斯勳爵（Lord Clement Jones）；前聯絡委員會主席莎拉．沃拉斯頓；前政府首席資訊官約翰．薩福克（John Suffolk），他是華爲的全球安全負責人。這份報告顯示，中共已經成功滲透到西方國家的心臟地帶。

中國讓你致命：西方的覺醒與反擊

美國經濟學家彼得・納瓦羅被川普總統任命為新成立的白宮貿易委員會主席，他的一本舊作《致命中國》再度成為輿論的焦點。川普總統評價此書說：「《致命中國》一針見血。它用事實、數字和洞察力描述了我們同中國的問題。」

《致命中國》的主體部分是揭露中國出產的黑心產品如何毒害美國人和全世界。納瓦羅從三鹿奶粉講到地溝油和塑膠米，從出口到美國的毒牆板講到毒玩具、毒餃子。美國的藥房裡充斥著中國製造的劣質藥品，從中國進口的餵食抗生素的毒魚蝦擺滿美國超市。在納瓦羅筆下，「無毒不中國」，令人不寒而慄。後來，納瓦羅將這本書拍攝成電視紀錄片，在有線電視和網路上廣為傳播。有趣的是，首先反駁納瓦羅的不是中國的官方媒體，而是某些被染紅的西方主流媒體。比如，被中共嚴重滲透的《紐約時報》評論說，《致命中國》「語言煽動」、「觀點片面」；被親共的美國華人財團收購的《洛杉磯時報》則認為，《致命中國》「充滿了仇外的歇斯底里和誇大事實，氾濫到分不清事情的因果關係」。

川普入主白宮，納瓦羅得以將《致命中國》中的觀點轉化為美國的對華政策。出現在美中貿易談判的談判桌上的納瓦羅，讓習近平如芒在背。何清漣的《紅色滲透》亦可看作是「中國大外宣版本的《致命中國》」，它可以跟《致命中國》互為補充——《紅色滲透》展示了有毒的中國思想文化滲透、擴散的危害性，這種精神毒品的危害性比「中國製造」的其他各類產品更大，思想的毒害殘害的是人的靈魂，而且它像毒品那樣讓人欲罷不能。

長期以來，西方世界向中國敞開大門、毫不設防，結果被動挨打、節節敗退，這是民主制度的軟肋。專制力量利用民主制度或準民主制度的軟肋將其顛覆，一個多世紀以來比比皆是，如北越消滅南越、伊斯蘭原教旨主義者霍梅尼顛覆君主制的伊朗政權、紅色高棉席捲柬埔寨，當然也包括中國共產黨擊敗國民黨的國民政府。看了大半本《紅色滲透》之後，讓人感到相當沮喪和絕望：西方在這場與中國的輿論戰中處處被中國佔了先機，還有反戈一擊、反敗爲勝的可能嗎？

何清漣在本書結論部分給出樂觀回答。她認爲，中國「大外宣」的手法，終究無法長久改變各國原生的媒體生態與言論自由環境。事實上，中國已經踢到了鐵板。在澳洲、紐西蘭、加拿大、英國、波蘭、捷克、印度、瑞典等國，官方已採取反間諜滲透行動，杜絕中國的紅色宣傳。受害最深的美國的行動最快，爲瞭解決中國「大外宣」，將多所美國大學中的孔子學院關閉，《外國代理人登記法》和《馬格尼茨基法案》先後啓動，九個中共喉舌在美國的分支機構被取消媒體待遇而被列爲外國使團——意味著將在美國受到嚴格監管。危機感最強的台灣通過《反滲透法》來對抗中共的「大外宣」。

甚至連中國表面上的盟友俄羅斯都公開譴責中國干涉俄羅斯的新聞自由。俄羅斯大報《獨立報》因發表有關討論中國經濟狀況的報道，中國大使館要求撤下這篇文章，甚至威脅要把相關記者列入不准入境中國的黑名單。該報在顯要位置指責中國前所未有地干涉俄羅斯的新聞自由——依據俄羅斯刑法第一百四十四條，對媒體施壓和干涉媒體工作構成刑事犯罪。「中國外交官的做法顯示他們在俄羅斯領土上藐視俄羅斯法律。」這家報紙所有人和主編列姆丘科夫說，他希望俄羅斯司法機構針對中國外交官威脅記者、干涉媒體、違反俄國法律的行爲展開調查。俄國時事評論人士尼克利斯基表示，《獨立報》做出如此激烈反應「顯示俄羅斯權貴精英階層對中國的厭惡情緒」。

在對中國「大外宣」的警惕和反擊上，俄羅斯跟與它敵對的西方取得了「高度共識」。西方的民主政治看似低效，但一旦全面覺醒和展開反擊，中國的紅色滲透終將頭破血流，並逃之夭夭。

第四卷

台灣如何拒絕說謊文化？

不民主的中國被郭台銘拿來當飯吃

莎士比亞說過：「有時候我們會變成引誘自己的惡魔，因爲過信著自己的脆弱易變的心性，而陷於身敗名裂的地步。」這話可以送給郭台銘。

郭台銘宣佈參選台灣總統之後，其名言「民主不能當飯吃」遭到現任總統蔡英文的點名批評。蔡英文指出，「沒有民主我們的國家發展恐怕會倒退」，並引用網友的話，「沒有民主就只能要飯吃」。

郭台銘在臉書上自我辯解這是對其本意的扭曲，並怒批蔡英文沒資格講「沒有民主只能要飯吃」，因爲台灣每天有一百六十萬人吃不飽——立即，這個數據被揭穿是一個謊言。對此，律師林智群表示，「蔡總統在的時候，有多少人吃不飽，我不知道，但郭董在的時候，有人跳樓，這個我有聽過」。

無論「民主不能當飯吃」是不是郭台銘的原話，考察三十年來郭台銘及鴻海集團「痲雀變鳳凰」的脈絡，可一言以蔽之：郭台銘成功的秘訣是將不民主的中國當飯吃。郭台銘不是比爾·蓋茲（Bill Gates）、賈伯斯（Steve Jobs）那樣改變人類生活方式的科技天才和企業家，而是倚靠中國「低人權優勢」（秦暉）、通過奴役數百萬中國農民工而暴富的無良商人和奴隸主。台灣首富郭台銘不是「台灣之光」，而是「台灣之恥」，他投入政壇，不會將台灣重新推上亞洲四小龍榜首，而只能將台灣拖入血汗工廠和新式集中營的黑暗深淵。

富士康輝煌背後的農民工連環跳樓自殺

郭台銘的富士康企業集團是於一九八八年在中國投資興辦的專業生產電腦接外掛程式、精密零組件、機內纜線、精密模具及電腦整機的高科技企業集團——實際上，富士康並無自己擁有的高科技，它只是一個勞動密集型的代工企業。富士康集團實施「紮根中國，放眼全球」的策略，其目標是達成全球最大的電腦整機和零組件生產企業集團及全球個人低價電腦的主要製造基地。

二〇一〇年，富士康工人十七起連環自殺事件，轟動兩岸三地，進而引起全球廣泛關注。爲了調查眞相、瞭解代工企業生產管理模式，揭露「世界工廠」農民工的處境，北京大學的學者郭於華、香港中文大學的學者潘毅等二十所高校的六十多名師生，分頭到富士康的十二個廠區實地調查，有些更進入生產線，親身經歷打工生活，收集大量一手資料，其研究成果收入香港中華書局二〇一五年出版的《蘋果背後的生與死：生產線上的富士康工人》一書。

該書作者在前言中寫道：「我們講述了這些工人的掙扎，見證了他們美好願望的灰飛煙滅。當他們加班加點辛勤工作，以滿足蘋果及其競爭者緊迫的訂單要求時，工人對未來的嚮往卻被這樣一個生產體制碾碎了：低工資、高工時、缺保障和高危環境。他們的生死往往懸於一線。」該書作者又認爲：「在一個激烈競爭的市場上，富士康工人經受了異常嚴酷的規訓和高壓工作環境。正是在全球經濟復甦，蘋果及其他品牌公司競相爭逐的情況下，這十多位工人在二〇一〇年的春天義無反顧地奔向死亡。工人從工廠宿舍樓跳下的選擇，是一種挫敗、絕望和反抗的終極行爲。」

平心而論，在中國，富士康並非勞工工作環境最糟糕的地方，比起黑煤窯中隨時死於非命的礦工來，富士康工人的死亡率並不算高。中國工人的一般印象是，在外資企業中，歐美資本的企業優於日本、韓國資本的企業，日資和韓資優於港資，港資又優於台資，台資處於墊底的位置；但總體而言，外資優於中國本土的民營企業。近年來，在西方社會和輿論的壓力下，蘋果、英特爾等富士康供貨的國際科技巨頭硬著頭皮介入富士康工人權益問題，富士康工人的工作條件已有所改善。然而，從十七人連環跳樓自殺事件中，可以看出富士康輝煌背後的黑幕：郭台銘下令對百萬農民工進行準軍事化的嚴格管理，完全剝奪農民工的基本人權和自由——連上廁所都要經過工頭准許，且被視爲老闆恩賜。這跟郭台銘在台灣眷村成長的背景以及就讀半軍事化管理的「海專」的經歷分不開，他認爲企業就應當像軍隊那樣管理才能成功。

郭台銘和富士康的管理模式，在包括台灣在內的任何民主國家都不能實現，在印度和東南亞那些民主尚未成熟的國家也不可能實現，只能在號稱「工農聯盟、無產階級領導」的中國才能實現。只有在中國城鄉二元化的戶籍制度下，才有數以億計廉價農民工到城市覓食。而且，中國沒有獨立工會，農民工維權難於上青天。從某種意義上說，中共在新疆設置拘押百萬維吾爾人的集中營之前，富士康就是另一種形態的集中營和勞動營，如同蘇聯的「古拉格群島」那樣的膿瘡。台灣學者吳介民指出，正是在中共政權政治壓迫的政治邏輯之下，才創造出類似於富士康這樣的「畸形效率」。「沒有共產黨就沒有新中國」是虛妄的說辭，「沒有共產黨就沒有富士康」倒是實情。

郭台銘是扼殺新聞自由、製造媒體業「九一一」的「恐怖份子」

當富士康工人連環跳樓事件爆發之後，西方媒體和台灣、香港及中國媒體競相報導。郭台銘從不認為公司有問題，更拒絕道歉、認錯、賠償，最多就是認為廠區出現「妖孽」、沾染「邪氣」，不惜花費重金從台灣請來高僧到車間裡唸經燒香。

郭台銘深知，他惹不起牢牢掌握「第四權」、連總統都不怕的西方知名媒體，他的一腔怒火只好燒向台灣、香港和中國的媒體。台灣《工商時報》記者報導富士康的相關新聞，郭台銘除了告記者，還向法院申請假扣押記者三千萬資產。小小記者哪來三千萬資產可以被扣押？郭台銘的律師就向法院申請凍結記者的薪資，令記者連衣食住行都無以為繼。即使台灣媒體群起抗議，郭台銘仍不為所動、強硬到底。此後，同樣的劇情不斷上演，上海《第一財經日報》、台灣《壹週刊》、《時報週刊》的記者都曾碰到類似的處境。

因不滿有關富士康員工超時加班的報導，郭台銘所控制的鴻海旗下的子公司，以名譽侵權爲由，向《第一財經日報》兩名記者提出總額三千萬元的索賠，並要求法院查封兩記者的個人財產。法院居然對其言聽計從。

遭到富士康起訴的《第一財經日報》編委翁寶是我的北大中文系的學長，是一位有良知的新聞人。當了二十多年記者的翁寶收到深圳市中院發過來的查封凍結財產的送達函時，極爲震驚，感覺非常恐怖，如同突然之間被別人推到懸崖邊、找不到退路一樣。

翁寶後來在接受媒體訪問時指出，富士康的用意是比較明顯的，試圖通過一個財大氣粗的組織來壓倒個人。通過這種不對稱性，打一場不對稱官司，這是一種接近恐怖主義的做法，可以稱之爲媒體業的「九一一」，對媒體界的震撼是空前的。

中國媒體人對郭台銘仗勢欺人的作風極爲憤怒。《經濟觀察報》總編輯何力指出：「富士康起訴記者是對新聞報導赤裸裸的威脅。直接起訴新聞記者，而不是報社，這樣的行爲在新聞界是非常罕見的。這一舉動明顯是別有用心的。」

新浪網總編輯陳彤也指出：「富士康直接起訴記者並索賠三千萬一案開創了一個危險的先例。這是對中國新聞記者的採訪尺度和作爲社會公器的媒體職能的一次公然挑戰。」

在輿論和公衆的壓力下，此案以和解了結。但從此以後，大部分媒體不敢碰富士康的負面消息，富士康成了新聞界報導時一塊不言自明的「禁區」。郭台銘作爲「新聞自由殺手」的形象由此在中國根深蒂固。站在郭台銘背後的是中共專制政權，以及毫無獨立性的司法系統。當法院成為郭台銘的幫兇和打手時，郭台銘也就成了一尊不能被「妄議」的、「商界的習近平」。

「錢在哪裡，心就在哪裡」，郭台銘對中國的熱愛和對台灣的疏遠，不僅在於中國為他提供了百萬奴隸勞工、低環保標準和價格低廉的土地，也在於他通過跟中國政府搞好關係而讓司法機關為其所用、繼而以此有效震懾新聞界。在今天新聞自由的台灣，郭台銘縱然「多財善賈，長袖善舞」，卻無法像中國那樣享有「不被批評的特權」。因此，郭台銘在台灣參選總統，就是要將台灣變成中國，而他本人則成為無人敢於非議的「台灣的習近平」。

郭台銘是國民黨員，還是共產黨員？

為什麼中共政權寧願打壓作為本國公民的富士康工人，也要扶持郭台銘這個台灣商人和資本家呢？郭台銘難道不是國民黨忠心耿耿的黨員和中共視為早已死亡的中華民國的捍衛者嗎？他又豈能算是中共的「自己人」？若郭台銘不是中共的「自己人」，他又為何享有若干優待，甚至與江澤民、胡錦濤、習近平等幾代中共黨魁把酒言歡？

郭台銘的本質由富士康的本質來決定。中國官方媒體報導，富士康是最熱衷於成立中國共產黨黨部的台商企業。富士康集團中共黨委成立於二〇〇一年十二月十五日，富士康在中國各園區共建立十六個黨委、二百二十九個黨總支、一千〇三十個黨支部，在冊黨員、入黨積極份子三萬餘人。郭台銘公開表示，他本人不是中共黨員，但他對集團成立中共黨委持「樂觀態度」。二〇一八年七月，富士康又成立集團黨校，該校在深圳總部龍華園區幸福生活體驗園正式掛牌。據富士康集團黨委書記劉忠先介紹，新成立的集團黨校將以打造「四個二」工程為方向，即抓好「兩個覆蓋」（黨組織全覆蓋和黨的工作全覆蓋），強化「兩個隊伍」（黨組織書記隊伍和黨建工作指導員隊伍），發揮「兩個作用」（黨組織在企業員工中的政治核心作用和在企業中的政治引領作用），促進「兩個健康」（企業經濟健康發展和企業經濟人士健康成長），把富士康黨校辦成富士康黨建乃至深圳市「兩新」組織黨員教育培訓的主陣地。不愧為黨棍，一套官方話語說得如同天女散花。

在鴻海集團，郭台銘宛如朝綱獨斷的皇帝，他的名言是「在我創業的公司我說了算」。可是在富士康，是郭董領導中共黨委，還是郭董被黨委領導呢？這是一個哈姆雷特式的天問。習近平說，東南西北中，一切以黨為大；郭台銘不可能凌駕於黨委之上，他本人極有可能是中共秘密黨員乃至富士康黨委成員。這並非危言聳聽，中共發展資本家入黨由來已久，不是從江澤民提出「三個代表」理論後才開始，早在與國民黨殘酷內鬥時，中共就悄悄發展不少資本家黨員。比如，上海榮氏家族的接班人榮毅仁，後來成了權不重而位尊的國家副主席——對於敵我意識分明的中共而言，榮毅仁若不是中共秘密黨員，豈能受到如此重用？榮毅仁如此，郭台銘亦如此。

郭台銘以國民黨黨員的身份參加台灣總統選舉，如果他兼有中共秘密黨員之身份，一旦當選，會是怎樣的結果呢？中共就能不戰而勝，低價買下台灣。而國民黨樂見其成，國民黨早已淪爲中共的「隨附組織」、乃至掌中寵物。在上個世紀二〇年代中期，所謂「第一次國共合作」時期，因國民黨是強勢一方，就連毛澤東都擁有共產黨和國民黨的雙重黨籍；今天，國共號稱要展開「第三次合作」，國民黨人一旦捲土重來，兩岸甚至要簽署「和平協定」，大部分資產都在中國的郭台銘無疑是扮演這一角色的最佳人選。這就是郭台銘得到共產黨的允許和支持參選的重要原因。

郭台銘不是川普，更不是台灣的救星

國民黨的各色人等向來將郭台銘視爲自己人，郭台銘不僅在國民黨黨產被凍結期間慷慨解囊、幫助國民黨渡過難關，更重要的是，郭台銘本人的威權個性正是從國民黨內脫胎而來，而且郭台銘富可敵國的地位或許能吸引無數崇拜者投票。

此前，當富士康工人連環跳樓讓郭台銘千夫所指之時，多位台灣政要跳出來粉飾血汗工廠問題，聲稱富士康是爲台灣「拼經濟」，要求台灣媒體多照顧「自己人」。時任立法院長的王金平公開肯定郭台銘解決問題的誠意，甚至說：「他的困難，就是國家的困難。」儼然郭台銘是台灣的國家名片、鴻海是台灣的國有企業。時任行政院長的吳敦義要大家多給郭台銘一點鼓勵，經濟部長施顏祥也盼國人能支持郭董，後來聯電榮譽董事長曹興誠在被媒體問到富士康事件時，不但幫郭台銘說話，甚至還提到「以四十萬人的規模，這樣的自殺率嚴格來說並不算特別高！」試圖替郭台銘緩頰。如此冷血言論，唯有郭台銘會感到無比溫暖。

郭台銘看到川普商人從政，當上美國總統，風生水起，一言九鼎；頓時技癢，以爲自己可以複製川普傳奇。然而，郭台銘不是「台灣的川普」。首先，川普是眞正愛美國、努力讓美國再度偉大的美國公民和美國總統。而郭台銘口頭上說要捍衛中華民國，卻對消滅中華民國對中共政權卑躬屈膝，自己帽子上的中華民國國旗被中國媒體遮擋，卻不敢提出一句批評，說明其國家認同錯亂。其次，作爲企業家的川普善待員工，即便是企業的低級員工都稱讚川普平易近人。而郭台銘卻以鐵血將軍的霸氣管理企業，並在公司推動造神運動。有一位自稱曾在中國富士康工作過的推友Alex發推說：「我在富士康待過，裡面各階層員工每天都要背郭台銘語錄。園區的宣傳板上到處都是郭語錄，辦公室的牆上也有貼。……這傢夥整個就是富士康的毛澤東，現在想當台灣的毛澤東了，應該儘早除掉禍害，在不可挽回之前。」第三，川普的企業和投資絕大部分都集中在美國本土，爲美國創造工作機會和財富；郭台銘卻從台灣的銀行和金融機構融資，再投向中國，掏空台灣，養肥中國。由此可見，郭台銘不是台灣的救星，而是台灣的災星，一旦他坐上台灣總統的寶座，台灣就淪爲一個擴大化的富士康，台灣人連僅有的「小確幸」都將蕩然無存。

長期以來，台灣社會對富士康工人跳樓事件、富士康模式的反思相當不足——台灣人認爲，那是發生在台灣境外的事情，與台灣無關。很多人早已忘記台灣在二戰後也曾是世界血汗工廠大本營，近三十年來西進中國後台商搖身一變成爲當地剝削問題的加害者，郭台銘就是其中的一個典型。認識郭台銘，不需要讀太多研究著作，只需要看看中國導演賈樟柯以富士康工人跳樓事件爲原型的電影《天注定》。《天注定》在中國是禁片，在台灣很容易看到。有影評人指出：「在台灣高呼拯救經濟的同時，《天注定》透過青年的情慾和失落，將底層人物的位置擺放在經濟的大論述之前，或許能讓台灣觀眾自虛妄的資本擴張中，透過片中最消極但激烈的抵抗，省思勞動者的真實處境。」《天注定》中，雖然「老大哥」並未出場，但眞兇是誰已然呼之欲出。

反問郭台銘：天安門的學生沒有武器，爲什麼也被屠殺？

郭台銘說謊，已然是一種脫口而出的本能。他在電視專訪中表示：「我反對跟美國買武器，因爲你手上很多武器的時候，人家專門打你武器的地方，所以我們砲兵陣地就是被打的對象，所以砲兵的周圍都是彈坑。那你手上如果沒有刀、沒有槍，可能人家不會專門去打你。」眞是「一把辛酸淚，滿紙荒唐言」，在人們可以投票選舉總統的民主國家當中，大概唯有台灣這個一國家，才可能有這一號人物出來選總統，而且因爲其富可敵國而深受一部分「經濟選民」的信賴與崇拜。

郭台銘的這番言論顯示，他在中國做了三十多年的買賣，在百萬中國農民工的血汗、眼淚乃至屍體之上，建立起富士康帝國，賺到金山銀山，但他對中共的本質並不瞭解，他對中國的認識還不如「六四」屠殺之前天眞無邪的天安門學生。

三十年前的天安門學生，手無寸鐵，僅有滿腔愛國熱情和民主渴望，絕多數人從來沒有想到中共政權會派出兇狠的野戰軍，用坦克、機槍和達姆彈來殺戮他們。如果按照郭台銘的邏輯，既然學生和市民手中沒有刀槍，也沒有一舉推翻中共政權並取而代之的野心，中共不必開槍殺人。可是，中共就是開槍了。

剛剛突發肝病、在旅途中英年早逝的學生領袖之一張健，一九八九年時年僅十七歲，是北京體育大學的一名學生，因身強力壯而出任廣場糾察隊長。那天晚上，張健身中三槍，最後一顆腿上的子彈，跟他一起生活了二十年，直到二〇〇八年他在法國有了醫療保險，才由法國醫生從體內取出。他將這枚子彈捐獻給香港「六四」紀念館，郭總統候選人若哪一天路過香港，不妨入內參觀一番，看看這枚在人體內存在了二十年的子彈，這枚子彈會不會讓他「感時花濺淚，恨別鳥驚心」？

這顆子彈不容置疑地表明：共產黨殺人，不是因為你有武器，不是因為你的武裝力量跟他對等。一旦共產黨將你定位為敵人，不管你是已放下武器乖乖投降的國民黨軍政人員，還是稚氣十足、只知道「反腐敗」的大學生；不管你是身披袈裟的藏族僧侶，還是從未動過刀槍的維吾爾知識份子，甚至宣佈「我沒有敵人」的諾貝爾和平獎得主劉曉波，共產黨都要殺之而後快，殺人是共產黨從創黨之初一直到今天屢試不爽的統治秘訣。

如果郭台銘當選中華民國總統，他將如何捍衛中華民國？他會拆除國防、解散軍隊，邀請解放軍來駐守台灣嗎？在他這個精明的商人看來，這是一筆比富士康能賺更多錢的好買賣。

今天，香港的年輕示威者也沒有武器，卻一個個地遭到香港警察及中共特務的虐殺。一九九七年，香港遭受中共再殖民之際，沒有幾個香港人會相信，二十多年後，香港會跟中國一樣有政治審判和政治流亡者。過於天眞的香港人沒有想到的是，解放軍入駐香港之日，就是香港的自由與法治崩壞之時。郭董願意聽一聽香港年輕人的哭泣嗎？

台灣也是如此，一個不能拿起武器保護自己的國家，自然不配享有自由與獨立。蔑視國防的郭台銘，不是中華民國的保護者。

國民黨為何否定中國間諜王立強一案？

國民黨早已淪爲中共指揮的第九個花瓶黨

二〇一九年十一月二十四日，在澳洲第九頻道（Nine Network）播出「六十分鐘」節目，自稱向澳大利亞政府投誠的中國間諜王立強首度在電視上自白個人經歷。王立強說，他們不僅在香港迫害民主人士，而且在台灣滲透媒體、廟宇，以及基層組織，他本人獲得一本假的韓國護照，收到指示前往台灣，影響二〇二〇總統選舉。

王立強案猛烈衝擊了兩岸及國際政局，比當年的王立軍案的震動還大。小人物在某些關鍵的歷史時刻，可以改變歷史的走向。

由於王立強點名國民黨總統候選人韓國瑜，及十多名國民黨高層人士得到中共的金錢資助，國民黨諸多高層涉嫌「叛國罪」之指控。國民黨驚慌失措，只能徹底否定間諜案的眞實性及王立強本人身份的眞實性，如此方能絕處逢生、反戈一擊。

國民黨前立委蔡正元在十二月一日淩晨在臉書寫下「給王立強的公開信」，認爲王立強不過是一個可笑的詐騙犯，「用美術專長製作夫妻假證件，二〇一九年四月逃到香港」。蔡正元表示，「是不是台灣方面有人給了錢，讓你們合作無間，十一月就在美國協助下演出一齣大陸間諜鬧劇」。

國民黨主席吳敦義直接採信中方說法，定調「昨天媒體報導的共諜，今天卻被證實是詐騙犯」。吳譴責說，「僅憑一面之詞誣衊國民黨候選人，有新聞自由的媒體都被調查，這不是民主法治社會的正常現象」。吳強調，如果選舉有中共勢力的介入，「包括我在內，相信全國百姓都無法接受」。

國民黨總統候選人韓國瑜表示，這起案件是憑空捏造的。「這起案件荒謬無比，一個二十六歲（王眞實年齡爲二十八歲，韓連對方的年齡都沒有搞清楚）的情報員怎麼會有這麼大的權力，可以影響到台灣大選和立委選舉。」韓又質疑說：「澳洲這家媒體，據了解是排名第八十名的網路，然後在台灣放大，這些目的到底何在？是民進黨利用冒牌共諜，操作影響台灣選舉？」他還說，所有情報系統的老前輩這兩天在媒體都提出來質疑，希望這位王立強能來台灣說清楚講明白，而且保證一下飛機就告他。

從這些國民黨頭面人物的聲明抗議看出，他們已語無倫次、陣腳大亂，他們的辯解乃是欲蓋彌彰、越描越黑。

首先，有關王立強叛逃的新聞，是由澳洲第九頻道、《雪梨晨驅報》和《世紀報》三家媒體聯手進行的調查新聞報導。根據澳洲一家權威調查網站mumbrella.com.au顯示，在澳洲五大主要城市的電視新聞觀眾中，第九頻道排名第一。而《雪梨晨驅報》和《世紀報》則分別是雪梨和墨爾本歷史悠久、聲譽卓著的大報。韓國瑜企圖貶低報導該案的媒體地位，以此降低此事件本身的可信度，他誣衊第九頻道是「排名第八十名的網路」，眞不知他是如何憑空捏造出來的數據，而且將電視媒體當做網路媒體，完全是無知者無畏、張口就胡說八道。報導此案的記者瑪肯西（Nick Mackenzie）在澳洲新聞界享有盛譽，此前揭露過澳洲政界多起弊案，每一次報導的事件，經司法機關調查後都確鑿無疑。瑪肯西不可能爲一件子虛烏有的間諜案賠上其聲譽卓著的職業生涯。韓國瑜說謊成性，前言不搭後語，連女兒的年齡都說不清楚，卻攻擊澳洲記者和媒體造假，眞是光頭笑話別人是禿子。

其次，此案在媒體曝光之前，已經經過澳大利亞高度專業的情報機構以及澳大利亞參與的「五眼聯盟」的情報機構調查取證，核實無疑。澳洲情報專家葛瑞格里（Phillip Gregory）認爲，王立強明確指出相關人名和事實順序的細節，應是可靠情報。澳大利亞財政部長喬許．弗萊登伯格（Josh Frydenberg）表示，王立強的案子，目前在澳大利亞恰當的執法機構手中，王的指稱「讓人觸目驚心」。現任澳大利亞國會情報和安全聯合委員會主席安德魯．哈斯提（Andrew Hastie）表示，王立強暴露了中國政府有系統地干涉包括澳大利亞等國在內的外國的內政。有趣的是，蔡正元指控美國參與導演這件「鬧劇」——因爲美國駐台協會官網轉載這則報導，表明美國政府爲此案的眞實性背書。可見蔡等國民黨權貴內心對美國仇恨。蔡有搬出幾個國民黨的退休情報大佬的言論，難道包括美國中央情報局在內的情報機構的專業能力，通通比不上幾名國民黨的退休情報官員嗎？那幾名國民黨情報官員，在任內未能堵住中共滲透台灣的缺口，如今還有什麼臉高調開新聞發佈會，響應中共的說法呢？

第三，在國民黨高層中，蔡正元算是學者型政客，我在台灣的書店看過他厚厚的台灣史著作，內容不敢恭維，厚度亦讓人驚嘆。照理說，能著書立說的人，應當具備最起碼的常識和常理。蔡指控王立強「用美術專長製作夫妻假證件」，是不是警匪片看多了？在一九八九年，確實有一位參與過天安門民主運動的作家，利用美術專長製作假身份證，浪跡天涯，成功躲避警方追捕，但那時沒有網路和大數據，身份證是手寫後貼膜製作，僞造很容易。在高科技日新月異的今天，護照等證件內含個人指紋、眼睛虹膜等資訊，還有微型晶片，若以個人的美術專業能力製作的假證件，即便肉眼無法辨別眞僞，但不可能在各國海關順利通關。靠常識和常理就可推測，王立強的證件必定是中國國防科工委通過公安部製作並頒發的，才可能在不同國家之間暢通無阻。澳洲電視節目已曝光這些證件，美國和澳洲情報部門對這些證件的來歷作過研究，台灣的國安部門應可索取相關報告，讓蔡正元啞口無言。

第四，諸多國民黨人士質疑王立強年紀輕輕就成爲身負重任的高級特務，甚至可以影響台灣選舉。這種質疑在邏輯上是不成立的。共產黨和國民黨的歷史上，很多高級特務不到三十歲就受領袖重用、直達天聽，如國民黨的戴笠和共產黨的李克農。而且，王立強本人並無顯赫的官職和級別，他只是更高級的特務向心的幫手。以向心的身份而論，據目前披露的資料顯示，他最高的官方職務是副總理鄒家華的秘書，多年以商人身份從事間諜活動，他的級別最高不過爲廳局級。中共對台統戰，不是共產黨黨魁直接對應國民黨黨魁，而是由統戰部、中聯部、國台辦等機構的次級官員對應國民黨最高層。在共產黨眼中，台灣是一個「流離失所」的省份，在野的國民黨只能算是比身處北京的「花瓶政黨」的「八個民主黨派」還不如的「共產黨台灣支部」。向心、王立強之流，亦可跟國民黨高層平起平坐、談笑風生，前者可對後者發出指令。這就是國民黨自甘墮落之後的宿命。

國民黨如此口不擇言的否定間諜案的眞實性，因爲他們許多人都與王立強及其老闆向心有過「親密合作」，他們必須撇清是共產黨的「兒子黨」的事實，才能繼續在台灣騙取選票。然而，整個國民黨都是試圖顚覆台灣民主自由價値的「共產黨台灣支部」的事實，正在被越來越多台灣人所認識到，王立強案更敲響了國民黨的喪鐘。

是共產黨變了，還是國民黨變了？

不敢反共，國民黨就沒有了存在的價値，乾脆解散算了。

清明節，藍營在台北中正紀念堂外舉行名爲「蔣公，我們懷念您」的紀念大會。馬英九、洪秀柱、吳敦義等國民黨大佬齊聲高唱《總統蔣公紀念歌》：「爲正義而反共，圖民族之復興。蔣公！蔣公！您不朽的精神，永遠領導我們！反共必勝，建國必成！」

上了年紀的台灣人個個都曾被強迫唱這首歌，但在國民黨人爭先恐後地跑到中國朝拜共產黨的今天，再唱這首歌顯得非常怪異。國民黨已失去了在反共和媚共之間完成一套言之成理的論述的能力，只好情不自禁地像金庸小說中的老頑童周伯通那樣左右手互相搏鬥，正如旅居台灣的中國異議人士龔與劍在臉書上質疑的那樣：「國民黨到底還有沒有想到要爲正義而反共？要爲三民主義而統一中國？蔣公聽到應該就只有兩種反應，一是把現在因爲統一大於反共的人，通通『槍決可也』；第二個反應是從墳墓裡跳出來，跟著國民黨的太陽們說，你們躺進這個棺材裡面，讓我重新站起來爲了正義而反共吧！」

已然成爲共產黨「隨附組織」的國民黨，大概會如此辯護說：現在的共產黨跟蔣公時代的共產黨不同，共產黨改革開放了，等於自願接受三民主義，不需要繼續反共了。台灣的當務之急，是要反對台獨，然後跟共產黨「相見歡」，簽署和平協議，這樣兩黨的黨主席就能同時問鼎並平分諾貝爾和平獎。

然而，共產黨眞的變了嗎？有香港記者訪問作家倪匡，寫了一本《倪匡傳：哈哈哈哈》，二〇一四年由香港明窗出版社出版。其中有一段是倪匡談爲什麼要矢志不渝的反共。文革期間，倪匡從中國逃到香港，之後半個多世紀再沒有回去。近年來，香港媚共的人越來越多，越是有錢人，越是向共產黨靠攏，資本家向自命爲「無產階級先鋒隊」的共產黨拋媚眼，能保全其錢財和首級嗎？

倪匡搖頭說，他多次婉拒共產黨通過朋友邀請他「回家看看」的「好意」。在他看來，共產黨的本質並沒有變。他講了一個老笑話：一個食人族領袖，不滿別人批評他殘忍野蠻，派了很多子弟到西方留學。多年後，這些留學子弟都西裝筆挺地回來。有人問食人部落領袖，你們現在怎樣了？領袖說，我們好進步啊，現在用餐刀吃人肉，手上都不沾血呢。倪匡的結論是：所謂共產黨進步，猶如說食人部落開始著西裝用刀叉吃人肉。這個典故出自波蘭作家斯坦尼斯諾・雷克（Stanislaw Lec）上世紀六〇年代對波蘭共產黨的批判。有趣的是，《倪匡傳》出版時，出版社悄悄將倪匡批評共產黨的原話「用刀叉吃人肉」改成「用刀叉吃羊肉」，一字之改，意思南轅北轍。有人把出版社將「人肉」改成「羊肉」之事告知倪匡，倪匡哈哈大笑說：這是共產黨慣用的手段！

看來，沒有變的是共產黨，變了的是國民黨。共產黨是殺人黨、吃人黨的本質永遠不變，而國民黨則從共產黨的大哥淪為共產黨的小弟，以為只要在餐桌上當陪客，就不至於被吃掉——但是，共產黨從來對國民黨不放心，共產黨屠殺過數百萬國民黨人，對國民黨的孤臣孽子豈能不斬草除根？

國民黨應當請倪匡到台灣給他們上一節共產黨基本常識課，才不至於為了「人進來、貨出去」，而淪為共產黨餐桌上的人肉。

卡維波事件的本質：左膠的宿命就是投向共產黨的懷抱

不是「假左翼現形」，而是左翼本身就是邪惡的

香港科技大學學生周梓樂，在新界將軍澳尙德邨的警方鎭壓中，遭人發現倒臥在某處停車場二樓，送醫後不治死亡。驗屍報告顯示，死者右邊盆骨的骼骨翼骨折，內骼動脈撕裂，估計盆骨傷勢是從側邊受壓（lateral compression）引致。中文大學醫學院矯形外科及創傷學系骨腫瘤科組教授古明達表示，死者很大可能墮樓前已失知覺，墮地時不能保護自己，右邊盆骨先落地才產生強大側邊撞擊力；一般有意識的人，從高處墮地時會自然反應，以手或蜷曲身體保護自己，很大機會手腳有骨折。換言之，很可能周梓樂是先遭黑警打昏，然後扔下樓。

在一片哀悼聲中，台灣中央大學教師卡維波竟用眞名在香港警察臉書粉專稱「總算眞死了一個，不用再去太子站憑弔了，也不用管那個海底撈了」。

港台網友對此冷血言論深感憤怒，紛紛表示「噁心至極的發言」、「怎麼會有如此冷血的發言？他還是大學教授」、「難怪台灣會養出一堆不知民主自由可貴的逐利蟲」、「原來其實連一般人具備的常識與基本邏輯都沒有，連餅中（王炳忠）或白狼一流都還略勝一籌。」這已經不是

言論自由的問題了，而是刻意傳播仇恨言論，台灣教育部應當按照有關法律法規對此人進行查處。爲共產黨策劃的大屠殺叫好的人，沒有資格在大學裡爲人師表。

根據網路公開資料，卡維波，本名甯應斌，加拿大戴爾豪斯大學哲學碩士、美國印第安納大學哲學博士，曾任中央大學哲學研究所特聘教授、中央大學性別研究室成員、《台灣社會研究季刊》總編輯，與其妻何春蕤共同支持性工作者權利，在苦勞網發表多篇文章，是台灣左統的代表人物。

有媒體評論說，卡維波等自稱左翼人士，站在屠殺人民的香港特區政府與北京政府一邊，無疑是「有辱左翼之名」，不過是單純的中國帝國民族主義者罷了。因此，此事件是「假左翼現形」。

在我看來，此一事件不是「假左翼現形」，而是左翼本身就是邪惡的。蔑視自由、人權、財產權、市場經濟等普世價值的左派，必然走向統派、中央集權、階級鬥爭、蔑視生命。「左獨」是文青的虛幻想像，「左統」才是左派的最後歸宿。

卡維波不是第一個視人命如草芥的左派，紅色高棉獨裁者波布就是一個比卡維波還要「純粹」的左派。如果像卡維波這樣的左膠在台灣掌權，他一定會將台灣變成第二個紅色高棉。

與卡維波一樣，波布也有過留學西方的背景，他在巴黎讀書期間，建立了馬克思列寧主義的地下研究組織「馬克思主義圈子」並加入法國共產黨。波布熟讀史達林和毛澤東的著作，以此作爲在柬埔寨展開暴力革命的理論資源。

當紅色高棉的軍隊佔領首都金邊之後，波布下令把城市居民疏散農村，然後編入農業合作社從事生產，有數十萬人在疏散和接踵而至的饑荒中喪生，西方媒體將這一系列事件描述爲「死亡行軍」。後來波布公開表示，撤離城市的目的是爲了消滅特定的階級，城市是資本主義的醜惡象徵，會腐化幹部和群眾，要建設理想社會，就必須消滅城市。波布將全國人分爲三個群體：擁有完全權利者、擁有完全權利的候選人、沒有權利的人——後者包括從城市來到公社的大多數「新人」，他們的口糧配給被減少，因此導致廣泛的饑荒，百萬人因此喪生，波布有一句名言：「留著你也沒有用處，消滅你也沒有損失。」此爲不亞於納粹「種族屠殺」的「階級屠殺」。

如今，金邊市郊區的吐斯廉設立了「波布罪惡館」，就在紅色高棉統治時代的集中營原址。波布政權將這處中學改建成關押政治犯的刑求地點，數以萬計的知識份子、國家菁英被送進這裡，讓原先求知的殿堂成爲知識份子的刑場。二十世紀七〇年代，至少一萬五千人在這裡被折磨致死，只有十五人倖免於難。

倖存者之一宗梅回憶說，「我能忍受被打之痛，甚至忍受趾甲被硬生生拔出來的劇痛，但是我懼怕受電擊酷刑，」他輕拍了一下頭說。守衛把電極分別放在他們耳朵裡，然後執行電擊。宗梅的一隻耳朵因此失聰。他說，當他搖頭時，他會聽到奔騰的水流聲。「感覺就像我的眼睛被火灼著，而我的頭是一個機器——在那之後，我開始講述他們想要聽到的一切，再也無法分辨是非對錯。」

卡維波生錯了國家和時代，他本來該出身在紅色高棉時代的柬埔寨，跟波波一起鬧革命和殺人，這比寫文章、紙上談兵要愉悅地多。

台灣左膠祖師爺陳映眞爲何支持天安門屠殺？

如果說描述波布的「豐功偉業」對於台灣來說顯得過於遙遠，那麼卡維波在台灣的左派祖師爺陳映眞就是明明可見的前車之鑒。此前，我因爲批評陳映眞晚年投共，遭到陳映眞在台灣的徒子徒孫們的圍攻——有一位資深出版人罵我是「美國走狗」。但陳映眞投共是他自己用「擲地有聲」的文章以及身體來確立的事實，白紙黑字，立此存照，無可推諉。

當年《中國青年報．冰點週刊》被中宣部勒令停刊，龍應台撰文〈請用文明來說服我〉聲援冰點週刊的編輯李大同、盧躍剛，那時候龍應台還沒有被馬英九網羅爲文化部長，還有一點文人的良心。陳映眞則撰文〈文明與野蠻的辯證〉反駁龍應台，爲中共的新聞審查制度辯護。陳文一面批判美國的壟斷資本主義，批判西方是假民主，假自由，眞野蠻；另一方面，卻維護無視人權的專制中國的價值觀，爲製造大屠殺和種族清洗的中共政權洗地。

中國獨立知識人趙誠在〈是龍應台輕率，還是陳映眞糊塗？〉一文中評論說：「陳映眞的理論既有傳統的共產主義對早期資本主義的原教旨批判，也有後現代的薩伊德（Edward Said）的對現代資本主義批判。看似振振有詞，但離開了人權這個現代文明的基石談主權，談文化多樣性、不同價值觀，必然要誤入歧途。」陳映眞認爲，被中共打壓的媒體，都是傾向資產階級自由主義的媒體，罪有應得。此種觀點更令人錯諤，因爲即使是左派教宗馬克思本人，也從未否認過言論自由和新聞自由的價值。

馬克思曾在一八四二年發表過題爲〈評普魯士最近的書報檢查令〉的文章，這是其第一篇政論性文章，其政治活動是從這時開始的。馬克思認爲，新聞檢查制度讓「凡是政府的命令都是眞理」，更讓「作者成了最可怕的恐怖主義的犧牲品」，他反問說：「你們讚美大自然令人賞心悅目的千姿百態和無窮無盡的豐富寶藏，你們並不要求玫瑰花散發出和紫羅蘭一樣的芳香，但你們爲什麼卻要求世界上最豐富的東西——精神只能有一種存在形式呢？」馬克思呼籲：「整治書報檢查制度的眞正而根本的辦法，就是廢除書報檢查制度，因爲這種制度本身是惡劣的。」在馬克思的政治觀點中，這是我極少數表示贊同的——這也是陳映眞、卡維波等馬克思的徒子徒孫們不贊同的。

晚年住在北京釣魚台國賓館享受部長級待遇的陳映眞不是眞左派，其徒子徒孫們也不是眞左派。如果世上有眞左派，就是像法國思想家西蒙娜．薇伊（Simone Weil）那樣到工廠裡跟女工一起幹重體力活的人，就是幫助勞工維權的北大馬克思主義學會的學生們。該會會長邱占萱「被失蹤」之後，他事先錄製的視訊和書面陳述出現於網路。他說，二〇一九年二月底，警方對他實施了連續五天的酷刑折磨，包括打耳光、脫光衣服搜查以及收聽習近平長達三小時的十九大報告。邱在視訊聲明中說：「他們還想強迫我寫一份保證書，自願放棄一切受教育的機會。」

躲在資產階級的大學裡享受資產階級的學術自由的卡維波，可曾想過爲中國的奴隸勞工以及邱占萱這樣被專制政府人間蒸發的左翼學生發聲？他當然不會了。他還要看北京的臉色，還要享受北京的肉骨頭。當年在北京釣魚台國賓館被共產黨豢養起來，出入都有醫療團隊跟隨的陳映真，也從未對中國數億命運堪比現代奴隸的農民工發聲——如果發聲，他會說這些都是美帝的錯，是全球資本主義的錯，共產黨永遠偉大、光榮、正確。

香港正在發生的對民主運動的血腥鎮壓，是一張檢驗良知和人性的試紙，一切妖魔鬼怪（不管他戴著什麼面具）都現形了。

在台灣，五星紅旗和紅領巾意味著什麼？

在台灣展示五星紅旗是台灣最美的風景嗎？

有台灣民眾在國發會「提點子」提議增設刑法條文禁止中國五星旗在台灣公開懸掛、展示、陳列出現，該提議通過五千人次附議門檻而成案。提案人認爲，近十年來在台灣各地越來越常見到中國五星旗，台灣人民對五星旗的出現變得毫無危機意識，將使中國達到統一台灣之效果。

然而，法務部回應說，此提案不符憲法保障人民言論自由意旨，不予採納，無後續規劃。法務部指出，如果強行增訂（刑法），則自由權利遭受侵奪人民因司法機關無權解釋，以致救濟無門，或法律因立法從嚴，執法從寬，導致欠缺實效性，而淪爲具文。

台灣已經解嚴三十年，經歷了兩輪政黨輪替，表面上看民主制度趨於鞏固，但從此事可以看出，台灣的司法系統尚未完成民主化和轉型正義。法務部以言論自由爲幌子爲五星紅旗保駕護航，罔顧台灣自身的國家安全，也不理解五星紅旗象徵著反人類、反人道的中共極權政府這一本質。法務部的觀點似乎顯示，法務部搖身一變成了追求「百分之百的言論自由」的鄭南榕；然而，鄭南榕生前清楚地知道，言論自由的保障範圍，不包括保障那些戕害言論自由和基本人權的言論——如果保障後者，就意味著民主制度自掘墳墓、自取滅亡。威瑪共和國就是如此被納粹帝國顛覆的。

更有甚者，台灣的紅色宣傳機構《中國時報》日前發表了一篇題為〈容忍拿五星旗遊行，台灣最美風景〉的社論，社論指出：「中央研究院研究員錢永祥提出發人深思的問題：該不該容忍路上有人拿五星旗遊行？他給出正面答案，認為如果不能容忍，台灣三十年來的民主化就是假的。在當前的政治環境與網軍四處出征的社會氛圍下，錢永祥提出這樣的主張需要一些勇氣。」社論認為，真要防衛民主，就必須實踐胡適說的「容忍比自由更重要」的精神，守住價值多元理念，如果守不住，民主就會慢慢變質，敵我意識越來越強，政治性制度就會變成壓迫性的制度。

此種論點顯然是對胡適理念的肆意歪曲。胡適所說的寬容，顯然不包括對暴政的寬容，因為寬容暴政就是坐視民主的淪亡。《中國時報》的社論認為，禁止五星紅旗在台灣飄揚是製造「敵我意識」；然而，寫作該社論的作者刻意迴避的真相是：「敵我意識」不是台灣人造成的，而是中共原本就將台灣當做敵人，用兩千枚飛彈對準台灣（台灣並未將同樣多的飛彈對準中國），不是敵人又是什麼呢？這篇《中國時報》的社論貌似客觀中立，甚至打著自由民主的旗號，其實是顛倒因果、混淆是非，其目的乃是消滅民主自由，為中共侵略台灣鋪路。

五星紅旗不是一面普通的旗幟，五星紅旗的背後，是共產極權主義觀念，也是中國三千年不變的「天下帝國」觀念。五星紅旗在哪裡飄揚，哪裡就是戰爭、屠殺、獨裁、專制，五星紅旗在台灣飄揚，不是台灣最美的風景，而是台灣民主遭受威脅的警告。若以言論自由來爲五星紅旗辯護，不啻於重演東郭先生和狼以及農夫和蛇的故事。

在中共製造的準戰爭狀態之下，台灣的法律學者、司法機構、政府部門和普通民衆，都應當具備枕戈待旦的心態，抵抗各種方式的紅色滲透。任由中共的五星紅旗在台灣處處飄揚，勢必瓦解台灣民衆的主體意識和主權觀念，這是一種可怕的溫水煮青蛙的戰略。有朝一日，當共產黨軍隊在台灣登陸之時，台灣人也就對五星紅旗見怪不怪了。唯有拒五星紅旗於島外，台灣人才能享有免於恐懼的自由。

爲什麼受過納粹和共產黨荼毒的國家都禁止公開展示納粹和共產黨標誌？

若干受過納粹和法西斯荼毒的國家，如德國和奧地利，都有明確的法律禁止傳播納粹的意識形態和符號標誌。即便是打著學術研究的旗號爲納粹的種族屠殺政策辯護，也屬於犯罪行爲。此類法律不僅管轄德國和奧地利本國民衆，也對進入其境內的外國公民具有管轄和制裁權。一九八九年，英國歷史學家艾文（David Irving）在奧地利發表演說，宣告「奧斯威辛集中營沒有毒氣室」、「集中營的六百萬猶太人沒有死去」和「納粹大屠殺只是神話」等。他又花了十三年時間，撰寫《希特勒的戰爭》一書，表示希特勒對大屠殺所知不多、從沒有下令殲滅歐洲猶太人。二〇〇五年，艾文入境奧地利時被警方逮捕。二〇〇六年，奧地利法庭判歐文否認納粹大屠殺罪名成立，入獄三年。

若干原蘇聯加盟共和國，以及東歐的蘇聯前「衛星國」，在獨立和民主化之後，也紛紛制定嚴格的法令，禁止傳播共產黨的意識形態及公開展示共產黨的旗幟等標誌。比如，拉脫維亞尤爾馬拉市法院曾做出裁決，對一名在公開場合揮舞蘇聯國旗的男子處以二十歐元罰款。此前，當地舉行拉脫維亞獨立慶典活動，這名男子的公寓住宅距離舞台很近，他打開窗戶，向外伸出蘇聯國旗揮舞。他表示，這是其言論自由的表達。但拉脫維亞早在二〇一三年即通過法律，禁止在公開場合展示納粹法西斯及共產黨的鐮刀、錘子和五角星標誌。法律還禁止在公開場合吟唱蘇聯國歌和展示蘇聯國旗、國徽，違法者會受到處罰。這名男子受審並繳納了罰款，罰款雖是象徵性的，該案例對那些懷念蘇聯共產黨統治的人是一個警醒。拉脫維亞的鄰國立陶宛也實施類似法律。從蘇聯獨立出來的烏克蘭和喬治亞等國（他們仍受到俄國的威脅），以及波蘭、匈牙利等前東歐共產黨國家，也先後立法禁止在公開場合展示共產主義標誌。

如果按照錢永祥、龍應台（龍應台曾經說，在台北國家大劇院上演文革樣板戲是台灣言論自由的驕傲）、《中國時報》的邏輯，以上那些禁止納粹和共產黨標誌的國家，難道都是缺乏言論自由、民主和人權保障的國家嗎？或許，某些親共人士和左派份子認爲，不能將共產黨政權與納粹、法西斯政權相提並論，共產黨沒有納粹、法西斯那麼壞。他們對前者避之唯恐不及，對後者卻要大愛包容。但實際上，中國共產黨屠殺的無辜民衆的數量早已讓納粹和法西斯望塵莫及，中共政權在新疆將數百萬維吾爾人關進集中營，就是跟納粹同質的暴政。當中共沒有錢的時候，大肆殺戮本國民眾；當中共有錢的時候，竭力戕害全世界的言論自由。台灣民眾必須摒棄此類似是而非的思維，因爲台灣所受到的中共政權的戰爭威脅，並不比烏克蘭、喬治亞等國受到俄國的打壓小。台灣遲遲不願立法禁止五星紅旗，是對自身國家安全的嚴重忽視。

在台灣，阻止親共人士在公共場合展示五星紅旗，不應當只是寄希望於修改刑法，以分裂國土罪制裁；而要上升到以反人類罪的國際法制裁的高度，讓此類共產黨的爪牙在台灣島內和民主世界如過街老鼠、人人喊打。五星紅旗背後的中共政權七十年來製造的人權災難，完全符合國際刑事法院所界定的「危害人類罪」或「反人類罪」（即「違反人道罪」）。於二〇〇二年七月一日生效的《國際刑事法院羅馬規約》中，該罪名的定義爲「那些針對人性尊嚴極其嚴重的侵犯與凌辱的眾多行爲構成的事實。這些一般不是孤立或偶發的事件，或是出於政府的政策，或是實施了一系列被政府允許的暴行。如針對民眾實施的謀殺，種族滅絕，人體試驗，酷刑，強姦，政治性的、種族性的或宗教性的迫害，以及其他非人道的行爲」。中共這個組織自一九二一年建立以來，尤其是一九四九年其奪取政權以來，所犯下的此類罪行罄竹難書，這些罪行都是在五星紅旗之下展開的，五星紅旗如此骯髒、如此血腥，這面旗幟讓所有具有良知的人感到憤怒和作嘔。台灣雖然沒有直接受到這面旗幟的戕害，但這面旗幟一旦在台灣四處飄揚，台灣就會被恐懼和邪惡所吞沒。

戴紅領巾的，是法學家，還是法盲？

中共的兒童組織名為少先隊，少先隊員都要戴紅領巾。中共聲稱，紅領巾就是五星紅旗的一角，所以紅領巾與五星紅旗一樣神聖。

號稱「台灣法學家」的八十二歲老人邵子平因為得到中國南京的戶籍和身份證，被台灣內政部移民署依法廢止台灣戶籍。邵子平質疑此舉「違憲」，損害其經濟利益和踐踏其政治權利，表示將返台對移民署提告。

台灣是法治國家，邵子平當然可以用法律捍衛其人權。但是，他應該知道，是他自己選擇成了中華人民共和國的「公民」，同時也就放棄了中華民國公民的身份——而在中華人民共和國，根本沒有「公民」，只有奴隸，諾貝爾和平獎得主劉曉波至死也沒有爭取到公民的地位，上百萬被監禁在集中營中的維吾爾人也是如此。

二〇一八年曾獲民主進步黨提名參選桃園市議員的魏筠，是白色恐怖受難者魏廷朝的女兒。她在臉書撰文為邵子平鳴不平，不忍輿論「標題殺人」，將邵子平指為另一個「黃安」。魏筠表示，邵子平的國籍是時代悲劇。「邵子平是統派沒有錯，但是他熱愛民主自由，他希望中國大陸也有一天能夠眞正民主。」

雖然魏筠身為白色恐怖受難者後代，因為父親魏廷朝的關係而與邵子平有往來，但我並無法認同這樣的辯護。道理很簡單：一個熱愛民主自由的人，怎麼會向獨裁專制的中共政權卑躬屈膝並接受中共的「包養」呢？中共賞賜給邵子平的南京戶籍，是數億中國的「低端人口」夢寐以求且求之不得的「高等華人」的標誌。

我看到中國官方媒體上發表的一張邵子平笑容可掬地接受少先隊員給他佩戴紅領巾的照片，他不可能不知道紅領巾在中國意味著什麼。

少先隊是中國共產黨的先鋒組織，是中國共產主義青年團授權領導的群衆性兒童組織。〈中國少先隊章程〉中對中國少先隊的表述爲：「是中國少年兒童的群衆組織，是少年兒童學習中國特色社會主義和共產主義的學校，是建設社會主義和共產主義的預備隊。」換言之，戴上紅領巾，就表示成了黨的預備隊。

共產黨不會輕易將紅領巾送給不信任的外人。在中國，若有人對紅領巾稍有不敬，立即會受到嚴厲懲罰。中國一名「快手直播」的唐姓女直播主「宜賓盈盈」，日前因爲發出一則「戴紅領巾捕魚」的影片，遭四川榮縣公安局以「嚴重褻瀆紅領巾象徵的愛國先烈」爲由逮捕，並處以行政拘留與罰款。可見在中國，紅領巾擁有國旗一般的神聖的地位。

近年來，在習近平「從娃娃抓起」的指令下，少先隊的工作得到大大加強，甚至負擔起對台灣統戰的任務，由各地少先隊出面安排台灣小學生到中國「文化交流」。台灣許多小學不知是計，一不小心就踏進了陷阱。承平太久的台灣社會對中國的此類「靜悄悄的滲透」視而不見，這種若無其事的心態才是最大的危機。當未來有一天，成群結隊的戴著紅領巾的孩子在台灣大街小巷奔跑的時候，台灣的主權獨立就危在旦夕了。然而，即便少數意識到問題嚴重性的評論人，在撰文揭露這個問題時，因爲對中國的隔膜，居然將「中國少年先鋒隊」的簡稱「少先隊」寫成「少鋒隊」。

一個睿智的法學家不會輕易被人家在脖子上套上紅領巾，這是「自願爲奴」的記號。這個舉動說明邵子平不是合格法學家，而是法盲。邵子平與楊振寧、陳映眞等人一樣，蒙上「愛國」的遮羞布，欣欣然地奔向中國，對中國正在發生的諸多人權慘劇熟視無睹，他們貪圖的無非是「肉體的情慾，眼目的情慾和今生的驕傲」，共產黨對高級統戰對像一定會送上嬌嫩的女子、高樓大宅以及紅地毯、聚光燈的榮譽，誰又能抗拒呢？對於這樣的叛國者，台灣政府當然有給予嚴厲懲罰，而不能放任自流。

台灣如何拒絕中共的大外宣？

香港餐廳罷看ＴＶＢ，台灣餐廳只播中天

自從香港發生逆權運動以來，香港無線新聞屢被民眾批評立場偏頗。二〇一九年十一月二十日，無線五十二週年台慶，「與時俱進」地將沿用多年的《萬千星輝賀台慶》改名，變成《珍惜香港，發放娛樂：ＴＶＢ五十二年》，揚言帶頭發放「正能量」（這個詞語是典型的中共宣傳術語，是戈培爾風格的「毒蘑菇」）。由此，一眾香港網民發起罷看運動。

不只網友，多間餐廳早已停播無線，希望帶出準確及全面的資訊給客人。「我們經常會說，那些可能是叫做propaganda（政治宣傳），一個畫面會令到一件事不同。」位於荃灣的「素悅軒」，約八月起罷播無線任何頻道。

十月底有網友發文，指北角的「大澳德發」餐廳有貼文宣，但播ＴＶＢ，令他相當失望。記者近日實地採訪，發現店內電視已轉播Viu，經理蕭先生指店內原有兩部電視，一部收到Viu，一部收不到，現已取消一部，「之前有些客人跟我們講『不要再看ＴＶＢ啦，看其他啦！』，我們轉了以後，他再來食，就讚我們從善如流，有順應民意。」

上環「大喜茶檔」同樣由八月開始，由TVB轉而播放Now新聞，記者到場可見店員用手機收看Now，再投影到店內的電視播放。老闆正在外地未能受訪，但店員透露轉播是因收到不少客人要求，順應民意，而且老闆不愛看無線，最後決定轉播其他頻道。

香港持續半年的反抗運動，幾乎走過了台灣將近半個世紀的本土化道路，雖然付出慘痛的代價（數百名市民及年輕人獻出寶貴的生命，數千人被捕），但思想觀念的飛躍和反抗意志的堅強讓人驚喜。

香港人罷看TVB，台灣卻有不少人仍然看中天電視，即便化名為王立強的中共叛逃間諜在澳洲公佈中天電視等媒體早已淪為中共的統戰機構的真相，很多「鐵桿藍」仍不離不棄，甘受洗腦，自願為奴。冰火兩重天，讓人感嘆萬千。

二〇一九年夏天，我訪問台灣時，一位在地友人帶我去台中傳統市場的一間老店吃早餐。早餐店正在播放中天電視，韓國瑜在中天電視上彷彿成了台灣乃至世界的救世主。八旬開外的老闆說，他的父親是隨同「先總統蔣公」來台灣的軍官，他全力支持韓國瑜。當時，正好是民進黨內蔡英文與賴清德競爭提名，朋友說他支持賴清德。一聽這句話，老闆立刻拉下臉來，扭過頭去，一言不發。老闆娘是台灣本省人，笑著打圓場說，不要理這個老頭子，他的腦袋就是一根筋。這種遭遇，我在好幾家餐廳、旅館及公共空間都有經歷過。

當王立強揭露中共如何滲透台灣之後，柯文哲說，國家安全和國家主權是個屁，這是「柯屁」放的最臭的屁。「柯家軍」的民眾黨台北市立委參選人蔡宜芳說，「台灣除了有共諜，難道就沒有CIA？有中共資金介入，難道就沒有美國資金嗎？」」。有網友看不下去，反問「是站在中國共產黨的立場發言嗎，美國有像中共那樣說要吞併台灣嗎？」」柯文哲如此反美，爲什麼要在競選前到美國訪問，會面美國官員呢？

柯文哲這樣「無知者無畏」的人物居然連任首都台北市長，韓國瑜居然掀起一股韓流，只能說明台灣民眾和選民的民主素養及人文素質尚待提高。這是流亡台灣的香港書店經營者林榮基最憂慮的地方：爲什麼韓國瑜能得到五百萬票？這些人難道不是台灣人嗎？民主制度的鞏固，必須有民主素養和人文素質作爲支撐，即法國思想家托克維爾（Alexis de Tocqueville）所說的適合民主制度生長發育的「民風民情」。台灣的民主制度要鞏固和成熟，尙有一段漫漫長路要走。

人文素養並非虛無縹緲的東西，從你愛看什麼電視、報紙和網站就可以看出來——喜歡讀李敖、龍應台和余秋雨的書的人，其審美品位和思維方式自然可想而知。史學大師余英時在「羅家倫國際漢學講堂」的主題演講中指出，台灣現在面臨很大危機，中共統戰無所不在，面對中共的威脅，台灣人民必須有深厚的人文修養，才能面對中共的威脅，避免被統戰、滲透。余英時說，他看到部分台灣媒體已幾乎變成《人民日報》的台灣版，可見台灣的人文修養還有很大的缺憾，這個缺憾不補起來，很難對抗中共無孔不入的統戰滲透。而從台灣過往的歷史可知，長期受中國國民黨的思想控制，影響了某些人對自由民主文化的嚮往。

余英時也舉五四先驅、中國自由知識份子的領袖胡適爲例，胡適一生不受共產黨影響，所仰仗的就是其人文修養，深刻瞭解共產黨背後的目的。今天台灣的社會、政治、文化領導人物，面對中共的威脅，人文修養也特別重要，否則應付共產黨會越來越困難，如果沒有人文修養支持，民主會變質中斷、會變成其它東西。蘇聯解體後，一度走向西方民主的道路，但最後仍變成獨裁政體，值得警惕。

即便是民主傳統深厚的美國，學者們也早就呼籲人文素養的重要性，若民衆的人文素養弱化，美國的民主、自由和秩序將難以爲繼。美國思想家拉塞爾·柯克（Russell Kirk）引用漢娜·鄂蘭的名言「無根者總是有暴力傾向」，並進而指出「無知者」及「文化上貧乏」的族群是民主的破壞者，「人們的幸福之源在於恢復和改善靈魂的秩序與共和國的秩序——不在讓靈性和社會沙漠化的毀滅性舉動」。美國思想家艾倫·布魯姆（Allan Bloom）也指出：「我們長期缺乏確切的答案，所以才去瞭解各種可供選擇的答案，其中很多有悖於我們的天性和我們的時代。受過通識教育的人能夠抵制那些唾手可得和受人追捧的答案，這並不是他固執己見，而是因爲他知道另一些答案更值得考慮。」所以他們一致強調教育、學習、閱讀經典、獨立思考、平等交流的重要性。

如果台灣人的民主素養提高足夠的程度，韓國瑜、柯文哲、蔡宜芳就不可能出來參選（選也一定選不上），中天電視、中國時報這樣的宣傳機構（不是媒體）就不會有讀者、觀衆和市場，而台灣選民自然就能通過投票的民主程序，拒絕吳斯懷這樣的叛將進入國會。

柯建銘爲何替蔡旺旺站台？

民進黨（或前民進黨）的政治人物中，除了早已公開叛變（不是叛黨，而是背叛最初追求的民主自由的理想）的許信良、施明德之外，我最瞧不起的就是現任立法院民進黨團總召柯建銘——他的表現經常讓人懷疑其從政的核心理念與價值，在許多關鍵時刻，竟如同牆頭蘆葦，左右皆可。

在旺旺集團中國電視公司五十週年台慶時，柯建銘出席並發表致詞說，今天是萬藍叢中一點綠，他來參加前有向總統報告，他認識董事長蔡衍明超過三十年，「盼兩軍交戰不斬來使」。政治人物不讀書，從柯氏故作幽默、錯誤引用典故可見一斑。旺旺集團難道不是台灣本土的企業，蔡旺旺難道不是正港的台灣人嗎？柯建銘作爲台灣的立法委員，到台灣的媒體總部慶賀，怎麼就成了敵對國家的「來使」？又如果他認爲蔡旺旺不是台灣人而是「敵軍」，那麼此次站台的政治意義何在？堂堂立法院多數黨領袖，居然無知到這種地步，不是法盲又是什麼呢？

蔡旺旺及其財團（包括控制的多家媒體）對台灣民主制度的傷害無以復加，卻得到執政黨的國會領袖的祝福和表揚，這是只有台灣才有的「怪現狀」。如果是在美國和歐洲國家，蔡旺旺及其財團早就收攤乃至下獄了。執政當局對台灣國家安全的輕忽，已到了自取滅亡的邊緣。

柯總召大約不記得一段往事：數年前，中國海協會會長陳德銘訪問台灣，專門到宜蘭接見旺旺集團董事長蔡衍明及多位高層。陳德銘高調接見旺旺集團人員，並爲甘當中共喉舌、銷量下挫、聲譽盡毀的旺中系媒體打氣，顯然是中共「大外宣」計劃的一部分。這場會面宛如「上國欽差」會見「編外皇民」，陳德銘高高在上發出指示，蔡衍明等低頭乖乖聽訓。陳德銘在致詞時指出，旺旺中時媒體集團「說眞話不容易」，隨即話鋒一轉提到，在不同的地緣政治鬥爭中，存在複雜政治矛盾，會使講眞話成爲難的話。陳德銘又學習近平外訪時掉書袋、曬書單的風格，特別指出他看過一篇名爲〈人民的錯誤選擇〉的英文文章，文章提到有時眞相會被假相蒙蔽。他的言下之意是說，只有中共通過旺中媒體提供的資訊是眞的，台灣人一定要深信不疑，包括選舉如何投票也要聽其指揮。

蔡旺旺多次辯解說，他不是中共的代理人。他自己說了不算，我們需要觀其行、聽其言。分辨某人是否爲中共完全信任之人，某媒體是否爲中共大外宣的棋子，其標尺之一是看其如何評價「六四」天安門屠殺。三十年來，持之以恆地譴責中共的屠殺的人物和媒體，自然被中國當作對立面；而爲屠殺辯護、開脫乃至揚言「殺得好」的人物和媒體，就是中國的心腹或奴僕。蔡衍明接受《華盛頓郵報》採訪時，公開稱「六四」事件「不可能有那麼多人死亡」——這是一張中共最看重的「投名狀」。就像古惑仔加入幫會之前必須履行「喝血爲盟」的儀式一樣，過了這一關，在中共眼中才能成爲「自己人」。

蔡衍明一系列如同從中共《人民日報》上抄來的言論，加上旺中購併中嘉遭質疑壟斷媒體，使得台灣民間發起了一場聲勢浩大的「反媒體怪獸運動」。當時，史學泰斗余英時發信給「拒絕中時運動」發起人、澄社社長黃國昌，表示全力支持。余英時呼籲知識份子勇敢捍衛台灣的自由民主價值，並毫不留情地批判中共之獨裁暴政：「從中共『維穩』經費超過國防經費這一點來看，這一政權已在無比的恐懼和慌亂之中，正符合『日暮途窮，倒行逆施』的古話。……像中共這樣一個橫暴、下流、腐敗、殘忍的統治集團，是絕不可能獲得『穩定』的。」對於蔡衍明版的《中國時報》的媚共醜態、謊言連篇，余英時亦一針見血地指出：「台灣有一些有勢有錢的政客和商人，出於絕對自利的動機，已下定決心，迎合中共的意旨，對台灣進行無孔不入的滲透，公共媒體的收買不過是其中一個環節而已。」可惜，柯總召既不讀古書，以致胡亂引用典故；也不讀余英時擲地有聲的文字，以致認不清楚蔡旺旺的本質，輕率地與狼共舞。

有趣的是，受到余英時嚴厲批評之後，蔡衍明居然在《中國時報》以半個版面的巨大篇幅，刊登回應余英時的公開信，信中大言不慚地表示：「我個人早年從事食品業，發跡於宜蘭，後來赴大陸發展，我看到大陸建設突飛猛進，台灣則在原地踏步，我眞的擔心台灣人被大陸人看不起。而在我的思維裡，我是第一先愛我的家，第二愛我的故鄉，第三才能擴大成我愛中國。……不論是我本人亦或是時報的全體同仁，從以前到現在都沒有變，都會永遠堅持當年余創辦人（余紀忠）留下的辦報理念，中國時報永遠會是余院士當年所熟悉的中國時報。」如此信口雌黃的言論，這個世界上，大概除了習近平之外，不會有第二個人相信是「眞話」，即便蔡氏本人也未必相信，又能欺騙幾個人呢？

「報告蔣總統，大陸光復了！」

在中共的大外宣戰略中，對台灣的統戰是重要的一個環節。而需要統戰的台灣人當中，在中國工作和生活的數十萬台商、台勞，則是可以近水樓台先得月的洗腦對象。

二〇一四年，有台灣網友在上海世博展覽館門口，拍到國民黨台北市、台中市長候選人連勝文、胡志強的「搶救」看板，比人還高的大看板上方，鮮紅的大字寫著「搶救台北、台中逗陣行」，看板左方是連勝文雙手抱胸的半身照，右方則是胡志強穿著白西裝、笑容可掬的模樣，正當中有國民黨黨徽，下方則寫著「主辦單位：大陸台商後援總會」。網友驚呼，「三民主義眼看就要光復神州了？」、「現在是哪個國家在選舉啊？」

看到這樣的報導，我不僅產生翩翩浮想：在慈湖死不瞑目的兩位蔣總統，一覺醒來，發現連胡兩名精忠報國的黨員聯袂前來報告：報告兩位總統，大陸光復了，有此照爲證！兩蔣看到這張照片，該是何等欣慰，死可瞑目也！

與此同時，台商非常集中的廣東東莞舉辦了超過兩千人的爲連、胡造勢的晚會，讓人驚嘆：難道中華人民共和國把此地的主權移交給中華民國了嗎？東莞過去被稱爲「中國性都」，腰纏萬貫的台商在此好不快活。這一次，東莞居然為台灣選舉而大開綠燈，允許舉辦數千人的群衆造勢活動。難道中共不怕選舉造勢晚會的風氣如病毒般感染沒有選舉權的中國民衆嗎？衆所周知，中國仍是共產黨一黨獨裁，當局嚴禁民衆舉行政治性集會，中國憲法中公民的集會、結社自由等同虛設。三、五個「新公民運動」參與者，上街舉牌要求官員公開財產，立即被捕並以顛覆國家政權的罪名被判處重刑；不參加官方「三自教會」的基督教會，以「家庭教會」的形式在家中敬拜，亦遭到當局的騷擾和打壓。中共當局對群衆集會如此忌憚，為什麼允許在中國的台灣人舉辦如此大型的集會？

長久以來，國共兩黨一直處於某種你死我活的敵對狀態，國民黨黨徽不可能出現在中國的任何一處公開場合。國共彼此纏鬥和殺戮，比對付外敵還要帶勁。共產黨打敗國民黨奪取中國政權之後，殘殺了數百萬國民黨黨員、官員和支持者。共產黨對國民黨這個手下敗將的態度極度輕蔑，在南京國民政府總統府舊址前，立碑清清楚楚地註明「中華民國」的生卒時間。換言之，在中共看來，中華民國早已被解放軍掃進歷史垃圾堆、壽終正寢了。

此前，台灣陸委會主委王郁琦訪問中國，拜謁南京中山陵，發表簡短演講，提及孫文創建中華民國等歷史。在場採訪的台灣記者李志德發現：「王郁琦在開口之前，陪同的國台辦和其他中國官員已經悄悄消失，為的是不要面對接下來這一段明顯不符合中國現今對台政策的談話。」而有一名圍觀大叔聽到「中華民國」時，大聲叫好，立即被安全人員抓走。可見，「中華民國」對於中共來說，是一種非法存在的東西。

那麼，這一次爲什麼國民黨的黨徽乃至盛大的造勢活動能在中國土地上登堂入室呢？難道眞的是連勝文和胡志強有翻雲覆雨的本領，讓北京當局視若無睹、網開一面？當然不是，任何人都不能低估中共當局維穩的決心和意志，以及隱藏在其後的對中國公民社會的發展和民衆的民主訴求的恐懼和戒備。北京當局之所以允許藍營台商在中國展開公開的活動和宣傳，乃是將此前猶抱琵琶半遮面的挺藍政策擺上檯面而已：既然國民黨已經輸誠，讓國民黨充當共產黨在台灣的代理人，比共產黨直接佔領台灣要划算得多。而這一次國民黨的選情緊繃，在中國的台商的這數十萬票不可低估，是網開一面讓他們舉辦造勢大會，等國民黨贏得選舉，再向其討要買路錢。

國民黨黨徽在中國閃亮登場，不是國民黨光復大陸的標誌，而是國民黨成爲共產黨傀儡的確證。若是兩蔣總統明白此種眞相，肯定會心急如焚地從棺材裡爬出來，命令身邊的警總鷹犬說：把連勝文、胡志強兩個匪諜抓起來，送到綠島管訓！

中共統治的秘訣就是首先摧毀你的自尊

台灣女藝人許瑋甯日前點讚一篇台灣人罵中國遊客的貼文，遭到中國網友抵制，並被貼上「台獨」的標籤——既然連高雄新市長韓國瑜都說台獨是梅毒，台獨在中國就更是彌天大罪。

許瑋甯發現網上的攻擊一波波襲來，驚恐之下於清晨兩點在個人微博發表一篇道歉文表示，自己犯了一個奇蠢無比的錯誤，平時只是習慣看圖，不太細看文字，看圖就習慣性點讚。除了道歉之外，她還自稱祖籍在中國安徽，海峽兩岸都是一家人。

許瑋甯道歉後，中國網友卻不領情。眼見風暴未見停歇，許瑋甯再透過央視節目《中國電影報導》的官方微博再發表親筆手寫信加碼強調，「這世界上只有一個中國。不支持台獨、討厭分裂。喜歡大家和睦相處。大家可以批評我，罵我，因為我確實做錯了事。」許瑋甯文末再次向所有人致歉。

然而，許瑋甯的連番致歉換來的是：她下個月原本要到中國拍新戲《摩天大樓》，沒想到次日上午已經被換角。

這就是中共所要達成的結果：先讓你以為還有一線生機，可以破鏡重圓，遂「心甘情願」地鞠躬道歉、自我作踐。到了最後卻宣佈將你掃地出門，再踏上一隻腳。要吃到「嗟來之食」，必須經受百般羞辱；而一旦你被扣上帽子、定義為敵人，無論你如何辯解、妥協、忍辱負重，從此以後你再也不可能被當作「自己人」看待，也不可能從「偉大祖國」分得一杯殘羹冷炙。許瑋甯不是被如此玩弄和羞辱的第一個港台藝人，也不會是最後一個。

最惡劣的極權主義政權，不僅消滅人的肉體，而且凌虐人的心靈，將公民降低到奴隸的地步——所謂奴隸，就是沒有自由和尊嚴的「非人」，既然你成了「非人」，就意味著黨國可以對你為所欲為。

無獨有偶，重慶師範大學教授唐雲的遭遇與許璋甯如出一轍。唐雲因為在課堂上批評時政，遭到特務學生舉報。一開始，院系領導找唐雲談話，用懷柔手段勸誘唐雲寫一份檢討書，以渡過難關、保全職位。唐雲授課三十多年，捨不得離開講台、離開學生（儘管被少數學生舉報，但多數學生仍然喜歡他的課，也傳簡訊給他表示聲援），於是唯心地寫了一份題為〈授業無非情意起，為道豈可猖狂生〉的檢討書。

唐雲才華橫溢，連檢討書也寫得文采飛揚，其中有幾句是這樣寫的：「我對課堂事件的深刻反省：身為文科教員，隔膜於國家大政方針，未有三個意識，不敏民族大夢。以己之昏昏然竟奢望教學之昭昭兮，上下古今，多有教訓！為此，吾已暗下決心，重整學風，研讀文本，多傾聽於學院同儕，繁就教於校方領導，謙兮卑兮，以老朽之微軀，行盛世之大道，據講台而播核心價值，憑青燈以頌民族復興，所餘數年教職，有勞各方加強教育，以期不斷精進，善終吾業。」他以為，如此自我羞辱，就能唾面自乾、繼續授課。

誰知，官方處罰早已作出，等唐雲的檢討書呈送上去之後，這把懸在他頭上的劍才掉下來，他仍被剝奪教席。最終，唐雲憤怒地在社交媒體上作出對檢討書的檢討：「此生最為恥辱的寫作！當所謂的課堂不當言論被舉報之後，學校通過學院領導，讓我寫一份檢討，並暗示可能因此而從輕發落！最後一次相信他們，也為了不再為難學校，便連夜寫此《認識》！……他們最終還是做出了嚴重的處罰決定！這文章以羞辱自己為能事，以期換來當權者的半點憐憫或者手下留情，是當今知識份子脊骨被打斷之明證！爲警示後人，我不避自我再度羞辱，貼出文章，讓大家知道，任何和解的路徑其實早就堵死了，以自輕自賤的方式依然不可能獲得半點認同！」此時此刻，唐雲才明白李白詩句的含義：仰天大笑出門去，我輩豈是蓬蒿人！

中共制度比納粹更邪惡的地方就在於此：它將貓捉老鼠的遊戲玩到爐火純青的地步，讓老鼠將貓當作主持正義的青天大老爺。唐雲的檢討書，跟前輩詩人郭小川的《檢討書》一脈相承——文革剛結束，郭小川就意外地去世了，來不及完成其回憶錄。近年來，郭小川的後人及文學史家將郭小川遺稿中數十份不同時代的檢討書收集彙總，命名爲《檢討書》，出版問世。編者感嘆說：「本書是郭小川在歷次政治運動中的檢討書的集合。這些文字赤裸了詩人的羞愧、屈辱、無奈、驚懼，不再豪情，不再明媚，不再妙曼。我們看到了另一個曾經的郭小川和他曾經的歲月。他從主動辯解，到違心承認，再到自我糟踐的過程。爲了解脫過關，不得不一步步扭曲並放棄自己的人格立場。從這一過程中，可以清晰地看到，一個人的精神是怎樣在這種語言酷刑的拷訊下，一點一點被擊垮的。面對詩人郭小川的檢討書，——一個曾經給過我們無盡激情與夢想的戰士詩人郭小川的另類文字，你會感受到重壓下良知的沉重呻吟，混沌中眞誠的無力掙扎，和思想暴力下人格被摧折時的嘎嘎作響，此時，你是否會認爲，我們的民族需要作一次文化大檢討了？」

郭小川不愧爲詩人，他的檢討書寫得詩意盎然、「大詞」重疊、無限上綱：「一個被黨和群衆懷疑、被群衆看成敵人的人，是非常痛苦的……我這樣的人是爲資本主義復辟製造輿論的罪人，是販賣資產階級的精神鴉片的販子，是反革命修正主義的吹鼓手……」

文學史研究者邢小群評論說：「有人提出，這個前所未有的偉大時代爲什麼沒有出現前所未有的大作家？通過郭小川這些違心的檢查交代，我們可以眞切地體會到，中國的文學自下而上在什麼樣的氣候和土壤之中。這些屬於檔案一類的檢查，就像一面鏡子折射著那個讓普通人扭曲，也讓作家扭曲的時代。它們會有損於個人的聲譽嗎？不！正是它們能讓我們看到在一定歷史格局中，人的心靈和人格眞實的一面。這不能不讓人反思，當時的體制，是一個能夠孕育大作家大文學的體制嗎？」

文革從來沒有離開中國。唐雲的檢討書和許瑋甯的道歉書，比郭小川文革時代的自我羞辱究竟「進步」多少呢？中共的統治術至今沒有大的改變，它不需要將每一個人都關進防守嚴密的「古拉格群島」，它只需要讓每一個社會成員都處於自我貶抑、自我約束、自我監控的狀態，不是「他人是你的地獄」，而是「你就是自己的地獄」。這樣，你就成了既不能說話也不能動、既沒有感情也沒有自尊的「木頭人」——在這個國度，只有「木頭人」才能每天裂著大嘴巴快快樂樂地生活。

台灣需要去中國化，也需要去中國人

沒有中國遊客的地方是仙境

據香港《星島日報》報導，中國衆多旅遊網站如攜程旅行社、飛豬旅行社、馬蜂窩旅遊論壇等紛紛被中國官方約談或自行整頓，下架所有關於「未與中國建交國家」如帛琉、梵蒂岡、不丹、中美洲等國家的飯店、旅行團、機票、遊記。因爲根據二〇一七年修訂的「中國公民出國旅遊管理辦法」，中國公民不能去「未經國務院旅遊行政部門公佈之外的國家旅行」。

中國官方發出通告，「馬蜂窩」被北京通信管理局、文化和旅遊局、市網信辦聯合約談，指其違法「互聯網訊息服務管理辦法」規定及違反「九不准」內容，「沒有盡到審查義務」，提出立即整改要求。整改通知書要求馬蜂窩「提高政治站位和政治敏感性」，發現有違法違規的內容必須立即停止傳輸。

或許，中國認爲通過這種手段就可以對那些「未建交國」（大部分是台灣的建交國）施加壓力，讓它們捨棄台灣、投靠中國。這是中國的又一輪銀彈攻勢。然而，我反倒爲那些中國的「未建交國」感到幸運，因爲沒有中國遊客的地方，才是可以讓人安靜欣賞美景的仙境。任何地方的人間美景，只要中國人如蝗蟲般蜂擁而至，立即就會變成音樂人何勇所說的臭氣熏天的「垃圾場」。

聞名於世的法國羅浮宮，大批中國遊客在館外噴泉水池中大剌剌地泡腳，大概法國沒有中國式「洗腳」服務，養尊處優的中國人只好在此「自助洗腳」。當有人對此提出批評時，他們振振有詞地反駁說：「泡腳的還有白人，爲什麼單單批評我們中國人，這是種族歧視！」

不僅泡腳，中國遊客還使用假門票進入羅浮宮。儘管羅浮宮門票只有十多歐元，並不貴，他們仍然要鑽漏洞省錢。據法國媒體披露，比利時海關截獲了一個來自中國的箱子，裡面有三千六百張羅浮宮假門票，巴黎警方懷疑假門票印自中國。巴黎警方在隨後的調查中，偵訊了多名中國導遊，其中兩人被懷疑參與製作和販賣假門票而被扣留。法國媒體報導說，羅浮宮因假門票氾濫而損失巨大。

中國遊客在瑞典大鬧旅社，在瑞士虐待天鵝，在肯亞購買明令禁止的野生保護動物製品，在埃及路克索神廟的浮雕上刻寫「某某到此一遊」，在香港的地鐵裡隨地大小便，在日本猛烈搖晃櫻花樹營造落英繽紛的攝影效果，在泰國的自助餐廳裡哄搶食物，在豪華郵輪上穿內褲吃正餐……諸多野蠻粗俗的舉動，讓中國遊客享有了「摳門族」、「破壞王」、「自拍狂」、「題字癖」、「搶購黨」、「土包子」、「純吃貨」、「法律盲」等「美譽」。

不是因爲文化程度低才出現這種情況，中國名校的教授也是「不文明」的先鋒。北京大學中文系教授孔慶東曾驕傲地發文說：「在茱麗葉家的三種庸俗擺拍。」這是他和一幫教授在義大利維羅納的「茱麗葉故居」前的留影，其中一張照片是他用右手掌撫摸茱麗葉雕像的右乳房。當有人批評其動作「猥瑣，噁心」時，孔慶東在微博反罵批評的網友「心理猥瑣」，自稱「所有正常人都認為光明正大」，更自辯「據說不摸要倒楣的」——一個相信無神論和唯物主義的共產黨員，為什麼突然變得如此迷信起來？

看到中共當局發布的中國遊客禁止去旅遊的國家名單，我就不用再做功課了，我將這些地方都設定為以後優先要去旅遊的目的地，去這些地方旅行至少可以耳根清淨、眼目清爽。

二〇一九年夏，中共當局害怕中國遊客到台灣感受大選的氛圍，以及看到台灣支持香港反送中運動的資訊，下令停止辦理中國人到台灣的自由行。或許這個決定對台灣的觀光業打擊甚大，但另一方面，當我第二次到野柳國家公園遊覽時，因為沒有熙熙攘攘、大呼小叫的中國遊客，終於可以安靜地欣賞美景了。沒有中國遊客的地方，真的跟仙境一樣。當然，當時誰也沒有想到，這一決定對台灣來說乃是塞翁失馬焉知非福——台灣得以將中國病毒禦之於國門之外。

沒有中國人參加的金馬獎清清爽爽

二〇一九年八月七日，中國國家電影局下達禁令，暫停中國影片和人員參加第五十六屆台灣金馬影展。這是繼中國禁止遊客到台灣自由行之後，又一項杯葛台灣的舉動。以禁錮自己的人民和電影工作者，來達到懲罰台灣的目的，真是「厲害了，你的國」。

果然，有一些台灣的媒體人和文化人聽聞此訊息，如同某些觀光業者那樣，如喪考妣，夜不成寐，甚至哀嘆說，如果沒有中國這個大國的參與，金馬獎必將風光不再。但在我看來，沒有中國的金馬獎，可以做成「自由華語世界的金馬獎」，將不自由的中國剔除之後，自由世界的人們從此不必看到那些一聽到台灣電影人表達台灣獨立的願景，就擺出一副臭臉乃至「憤而離席」的中國電影人了。

中國不參加金馬影展，對金馬獎來說是福非禍。流亡香港的中國獨立電影人黃文海在臉書上說：「偉大的波蘭流亡作家米沃什（Czeslaw Milosz）早在上世紀五〇年代出版的《被禁錮的心靈》中就指出：永遠不可能在意識形態禁錮的灰燼中找到鑽石。那些通過嚴苛、荒謬審查制度，才得以發行的龍標（中國公映的電影前面必須有一個龍標）電影，有什麼可看呢？盡是宣傳種族主義、高假大全黨文化、神鬼演義的垃圾。」

另一位在多個國際電影節榮獲獎項、流亡日本的中國獨立電影人、作家：柴春芽也在臉書上說：「美籍華裔學者黃仁宇在《萬曆十五年》中洞察明朝盛世之下必然衰敗崩塌之隱患。以敝人之所學，對於中國歷史之道，應有一二之感知。觀目前情景，義人幾乎根絕，邪惡毒陽凌空，風聲日日鶴唳，愚傲獨步天下，民至賤而君至暴，友豺狼之邦而敵正義之國。此乃邦崩做死之勢。歷史之反復，吾輩定能親睹。」

既然中共當局杯葛金馬獎，金馬獎執委會應當主動邀請那些爲了自由而流亡的中國獨立電影人前來參展，唯有自由人之間才能有眞正的交流並碰撞出精神火花。自由人跟奴隸是無法交流的，奴隸或奴才不可能創作出一流的藝術品。正緣於此，我多年不看在中國可以上映的電影了。在我的記憶中，我到電影院看的最後一部中國電影是二〇〇二年張藝謀的《英雄》，看到一半就有想嘔吐的感覺——張藝謀心中的英雄不是刺客，而是一統天下的秦始皇。在炫目的色彩和動作的背後，是一顆自願爲奴的心靈。那是明目張膽地向獨裁者秦始皇獻媚的、幫助當權者洗腦的精神鴉片。那也是張藝謀的投名狀，由此他獲得了北京奧運會總導演的丹書鐵券。

十多年之後，《英雄》的故事終於出現在中國的現實中：習近平果然以秦始皇和毛澤東爲榜樣，將中國打造成一個全民道路以目、瞠目結舌的國度，如同賈誼在《過秦論》中描述的秦帝國：「秦俗多忌諱之禁也，忠言未卒於口，而身糜沒矣。故使天下之士側耳而聽，重足而立，闔口而不言。」言論的嚴格禁錮，是專制制度的重要特徵。然而，這種禁錮並不能平息民衆的不滿和怨憤，反而會激起更強烈的批判與反抗，建立在刀尖上的權力從來不可能持久，正如賈誼所指出的那樣：「秦之盛也，繁法嚴刑而天下震；及其衰也，百姓怨而海內叛矣。」今天的中國正走在分崩離析的半路上。

那些所謂的「陸生」就適合住在豬圈裡

二〇一九年六月二十六日，有網友在臉書分享了一支MV，一群穿著白衣的學生高唱歌曲「我和我的祖國」，在MV中可看到大義館、大典館等顯而易見的文化大學的校園場景。分享MV的網友還標記「『中國文化大學』祝中華人民共和國建國七十週年慶MV」。對此，文化大學校方發表聲明澄清指出，相關影音是部分來台就讀的中國學生自行拍攝製作，與校方並無關係。

影片中的這幾名白衣人，宛如哀嚎的殭屍，未老先衰，矯揉造作，色厲內荏。這段影片毫無當年中國校園民謠中「白衣飄飄的年代」的浪漫與詩意，而充斥著「白色力量」向「大紅龍」屈膝效忠的醜態和臭味。

文化大學校方表示，文大校風一向自由多元，校方尊重師生的言論及表達自由。然而，我無法認同這種軟弱無能的表態。言論自由在具體的時空中必然受到一定限制，言論自由並不包括容忍那些扼殺言論自由的極權主義意識形態肆意傳播。

近期以來，美國已遣返大量中國留學生，二〇一九年美國多所名校招收的中國學生數字爲零。美國總統川普譴責說，絕大多數中國留學生都是中國政府的特務和間諜，這絕非空穴來風。美國不再對這些偷竊美國技術、情報的特務和間諜敞開大門。日前，美國波士頓聯邦法官裁定，有證據顯示哈佛大學一名中國籍訪問學者兼癌症研究員，試圖非法走私、盜竊哈佛大學醫學中心實驗室的研究樣本到中國，法官不批准被告保釋。被告是二十九歲的鄭灶松，他是廣州中山大學一名醫科博士生，專門研究膀胱癌和腎癌。鄭灶松被捕後已被醫學中心開除，吊銷學術交流簽證，哈佛大學醫學中心表示，會配合調查。調查人員表示，鄭灶松在波士頓機場準備離境前往北京時，邊防人員發現他的行李有未申報的生物材料液體，他承認未經實驗室許可偷取樣本。調查發現，有兩名在同一研究室工作的中國人亦盜竊生物材料，偷運出美國。檢察官表示，若果確認物料是從實驗室被盜走，鄭灶松將面臨更多指控，他可能面臨十年的刑期。近期，美國加大了偵辦中國特務和間諜的案件，這是最新的一起。美國的做法，台灣可以跟上。

很多中國留學生，儘管還達不到特務和間諜的層次，但他們的言行充分顯示，他們是仇恨民主自由價值的小粉紅。這種人即便在民主自由的國度留學和生活多年，都不會改變其觀點和思維方式，他們是裝睡的人，裝睡的人是叫不醒的，他們的人性和良知永遠沉睡。對於這幾名台灣文化大學的身穿白衣的中國學生，我只能用魯迅的話送給他們：哀其不幸，怒其不爭。有的人，當奴隸當久了，即便來到自由世界，仍然不敢去掉身體和精神上的枷鎖。正如籠中小鳥，被關久了，就再也飛不動了。這群神情嚴肅的中國學生，如果只是在中國境內炮製此種「行爲藝術」，以此作爲投名狀，獲得黨國的青睞，不足爲怪，也引不起我批評的興趣——在中國，這種賣身求榮的人與事比比皆是。然而，他們到台灣來求學，不僅不願瞭解和體驗這塊民主寶地的方方面面，而且固守在中國當奴隸時的戒律與教條，賣力地爲黨國的統戰事業添磚加瓦，那就是對台灣社會的玷污和毒化，不應當被默許和放縱。

有的人，明明是人，不願住進乾淨敞亮的民居，偏偏要鑽進臭氣熏天的豬圈。此前，許多中國留學生向當選加拿大多倫多大學學生會會長的藏族女孩發出死亡威脅，我斥責這些中國留學生滾回「豬圈」去。很多中國人對我用「豬圈」形容中國感到憤怒，他們卻對毒奶粉和毒疫苗安之若素。

這些文化大學的中國學生，不是眞正的愛國者，而是北大教授錢理群所說的「精緻的利己主義者」。眞正的愛國者，怎麼會無視黨國在三十年前屠殺跟他們一樣年輕的大學生的歷史？怎麼會對數百萬被關進集中營的維吾爾人的悲慘命運無動於衷？

日本很近，強國很遠

二〇一六年南台灣發生大地震，天還沒有亮，日本首相安倍晉三就表示：「在這個困難的時刻，不管台灣需要什麼支援，日本什麼都可以提供。」而強國的皇帝習近平，不久前在召見兒臣馬英九時假惺惺地表示「我們是打斷骨頭連著筋的親人，是血濃於水的一家人」，如今卻一言不發、漠然視之。

中國的媒體趁機批評民進黨的地方官員救災不力，都是「務虛」之舉。殊不知，台南市長賴清德在不到一個小時之內，就趕到災變中心從容指揮救災；高雄市長陳菊原本赴紐西蘭度假，在墨爾本轉機時得到地震的消息立即原機返回。英法各國媒體均給予這些地方首長以高度評價。偏偏是當年四川地震之後，中共自己手腳無措、反應遲緩，連志願者的行動都比政府和軍隊快，還有什麼資格對別人比比劃劃呢？

中國紅十字會會長陳竺宣佈會向台灣提供兩百萬人民幣的緊急救災款，引來外界冷嘲熱諷。有人稱中共捐款厚此薄彼，習近平出訪列國，四處撒錢（有中國網民諷刺習爲「撒幣」，諧音爲北京罵人的土話「傻逼」），「非洲六百億，同胞二百萬，太少了」。而當年四川大地震首日，台灣就捐款五億元人民幣。究竟哪個是大國，哪個是小國？

日本和中國對台灣地震的反應，不僅官方迥異，民間也冷熱不同。日本Yahoo發起民眾小額捐款，引起網友熱烈迴響，幾個小時後金額就逼近三千萬日圓。日本民眾留言表示：「東日本大震災時受到了台灣的支援，現在是我們報恩的時候了！」、「我上個月才從台灣回來，希望你們加油，早日重建！」、「雖然只是小額的捐款，但我們一輩子都不會忘記東日本大震災受到幫助的恩情！」這種「人同此心，心同此理」的人道主義情感，遠遠超越了狹隘的種族主義意識形態。

反之，中國的網路上一片幸災樂禍、陰陽怪氣的言論。據BBC報導，即便台灣大難當頭，許多中國網友仍然念念不忘宣示大一統理念。一名網友說：「希望台獨份子能清楚的認識到不管發生什麼，大陸永遠才是台灣最堅強的後盾！」一名網友說：「不用以為我們施以援手台灣人會多領情，熱臉貼冷屁股的事少做，他們反正會去求美日幫忙的。」甚至還有一名網友說：「民進黨上台，果然如習大大所說，台灣地動山搖！」他們自己的房子被政府強制拆遷，他們自己的孩子喝毒奶粉、打毒疫苗，卻還念念不忘遠征台灣、辱罵台灣。奴隸看不得他人享有自由，其心靈之陰暗、語言之惡毒，只能用非人類來形容。

兩相對照，誰是朋友，誰是敵人，一目了然。若我是台灣人，我也會有這樣的感覺：日本很近，強國很遠。台灣人不願做強國的奴隸，而願意做日本的兄弟之邦。文明人與文明人才能建立友情，文明人與野蠻人是話不投機半句多。中國不僅是政權暴虐，而且是人民邪惡——喝狼奶長大的人，必定富於狼性。中共的黨國法西斯主義教育，締造出成千上萬冷酷、殘忍、瘋狂的愚民。所以，台灣人認定：日本是台灣的親密友邦，中國是台灣的危險敵人。

文明向野蠻沉淪只要一瞬間

二〇一九年上海台辦主任李文輝應台北市長柯文哲之邀訪問台北，在台北各處踩點，如入無人之境。李文輝在上海只是芝麻小官，到台北卻享受國賓待遇，台北市政府破格讓其享受台北市長等級的高成本維安警力，根本在拍馬屁。有民眾投訴，李文輝至國家音樂廳聽交響樂，卻遲至中場休息時才入座，影響民眾正常欣賞演出。

更讓人厭惡的是，樂團表演時，李文輝在三樓包廂恣意照相攝影，違反音樂廳之內不得攝影之規定，被音樂廳工作人員制止。諷刺的是，陪在李文輝身旁就是台北市立交響樂團團長何康國、台北市立國樂團團長鄭立彬，他們偏偏一言不發。

這兩位溫文爾雅的音樂家，為什麼不敢當面制止李文輝的粗魯言行呢？或許是因為他們不得不看柯文哲的臉色行事——樂團的經費和樂團人員的薪水都來自於台北市政府，雖然經費是市民的稅收而非柯文哲的私房錢，人們卻必須仰賴市長之好惡。喜怒無常、暴君人格的柯文哲，一旦不高興，後果就嚴重了。

柯文哲對媒體說，他跟「上國使者」不談政治，只發展私人友誼和從事文化交流。但是，共產黨的台辦主任所從事的工作，除了政治還有什麼呢？對於共產黨官員而言，音樂也是政治，是統戰的一部分。李文輝未必聽得懂西方交響樂，但他的半途出現以及在音樂廳中的一系列誇張言行，就是故意要讓台灣民眾意識到：中國不僅可以讓台灣「地動山搖」（蘇起語），還可以讓台灣「粉身碎骨」（習近平語），台灣必須乖乖聽話。柯市長就是你們的好榜樣，柯市長由墨綠變成粉紅，就能在仕途飛黃騰達。你們若是跟著柯市長走，就能有糖吃（跟著韓市長走，更能發大財）；你們若是跟著「台灣地區領導人」蔡英文走，可能就性命不保了。

文明有序地傾聽交響樂，或欣賞芭蕾舞，需要幾代人的薰陶、教育、訓練。然而，文明向野蠻沉淪，只要幾分鐘——李文輝宛如一頭闖入瓷器店中的公牛，所有的演出者和聽眾都要忍受其粗鄙的干擾。這幾分鐘是對音樂的羞辱，也是對台灣的羞辱。所以，眞該爲那位挺身而出制止他的音樂廳工作人員鼓掌，這位員工不畏權貴，忠實地履行職責，比旁邊兩位趨炎附勢的音樂家更讓人肅然起敬。

音樂並不能讓李文輝和柯文哲顯得多麼高雅和高貴，正如音樂也不能讓希特勒和納粹的暴政具有合理性。希特勒的音樂素養比李文輝和柯文哲都高，他對華格納（Richard Wagner）音樂的崇拜伴隨終身。希特勒將華格納尊爲納粹種族優劣論的「精神教父」，其音樂亦被奉爲「雅利安精神源泉」。作家約阿希姆·科勒在《華格納的希特勒》一書中指出，希特勒是「華格納的造物」，「聽歌劇《黎恩濟》時，這個來自巴伐利亞的小青年第一次意識到，自己也能成爲民衆領袖或政治家。」希特勒在維也納的流浪時代，因爲經濟拮据，經常買站票去欣賞華格納的歌劇。據他自己說，光《特里斯坦與伊索爾德》就聽過三十四遍，每聽一遍都有新的感受。他能把《紐倫堡的名歌手》第二幕的歌詞一字不差地背出來、唱出來。希特勒喜歡的第二位音樂家是貝多芬（Beethoven）。一九四二年四月二十日，希特勒五十三歲生日的慶典上，演奏的就是貝多芬的《第九交響曲》。但是，喜愛音樂並沒有讓希特勒殺人的時候有所遲疑。

與普通德國人一樣，納粹的大小官員都是音樂迷。納粹宣傳部長戈培爾和空軍司令戈林都擁有極爲豐富的唱片收藏，常常舉辦家庭音樂會。奧斯維辛集中營的司令官克拉麥也具有極高的音樂素養。他殺人如麻，其主要任務是用毒氣殺害囚犯。他還爲此做過很多實驗，他用一種極度認眞和冷靜的態度來做這件事：「門一關上，她們（指裸體女囚犯）就開始尖叫。我通過管子把一些鹽放進去，然後從一個小孔去窺視會發生什麼現象。這些女人只掙扎了一分鐘便倒在地上。」可這一點也不妨礙他是一個眞誠、熱情的音樂愛好者。他在集中營裡組織了囚犯的管弦樂隊，他經常聽奧斯維辛女子交響樂隊的演奏。聽到舒曼的夢幻曲時，他甚至動情地落淚了。

無獨有偶，希特勒的對頭、蘇聯獨裁者史達林也是一名音樂愛好者。史達林有一副好嗓音，在莫斯科郊外別墅中的派對上，酒足飯飽之後，他常常引吭高歌，並且命令身邊的寵臣們翩翩起舞。他會唱俄羅斯的民謠、古典音樂，甚至也唱在蘇聯境內被明令禁止的聖詠——大概是他青年時代在神學院裡面學會的。

英國電影《史達林死了沒？》是蘇聯解體之後俄羅斯文化部禁止上演的第一部西方電影。在這部電影中，關於《史達林死了沒？》的緣由是：一位家人受到迫害的女鋼琴家，在給史達林索要的音樂會唱片中，夾雜了一個詛咒的小紙條：「約瑟夫．史達林，你背叛了我們國家，摧毀了我們的國民，我祈求你的終結之日，祈禱上帝能原諒你，暴君。」史達林看到紙條後哈哈大笑，竟至於誘發心腦血管疾病，倒在地板上，躺在自己的屎尿中。獨裁者作繭自縛，史達林死於史達林式的制度和禁令：整整十個小時過去了，政治局委員們幾經討論，醫生才獲准進入其臥室——當時整個莫斯科已經找不到什麼像樣的醫生了，如貝利亞（LaVRentiy Beria）所說，「一半被我們殺了，一半送去了古拉格」。

蘇聯曾有一個流傳甚廣的說法：史達林從不殺音樂家。但這個傳聞被作曲家蕭士塔高維奇（Dmitri Shostakovich）一再否認，並舉出很多音樂家消失於大清洗的例子，他本人也多次險遭不測，違心地爲史達林創作頌詞才倖免於難。不過，總體而言，在最暴虐的史達林時代，音樂家的命運比其他人稍好一點。

儘管《史達林死了沒？》是一部黑色喜劇，影片剛開始時那個女鋼琴家的故事，在歷史上是眞人眞事。主人公鋼琴家尤季娜（Yudina）是一位奇女子，虔誠信教，一年四季都穿著一身修女式黑衣裙，她桀驁不馴，常常公開批評黨的政策。

晚年的史達林一手遮天，身邊寵臣雲集，卻過著異常孤獨的生活，妻子早就自殺了，兒女與之非常疏遠。有一天晚上，史達林在收音機裡聽到尤季娜演奏的《莫札特第二十三鋼琴協奏曲》，隨即給電台領導打電話索要尤季娜演奏莫札特的唱片。音樂是現場實況播放，沒有唱片，但誰也不敢對史達林說「沒有」，人們只好連夜召集尤季娜和管弦樂隊現錄一張。除了尤季娜，大家都是哆嗦著錄完的。

不久後，尤季娜收到史達林授意獎勵給她的兩萬盧布。她不僅沒有受寵若驚、感激涕零，反倒給史達林寫了一封大不敬的信件：

謝謝你的幫助，約瑟夫．維薩里昂諾維奇，我將日夜爲你祈禱，求主原諒你在人民和國家面前犯下的大罪，主是仁慈的，他一定會原諒你。我把錢給了我參加的教會。

據當年史達林身邊的人描述，史達林看完尤季娜的信之後，面無表情地沉默良久，然後對等待他下達抓捕令的手下說：「我原諒她……」

蕭士塔高維奇在其回憶錄《見證》中說，他不相信史達林眞的喜歡音樂，他連殺人如麻、亦被史達林所殺的蘇軍元帥圖哈切夫斯基（Tukhachevsky）喜歡音樂都覺得不可思議。在其眼中，音樂有是非善惡，「劊子手」不配喜歡音樂。然而在電影《戰地琴人》中，邪惡的納粹軍官因爲熱愛音樂救了鋼琴師一命，音樂激起邪惡者內心深處良善的一面。音樂面前，衆生平等，既撫慰無辜者的靈魂，同樣也撫慰有罪的靈魂。

當警衛發現史達林倒閉在自己房間中時，唱機裡依然播放著尤季娜演奏的莫札特協奏曲。在這個讓人談虎色變的獨裁者彌留的最後時刻，音樂給了他世人及家人都不能給予的最後慰藉。或許，這也是尤季娜鬥膽給史達林寫那封信的原因，是音樂給了她勇氣和智慧，是音樂讓她在獨裁者面前挺起腰桿、說出眞話。她的那封信大概是那個年代史達林讀到的唯一的眞話。

那麼，兩位名聲遐邇的台灣音樂家，爲什麼不能禮貌地勸阻拿出手機來拍照的不禮貌的客人呢？他們不是生活在朝不保夕、只能沉默是金的納粹德國、蘇俄或中國，他們享有絕對的言論自由，文明人不必對野蠻人低三下四。希特勒可以讓音樂家消失在集中營，史達林可以讓音樂家消

自願為奴的人有多麼幸福？

陳德銘與陳光誠

兩個姓陳的中國人訪問台灣，台灣政府的禮遇方式迥然不同。

一個名叫陳光誠，是在美國幫助下逃離中國的盲人人權活動家。陳光誠在美國和歐洲備受尊重，並獲得諸多重要國際人權獎項。然而，陳光誠二〇一三年訪問台灣的計畫，卻幾經坎坷方得以成行，馬政府設置重重障礙——因爲陳光誠訪問台灣，最不高興的是北京政府，而馬政府是要看北京的臉色行事的。

陳光誠抵達台灣之後，馬英九拒絕與之會面，陳光誠在立法院演講時，立法院長王金平亦藉故迴避。最戲劇性的一幕是，當陳光誠參觀景美人權園區時，人權園區的主管部門是文化部，而文化部長龍應台不曾「現身說法」，此前其著作中倡導的民主自由理念，頓成笑柄。

執政的國民黨，沒有一個重要人物出面會見陳光誠；反之，倒是民進黨對陳光誠頗爲友善。前副總統呂秀蓮親自陪同陳光誠參觀景美人權園區，民進黨時任主席蘇貞昌在中央黨部與陳光誠會談。陳光誠南下台南和高雄時，作爲地方首長的賴清德和陳菊也都會見了陳光誠。

時間相差不久，訪問台灣的另一個陳姓人士爲陳德銘。此君官居中共海協會會長，其二〇一五年在台灣的八天行程，高官顯貴，冠蓋雲集，媒體追捧，儼然若太上皇蒞臨。前往抗議的學生，卻遭到警察封喉暴力。還有一大群穿得活像葬儀社人員的便衣，窮凶極惡之態勢宛如中國公安，社運人士不禁追問說：「萬一動手打人，連名牌臂號都沒有，很難追究，這樣合法嗎？」幾年前有陳雲林，如今有陳德銘，居然讓台灣一下子倒退回白色恐怖時代。

其實，陳德銘算不上是「上國欽差」，他不過是一個失去影響力的落魄官員。在二〇一二年的中共十八大上，時任商務部長的陳德銘意外落選中央委員，標誌著其仕途的終結。此事成爲十八大爆出的一大冷門，美國印第安那大學中國政治商務研究中心主任斯科特．甘迺迪（Scott Kennedy）認爲，陳德銘與中央委員失之交臂令人不解，背後起作用的可能是政治原因。

陳德銘在中央委員的差額選舉中被選下，也許是因爲他受到前任商務部長薄熙來的影響，也許是因爲他是鐵桿江派，江派式微，他只好讓出商務部的肥缺。十八大上，他早已知曉將到清水衙門海協會任職，在記者會上，要求台灣對中國提供最惠國待遇，還批評台灣基礎設施老舊，儼然以「台灣通」自居。實際上，他不過是在十幾年前，在蘇州市長任上到訪過台灣一次。

對兩位陳姓來客的不同態度，折射出馬英九政府對中國的卑躬屈膝態度。聖經中說：「義人的路好像黎明的光，越照越明，直到日午。惡人的道好像幽暗，自己不知因什麼跌倒。」陳光誠是義人，陳德銘是惡人。陳光誠預示著未來的自由與公義的中國，而陳德銘不過是衰敗而暴虐的當下中國的剪影。台灣的政商各界人士，忽視陳光誠這樣在強權殘酷打壓之下仍然頑強反抗的公民社會的卓越代表，而對陳德銘之流的企圖染指台灣的共產黨的貪官汙吏趨之若鶩，這不是驅香捧臭，又是什麼呢？

王丹的狗與頂新的油

王丹二〇一四年在臉書上秀了一下新養小狗的照片，新竹政府立即奉上嚴厲盤查的公文。這個政府眞是效率超高，連當年雷厲風行的納粹德國都自嘆不如了。而且，上管天上的飛鳥，下管地下的走獸，眞是無所不管的萬能政府。

王丹的一隻小狗，讓國民黨政府如臨大敵、大動干戈；頂新的黑心油，馬英九和江宜樺卻敷衍塞責、視而不見。不是因爲王丹的狗有多麼名貴，而是因爲這隻狗不幸有了王丹這個主人，王丹是一個當權者不喜歡的異議人士——共產黨的異議人士，也是國民黨的異議人士。豈不聞江院長夫人含沙射影地說，北京八九學運的學生領袖，是台灣太陽花學運的「幕後黑手」？

昔日高呼「反共抗俄」口號的國民黨，如今甘願當共產黨的小跟班，在「兩岸政商聯盟」中分得一杯殘羹冷炙，便可感到飽足。連勝文到北京與習近平握一下手，比跟馬英九握一下手更榮耀百倍，既然已受封「天龍國」之「神豬侯」，何必還要千辛萬苦地上街拜票呢？直接宣佈當選就好了。

國民黨手下有那麼多軍警憲特，要弄清楚王丹家小狗的家族身世、來龍去脈，易如反掌。如果坐實了王丹「非法養狗」的醜聞，讓那些代表進步力量的動物保護組織群起而攻之，豈不是「圍魏救趙」的孫子兵法的活學活用？說不定還可以由總統府直接下達「逐客令」，藉機將王丹趕出台灣，以此作爲給北京的「投名狀」。

偌大的政府，對小狗明察秋毫，卻對荼毒台灣民衆生命健康的黑心油視而不見，這種政府是民有、民治、民享的嗎？一個連食品安全問題都解決不了的政府，對國家安全又能負起什麼樣的責任來呢？當年，日本也發生過有毒大米的食品安全事故，當事的廠商剖腹自殺，內閣鞠躬下台，如此方能對國民有所交代。台灣人表面上熱愛日本文化，卻沒有學會日本文化中「知恥而後勇」的精髓。馬英九、江宜樺昨天還在跟資本家翩翩起舞，今天卻又扮演出一副「嫉惡如仇」狀來與之一刀兩斷。而面對民間要他們承擔責任、主動辭職的呼聲，卻充耳不聞。

全球範圍內，在食品安全問題上，問題比台灣更嚴重的國家，大概只有彼岸作爲專制國家的中國。毒奶粉、毒膠囊、地溝油，無限風光的「中國特色」，如今浩浩蕩蕩地渡海而來，台灣卻心甘情願地照單全收。那些黑心台商不僅在中國挖到金山銀山，還將中國製作黑心食品的套路全部照搬到台灣。面對政府的失職、默許乃至縱容，台灣民衆難道只能聽天由命、怨天尤人嗎？

宣稱「嫉惡如仇」的國民黨官僚，偏偏忘記了他們自己才是眞正的惡，正如楊翠對江宜樺的斥責：對你而言，反對你的學生最惡，支持國民黨的頂新不惡，是吧？而其實你才最惡，你才應該「視己如仇」，反身自省，你如果不是最虛僞的奸惡者，就是最邪惡的平庸者。

台灣人民，是時候用選票來與這群「最邪惡的平庸者」抗爭了。

「職業兒子」李勘與「職業孫子」毛新宇

將孫子作爲一種職業的，是毛新宇，因爲他的爺爺是毛澤東；將兒子作爲一種職業的，是李戡，因爲他的爸爸是李敖。倘若李戡遇到毛新宇，他們會成爲好朋友嗎？

毛新宇晉升少將，成爲中國最年輕的將軍。這是胡錦濤向毛派致意的方式之一，並以此顯示中國依然要堅持毛主義。雖然毛新宇屢次被外界質疑爲智障，但他在接受記者訪問時，倒還老老實實地承認，自己的晉升與毛家後人的特殊背景確實是分不開的。

毛新宇的職業不是軍人，而是毛澤東的孫子，而且這是他一生的職業。中國的文化是「一人得道，雞犬升天」，毛新宇竊取少將軍銜，這種行徑本質上跟太子黨熱衷的權錢交易有什麼差別呢？如果他回韶山老家取種田養豬，我佩服他；如果他勇於批判爺爺毛澤東的暴政與殺戮，我更佩服他。可惜，毛家沒有出現這樣一個反叛者。

台灣最無恥的文人李敖生前在鳳凰衛視宣揚說：「中華民族五千年的歷史上，第一位巨人毫無疑問是毛澤東。」被毛澤東殘殺的七千萬中國人的冤魂不會同意這一高論。在德國，如果有人說，在德意志一千多年歷史上，第一位巨人毫無疑問是希特勒，他一定會被關進監獄。歌頌希特勒不是言論自由的一部分，而是一種反人類和反人道的罪行。然而，在中華文化圈內，讚美毛澤東仍然很時髦，儘管毛澤東暴政時間之長、殺戮人數之多都讓希特勒望塵莫及。

在骨子裡，李敖與毛澤東一樣，都有魯迅說的「山大王氣」。李敖二度登陸中國，美其名曰是送兒子到北大念書的私人旅程，實際上是想效仿當上中國作協「名譽副主席」的陳映眞，在專制政權之下分得一點殘羹冷炙。李敖在陳文茜主持的電視節目中說：「李勘來了，北大的女生要小心了！」這個孩子會像老爸那樣荒淫無度嗎？我左看右看，實在看不出這個十八歲的、自稱沒有被台灣教育洗腦卻被父親洗腦的少年有什麼魅力，北大的女生實在不必「小心」。

陳文茜大肆吹捧李戡並貶低韓寒。其實，與天縱其才的韓寒相比，李戡只是在父親的淫威下唯唯諾諾的「翻版李敖」，他在接受《南都週刊》訪問時說：「我是李敖的兒子，做什麼韓寒第二。」除了是李敖的兒子之外，他本人有什麼值得媒體關注的價值呢？小小年紀，李戡就知道如何向權力獻媚，他說：「大陸的中國史是做得最好的，至少它保留得很完整。」一套沒有「六四」、沒有大饑荒、沒有文革的歷史教科書，如何說得上「最好」和「完整」呢？當被問及北大的學術自由狀況時，他居然說：「我學的經濟學專業，不需要什麼學術自由。」古今中外的經濟學家面對如此高論都會瞠目結舌——如果經濟學不需要學術自由，海耶克、米塞斯等傑出的經濟學家爲什麼要逃離納粹統治的奧地利呢？奧地利經濟學派蛻變成芝加哥學派，不是沒有理由的。

李戡說，他可能用不慣北大的馬桶。北大的學生公寓大都沒有坐式馬桶，只有拉繩的蹲式便坑，他肯定用不慣，除非校方看在他是李敖兒子的份上，給他特別配備一個。不過，北大有將訪民污蔑為精神病人的孫東東教授，有將北韓金正日吹捧為當世第一英雄的孔慶東教授，作為李敖的兒子的李戡，在北大得到這群大師的指導，也許眞能「名師出高徒」，在北大薰陶幾年之後可能會變得比父親大人「更黃更暴力」。

王如玄的中國人民大學博士學位

政治人物為什麼都要有博士學位呢？美國的歷屆總統中，似乎只有一戰期間倡導民族自決的威爾遜（Woodrow Wilson）擁有博士學位。然而，在學歷至上的亞洲國家，由於儒家文化的影響，博士學歷成了政治人物頭上的加持光圈。

彼岸的中共領導人習近平，實際教育程度只有初中水準，卻要自我加冕為清華大學法學博士。習近平的假博士帽，早有旅居挪威的香港學者鍾祖康著有專書解密。而近期爆出諸多香港親北京的議員也都是假博士，就像錢鍾書《圍城》的主人公方鴻漸那樣，博士頭銜來自於子虛烏有的「克萊登大學」。

相比之下，二〇一六競選總統的國民黨主席朱立倫挑選的搭檔王如玄則是如假包換的眞博士，只不過授予其博士頭銜的不是馬英九、朱立倫曾就讀的英美名校，而是中國的人民大學。

中國人民大學號稱中共「第二黨校」，其前身是華北聯合大學。中共建政之後，於一九五〇年改名爲中國人民大學，逐漸發展成綜合性大學。台灣民主運動的前輩史明歐吉桑於四〇年代初曾在華北聯合大學受訓，其回憶錄中寫道：「在聯合大學時，那時候要我們寫自傳，寫完自傳，下午接下來的時間，就是由老幹部所擔任的班長帶領大家一起討論、檢討或開會，氣氛是有點嚴肅、壓迫的，和普通大學的情況完全不一樣。」史明由此觀察到中共原來是鐵籠般的極權政權，故而決心脫離其控制。

當然，今天的中國人民大學跟當年史明受訓的華北聯合大學已大不相同，就好像不能用兩蔣時代的政治大學來衡量今天的政治大學。上世紀八〇年代，人民大學一度充滿自由化風氣，人大學生積極參與八九學運。此後，人大畢業生中不乏具有反抗精神的異議人士，比如兩度入獄、幾乎將牢底坐穿的劉賢斌。

但是，近年來人大重新成爲一所相當保守的學校，其人文社會學科謹守官方意識形態的畛域。因此，王丹對王如玄的博士學位的置疑不無道理：一個生活在自由台灣的聰明人，爲何偏偏到蔑視法治的國家攻讀法學博士？

無獨有偶，現時中國的第三號人物、人大委員長張德江是北韓的金日成大學經濟系畢業的。張德江在北韓能學到什麼經濟學呢？餓殍遍野的北韓沒有經濟學，卻有密不透風的政治控制術。張德江此前處理太石村事件、南方都市報事件以及溫州高鐵翻車事件時，無所不用其極地壓迫新聞自由、炮製謊言甚至動用武力鎮壓，就是從北韓取來的「眞經」。

那麼，中國人民大學的法學博士王如玄，是否打算將在中國學到的「雙規」、防火墻、抓捕維權律師、鎭壓勞工運動這一套用到台灣？可憐的台灣人，如同歐威爾《動物莊園》中的動物們，從窗外看進去，裡面的主人，乍看是國民黨，再看卻成了共產黨。

毛澤東殺麻雀，柯文哲吃鴿子

二〇一九年六月十九日，台北市長柯文哲主持中山區里長座談。江寧里里長徐信洲反應榮星花園經常有民衆擅自餵鴿子的情況，造成鴿子糞便污染環境，也讓人擔憂會帶來傳染病。

柯文哲聽聞後，先是開玩笑說，把鴿子抓來吃，就不會出現這種情形，後來又提議，可以舉辦「打鴿子大賽」。

眞不愧爲從小過慣苦日子的中國人，柯文哲一聽到鴿子這個名詞，條件反射式的回答就是「吃」——鴿子是可以吃的，即便鴿子身上可能有傳染疾病，也照吃不誤，這時候醫生的常識也不見了。在歐美國家，屢屢有中國新移民和遊客擅自捕殺並烹煮野鴨、松鼠和鹿等動物，被警察提告，也被當地民衆目爲「野蠻人」。學富五車且智商爆表的柯醫師兼柯市長，若到西方國家訪問，也會是一名無所不吃的野蠻人嗎？

柯文哲說過，他常常以毛澤東爲師，從他發出的大啖鴿子的號召就可以看出，「以毛爲師」

不是隨便說說，而是身體力行。

一九五五年十二月，毛澤東在《徵詢對農業十七條的意見》一文中指示：「除四害，即在七年內基本上消滅老鼠（及其他害獸），麻雀（及其他害鳥，但烏鴉是否宜於消滅，尙待研究）、蒼蠅、蚊子。」過了一個月，這十七條擴充成四十條，即一九五六年一月中共中央提出的《一九五六年到一九六七年全國農業發展綱要（草案）》，其中第二十七條是：「除四害。從一九五六年開始，分別在五年、七年或者十二年內，在一切可能的地方，基本上消滅老鼠、麻雀、蒼蠅、蚊子。」一九五七年九月、十月間，中共中央召開八屆三中全會，毛澤東在會上發布命令：「消滅老鼠、麻雀、蒼蠅、蚊子這四樣東西，我是很注意的。只有十年了，可不可以就在今年準備一下，動員一下，明年春季就來搞？……中國要變成四無國：一無老鼠，二無麻雀，三無蒼蠅，四無蚊子。」這次全會基本通過《全國農業發展綱要（修正草案）》，第二十七條後面增加了「打麻雀是爲了保護莊稼，在城市裡和林區的麻雀，可以不要消滅」。一九五八年，中共中央、國務院發出《關於除四害講衛生的指示》。《指示》提出要在十年或更短一些的時間內，完成消滅老鼠、麻雀、蒼蠅、蚊子的任務。指示發出後，全國掀起「除四害」運動，不斷宣傳「排山倒海除四害，造福子孫萬萬代。」

圍剿聚殲麻雀運動首先從四川省開始，短短數日之內，全省滅雀一千五百萬隻，毀雀巢八萬個，掏雀蛋三十五萬個。隨後天津、哈爾濱、杭州、長春、鎭江和北京等城市紛紛效法，這些城市在一月內共滅雀一千六百萬隻。截至一九五八年十一月上旬，全國各地不完全的統計共捕殺麻雀十九億六千萬隻。

中國全國各地全民動員圍剿麻雀時，新聞媒體做了大量報導。《人民日報》認爲，這是人類向自然開戰，征服自然的歷史性偉大鬥爭的一個重要組成部分。文藝工作者奉命謳歌「這場人類征服自然的歷史性偉大鬥爭」。時任中國文聯主席、中國科學院院長郭沫若作《咒麻雀》詩一首，刊於《北京晚報》，詩曰：「麻雀麻雀氣太嬌，雖有翅膀飛不高。你眞是個混蛋鳥，五氣俱全到處跳。犯下罪惡幾千年，今天和你總清算。毒打轟掏齊進攻，最後方使烈火烘。連同武器齊燒空，四害俱無天下同。」御用詩人無恥到了此種地步，也堪稱天下奇觀——如今，柯文哲緊跟郭沫若，他會用政府補助的方式，讓《中國時報》刊登他的全民吃鴿子的偉大指示嗎？

然而，因爲全民捕殺麻雀，導致生態失衡，給農業帶來更大危害。就在中國展開滅絕麻雀等「四害」活動的同時，農業大量減產，饑荒蔓延全國。一九五九年十一月二十七日，中科院黨組書記張勁夫就麻雀問題寫了一份報告，報告中說：「科學家一般都認爲，由於地點、時間的不同，麻雀的益處和害處也不同；有些生物學家傾向於提消滅雀害，而不是消滅麻雀。」鑒於捕殺麻雀得不償失，毛澤東兩天後作出批示：「張勁夫的報告印發各同志。」次年三月，毛澤東爲中共中央起草關於衛生工作的指示，正式廢止了消滅麻雀的群衆運動：「麻雀不要打了，代之以臭蟲，口號是『除掉老鼠、臭蟲、蒼蠅、蚊蟲』。」當然，剛愎自用的毛澤東無需向民衆解釋和道歉，昨天捕殺麻雀，今天放過麻雀，翻雲覆雨，都是他一個人下達命令，屬下只能忠實執行，人民只能乖乖照辦。

古有毛澤東殺麻雀，今有柯文哲吃鴿子。幸運的是，民主化三十年的台灣，不是毛澤東一人專制的中國，台北市民不會像僵屍一樣隨著柯文哲的命令翩翩起舞。柯文哲不必當小小的台北市長，乃至有出馬競選台灣總統的野心，不妨去中國投誠，若是被習近平任命為北京市長，一定可以作出了更大的成就——在北京掀起轟轟烈烈的吃鴿子運動，更可繼續驅逐「低端人口」，打造人臉識別系統，成為北京城的「老大哥」。

郝柏村不值得紀念

國民黨軍頭郝柏村死了，蔡英文聲稱「感念郝柏村在八二三砲戰中守護國土有功，足堪後世感念」，高雄市長韓國瑜更用煽情的語言高度評價說：「論武，曾以生命捍護中華民國。談文，曾以德政造福台灣社稷。在這個是非功過都難以明辨的今天，誠摯緬懷郝前院長的儒將風采，以及那碧血丹心、親愛精誠的壯闊百年。」（所謂「壯闊百年」，難道不正是國民黨坑蒙拐騙且節節敗退、喪權辱國的百年嗎？）

台灣眞是一個奇妙的地方，反對台灣獨立、反對民主化的軍頭郝柏村死掉了，除了國民黨自己人之外，還有很多貌似民主派、自由派和獨派的名人深表哀悼，這難道不是另一種斯德哥爾摩症候群嗎？

此前，我興致勃勃地看完了台灣有史以來最優秀的一部政治劇《國際橋牌社》，覺得該劇唯一的缺陷就是以郝軍頭爲原型的劇中人，楚院長被塑造得過於正面。這一次台灣社會對郝氏之死的反應，再度顯示台灣轉型正義之缺乏、是非善惡判斷之混淆、國民黨用儒家文化和現代威權主義對民衆洗腦之成功（雖然遠遠比不上共產黨）。人們提出應當紀念郝柏村的種種理由——一生反共、抗日英雄、死者爲大、總統高度等。但在我看來，這四大理由一個都不成立。爲了郝柏村之死，恐怕我不得不跟某些溫順到了鄉愿地步的人士割席了。

就一生反共而言，國民黨在中國的潰敗，當年作爲低級軍官的郝柏村當然不必承擔重要職責。郝柏村大半生反共，不是因爲中共如何獨裁專制，而是因爲中共奪取了國民黨的天下。而他晚年看到反攻大陸無望，已然放棄反共原則，跑到匪區參訪，接受共匪高規格款待，還應邀上央視侃侃而談，高唱中共國歌。《義勇軍進行曲》固然是抗戰歌曲，但它早已淪爲中共國歌，當過中華民國總參謀長、國防部長、行政院長等要職的郝柏村，難道連這一點政治敏感性都不具備嗎？他自稱一生忠於蔣介石，但若蔣介石地下有知，知道自己的侍衛長在共產黨面前卑躬屈膝，一定會下令將其執行「唯一死刑」。在反共這一點上，郝柏村還不如兩蔣。

就抗日英雄而言，在抗戰的戰場上，郝柏村只是基層軍官，雖然負過傷，但並無特別表現。如果他眞的信奉民族主義意識形態，眞正在乎抗戰榮譽和「民族大義」，到台灣之後，他怎麼會乖乖接受昔日戰場上的死敵、「白團」的日本將領的培訓呢？接受日本將領的培訓，然後中國人之間彼此血腥廝殺，這又是哪門子的民族主義？蔣介石之所以聘任白團來台、善待殘害中國軍民的日軍駐華最高將領岡村寧次，還不是爲了保住自己的權位，反襯出其抗日的原因乃是維持「家天下」，而不是「天下爲公」。更何況，即便是中國的抗日英雄，對戰爭期間作爲日本國土一部分的台灣、作爲日本國民的台灣人而言，即便不是面對面的敵人，至少也不是「保家衛國」的英雄。

就死者爲大而言，這是我最厭惡的儒家醬缸文化。獨裁者就是獨裁者，活著的時候是獨裁者，死了之後也是獨裁者，獨裁者不配得到一丁點尊敬。無論是生是死，任何政治人物和公共人物，都必須接受同樣標準的衡量，由史家秉筆直書，爲什麼對死者就要弄出一套新的標準呢？在西方民主社會，不會因爲希特勒自殺了，就將他的罪行一筆勾銷。在西班牙，獨裁者佛朗哥（Francisco Franco）在死去四十四年後的二〇一九年十月二十四日，西班牙政府將其遺骸遷出宏偉的國家陵墓「烈士谷」，由直升機載往馬德里保多宮附近，改葬於較沒有爭議和低調的墓園。這是遵循正義的原則，而不是死者爲大這種似是而非的儒家式僞善。

就總統高度而言，有人說蔡英文的聲明體現了彌合藍綠對立的「總統高度」。抱歉，我實在無法理解這樣的高度。正如有臉書朋友評論的那樣，總統的高度在於自由民主人權的普世價值，不在媚俗！確實，身爲總統，不必刻意去討好某一部分思想觀念已滯後於時代的國民，總統應當展示的是價值的高度，而不是遇到爭議事件就只能說些場面話、顯示自己很有「禮貌」。更何況，你眞的以爲說幾句討好郝柏村的話，就能讓那些韓粉「棄暗投明」嗎？策略不能壓倒眞理，眞理永遠高於策略，你不能一方面口口聲聲說推動轉型正義，另一方面卻對轉型正義的對象、戕害民主的打手、白色恐怖政策的實施者之一予以禮讚。

郝柏村的一生是反民主、反人權、反自由的一生，他的名言是「當年沒有戒嚴哪有今天的自由民主」。據說他最後的遺言是：「這輩子有三件事，我要一直做下去，就是守護中華民國，發揚黃埔精神，反對台獨！」這三點是自相矛盾的：第一，中華民國的顛覆者不正是對岸的共產黨嗎？守護中華民國，不就要反共嗎？郝柏村難道不知道今天的國民黨早已淪爲中共的隨附組織？他的兒子沒有告訴他眞相嗎？不反共，國民黨確實就不必存在了。第二，黃埔軍校是俄國人幫助建立的、顚覆正統的中華民國的軍事速成班，對中華民國而言，是叛亂者的軍校。對國民黨而言，也是叛徒的學校——我統計過，黃埔畢業生中投靠共產黨的比忠於蔣校長的多得多，哪有什麼「親愛精誠團結、奮鬥肯犧牲」的黃埔精神？第三，既然郝柏村不承認自己是台灣人，他有什麼資格反對台獨呢？台獨是台灣人的住民自決權的一部分，也是台灣人天賦的言論自由和權利，跟自我認定爲中國人的郝柏村有何關係？

這樣的軍頭不值得台灣人紀念，也不值得任何一個信奉自由民主人權的普世價值的人敬重。

請不要爲屠殺尋找理由

二〇一五年《查理週刊》屠殺事件發生後，我突然發現《反抗的畫筆》一書所介紹的幾位諷刺漫畫家都在遇難者名單中，難怪該書的中文版編輯驚呼：「這絕對是政漫界的九一一！」這本書介紹了九十位當今最活躍的政治諷刺漫畫家，他們用個人獨到的方式挑戰專制獨裁的勢力，展示了人類捍衛自由的決心和勇氣。法國國王路易-菲利普一世（Louis Philippe I）曾說：「圖畫比文字更具顛覆性。」所以，伊斯蘭恐怖份子企圖用槍來征服筆，製造了這起震驚世界的大屠殺。

然而，在華文世界的媒體和臉書上，我卻看到太多關於這一事件的顛倒黑白的言論。在中國，爲屠殺叫好的，是一些被共產黨洗腦的民族主義者和國家主義者。他們認爲法國在北京奧運期間縱容流亡藏人衝擊奧運聖火傳遞，讓中國在國際上丟臉；這一次，法國遭到伊斯蘭世界的攻擊，算是伊斯蘭世界幫助中國報仇了。

而在台灣，爲恐怖主義辯護的，卻是一些自以爲是、貌似超然、「政治正確」的左派知識份子。人一藍，腦就殘；人一左，腦也殘。爲了顯示其「公正」與「深刻」，以及「反對西方霸權」和「站在弱者一邊」的姿態，爲殺人如麻的恐怖份子尋找理由，居然成爲一種竟相標榜的時尚，從名教授李家同、媒體名嘴到清大學生，那麼多人不去譴責恐怖份子的血腥殺戮，反倒去譴責遇難的漫畫家不知輕重、冒犯伊斯蘭教、煽動「種族歧視」。

他們卻不知道，被害者之一的沙博尼曾捍衛穆斯林的言論自由：法國總理冉-馬克·艾侯（Jean-Marc Ayrault）稱政府打算阻止穆斯林發起的一系列抗議活動時，沙博尼耶就明確表示反對。「爲什麼要禁止這些人表達自己的觀點，」沙博尼耶當時說，「我們有權表達我們的觀點，他們也有權表達他們的觀點。」

由此可見，這不是一場文明的衝突，乃是文明與不文明的衝突、文明與野蠻、專制的衝突，以及言論自由與言論不自由的衝突。

屠殺就是屠殺，沒有任何說辭可以爲屠殺辯護。有意無意地抹煞被害者和加害者界限的論述，是可怕的第二次傷害。

僞善的評論者說，你們要尊重伊斯蘭教，不要輕易去冒犯他人。但我反問的是：爲什麼漫畫家和作家不能嘲諷伊斯蘭教和穆罕默德呢？爲什麼文明世界不能對伊斯蘭極端份子的暴虐和殘忍行徑提出批評並奮起反抗呢？他們剝奪女性的教育權、實行一夫多妻、運用私刑處死「淫亂」的婦女和同性戀者，難道也要給予尊重嗎？如果不尊重他們，就要被殺死嗎？那麼，最年輕的諾貝爾和平獎得主、因堅持上學而身中數槍的巴勒斯坦少女馬拉拉（Malala Yousafzai），難道跟被害的漫畫家們一樣，是罪有應得、死有餘辜嗎？

僞善的評論者說，你們要尊重別人珍惜的價值、文明、宗教信仰和生活方式。言下之意是，你不尊重伊斯蘭教，你太傲慢，人家才來殺你，你被殺是有原因的。但在我看來，那種不能被嘲諷、不能被置疑的價值、文明、宗教信仰和生活方式，本身就是邪惡的。比如，伊斯蘭原教旨主義、納粹和共產黨，這些不懂得幽默、不懂得寬容的價值、文明、宗教信仰和生活方式，當然不值得尊重。

以我個人爲例，我是基督徒，但我對那些嘲諷、反對和醜化基督教的言論和著作常常一笑了之，最多就是寫文章來反駁和「護教」。比如《達文西密碼》的小說和電影紅極一時之際，我對這種低劣的作品僅止於搖搖頭，不會向政府部門投訴並要求禁止其出版和上映，更不會赤膊上陣、舞刀弄槍。我當然不會喜歡冒犯我的價值觀和宗教信仰的言論，但我更反對那種促使掌權者限制讓我們「厭惡」和「不安」的言論的做法，也反對那種使用武力和暴力強迫別人接受和臣服自己的價值觀和宗教信仰的做法。

保護言論自由的眞義在於，必須保護那些社會主流人士所排斥和反對的言論的自由表達。比如，在美國，作爲美國公民可以公開燒國旗，這是言論自由的一部分，也是憲法保障的基本人權。儘管大部分人感到不舒服，但不會有「愛國者」衝過來對你開槍射擊，這就是美國的偉大之處。美國最高法院審理過一起起訴焚燒國旗者的案件，霍姆斯大法官宣判當事人無罪，並在判詞中強調說：「我們應當對某種做法時刻保持警惕，那就是對那些我們深惡痛絕，甚至認爲罪該萬死的言論的不當遏制。」

言論自由是民主法治社會的重要標誌。那些企圖限制、剝奪言論自由的做法，無論打著多麼冠冕堂皇的幌子，都是不能接受的。美國最高法院布蘭代爾大法官指出：「禁錮思想、希望和想像會招致更多危險，恐懼會滋生壓迫，壓迫會引發更多仇恨，仇恨必然危及政府的穩定。保障安全的萬全之策，在於保證人們能夠自由討論各種困境及解決方案。」我們必須爲言論自由而戰，而不能迷失在種種相對主義的、似是而非的混亂價值之中，從而使得民主自由成爲沒有根基的空中樓閣。

第五卷

中國式謊言席捲全世界

譚德塞為何仇恨台灣？

二〇二〇年四月八日，世界衛生組織（WHO）秘書長譚德塞召開記者會時，突然用長達三分鐘的時間點名譴責台灣針對他的非裔和黑人身份進行人身攻擊，甚至是死亡威脅。他批台灣外交部對此視而不見，稱「我眞的受夠了」。同時，他不點名地反駁美國總統川普說：「請不要將病毒政治化。如果想被病毒利用，想見到更多的裹屍袋，那就請便。如果不想有更多的裹屍袋，就不要政治化。」他敦促將把疫情政治化的行爲予以「隔離」。

譚德塞宛如納粹集中營中的「死亡天使」

譚德塞只是受到言詞意義上的所謂「死亡威脅」就暴跳如雷（他該報警就報警吧，世衛組織總部所在地瑞士是最優質的法治國家），那麼，被他的「德政」害死的數十萬世界各國的瘟疫死難者及其傷心欲絕的家人又當如何？中國網路評論人沈公子指出，譚德塞和世衛組織有七宗罪：第一，輕信和傳播中國造假數字和疫情假相（包括「可防可控」和否認「人傳人」）；第二，漠視武漢醫生被訓誡和公民記者被失蹤的事實；第三，誤導並且批評各國禁航停飛等必要的防疫措施；第四，拖延宣佈全球疫情大流行；第五，默許中國政府惡意傳播病毒來源陰謀論；第六，忽視來自台灣的預警並迴避台灣的抗疫成功經驗；第七，與中國政府互捧，配合中共大外宣工作（包括推廣「中醫藥」）。由此可見，譚德塞的罪惡堪比納粹集中營中的「死亡天使」，他們都是醫生，都擁有博士學位，卻又都心甘情願地爲獨裁暴政服務，視人命如草芥。

這次疫情期間，譚德塞幫助中共散佈謊言，釀成滔天大禍。這不是他第一次作惡。美國《國家利益》雜誌指出，譚德塞在擔任衣索比亞衛生部長時，霍亂疫情三度爆發（二〇〇六年、二〇〇九年、二〇一一年），但他沒有誠實通報霍亂爆發的情況。衣索比亞政府施壓外國援助單位不要使用「霍亂」字眼、不要報告受到感染的人數，並堅持將疫情稱爲「急性水樣腹瀉」。當時，美國醫師組織致信譴責譚德塞說：「您的沉默應受譴責。」

然而，中國選擇代理人，不是看其專業素質如何，而是看其是否聽話。跟上一屆世衛組織秘書長、作爲香港人（香港人不承認其是香港人，而認爲其是中國人）的陳馮富珍相比，譚德塞看起來不是黃皮膚，以天朝民族主義而論，「非我族類，其心必異」；但對中共來說，「非洲兄弟」向來比本國國民更忠心耿耿，不會有反骨，他們窮怕了，有奶便是娘。所以中國無論如何也要將其支持上位。譚德塞被中國拱上世衛組織秘書長寶座後，第一個石破天驚之舉就是任命手上沾滿鮮血的辛巴威獨裁者穆加比（Robert Mugabe）爲世衛組織親善大使，他解釋是因許多非洲人仍將穆加比視爲反西方殖民的英雄。在引起強烈反彈之後，譚德塞不得不撤回任命。

這一次，譚德塞的敘事策略是將個人罪責推卸到種族歧視這個永遠「政治正確」的問題上。

說到種族歧視，台灣似乎從未像中國那樣拍出「把黑人洗白」的洗衣粉廣告——用了中國生產的洗衣粉，不必像麥可．傑克森（Michael Jackson）那樣去做改變膚色的複雜手術，瞬間就可以讓非洲黑人成爲較高級的中國人和黃種人，何樂而不爲呢？中國的「央視春晚」，找中國演員塗黑臉扮非洲大媽，歌頌中國對非洲國家的「恩德」，非要把自己女兒嫁給中國人報答不可。而她的寵物猴子，則找了一個貨眞價實的非洲演員扮演。這不是種族歧視，什麼才是種族歧視呢？譚德塞爲何對這一切視而不見呢？更有甚者，疫情蔓延期間，廣州三元里附近的非洲移民聚居區，遭到中國警方的掃蕩式清理，許多非洲移民被趕出住宅，甚至流落街頭，譚德塞爲什麼不爲他的非洲同胞仗義執言呢？

面對譚德塞的誣衊和誹謗，台灣豈能坐以待斃，台灣必須奮起反擊。台灣在採取行動之前，應當弄清楚譚德塞對台灣的仇恨從何而來？台灣如何避開居心叵測的譚德塞爲台灣設置的連鎖陷阱？錯誤的回應，只能讓自己受害更深——比如有人在社交媒體上發起募捐，籌款在《紐約時報》刊登廣告，替台灣自我辯解——我們沒有種族歧視。這樣做正中譚德塞的下懷：問題的焦點變成了種族歧視。

台灣的存在就是譚德塞的眼中釘、肉中刺

譚德塞仇恨台灣，第一個原因乃是台灣不是世衛組織成員國（中國強烈介入的結果），卻屢

屢通過其友邦提出讓台灣加入世衛組織的議案，並以醫療衛生事業不涉政治、攸關人道主義爲由，讓聽命於中國的世衛組織處於某種尷尬的地位。在這個議題上，台灣儼然就是「麻煩製造者」。譚德塞當然不會將心比心地瞭解台灣作爲「亞細亞孤兒」的歷史悲情——其祖國衣索比亞的近代史甚至比台灣還要悲慘，索比亞被義大利侵略，成爲第一個化學武器受害者，之後又被暴君海爾·塞拉西統治多年，淪爲「乞丐的國家」。

此次中國病毒禍害全球，造成的損失不亞於第三次世界大戰。而此前台灣的若干遭受中共霸淩的遭遇反倒讓台灣避開中國病毒的侵襲：第一，因爲台灣不是世衛組織成員國，未被世衛組織的錯誤指令誤導；第二，中共因台灣大選而懲罰台灣，從二〇一九年秋天暫停中國遊客到台灣自由行，等於單方面跟台灣處於「半停航」狀態；第三，台灣長期被中共打壓、恐嚇，對中國的本質的認識比其他國家更深刻，不相信中國官方的疫情通報。所以，台灣及早展開防疫工作，疫情得到有效控制，以人口比例而論，確診和死亡案例都相當低。而且，台灣以德報怨，率先將眞實和正確的資訊傳遞給世衛組織，希望引起世衛組織的重視，卻被譚德塞等世衛高層束之高閣，以至於事態一發不可收拾。這個時間表如今被翻檢出來，對已經備受爭議的譚德塞相當不利。

台灣的存在、台灣的民主自由制度、台灣防疫的成功，本身就成爲譚德塞的「眼中釘、肉中刺」。小小的台灣居然讓「子係中山狼，得志便猖狂」的、有權指揮全球的譚德塞譚顏面掃地，譚德塞對台灣恨之入骨。譚德塞與台灣的矛盾，不單單是其個人與一個身份曖昧的國家的矛盾，更是觀念秩序層面的矛盾，即作爲中華帝國天朝主義代理人之一的譚德塞與拒絕接受中華帝國天朝主義、拒絕朝貢、堅持自由和獨立價值的台灣之間的正面對決。當全球化一步步淪爲「中國化」之際——世衛組織是中國通過合縱連橫異化全球化的一個成功（對中國而言的成功）案例，台灣卻意想不到被上帝揀選成爲「去中國式的全球化」的第一塊多米諾骨牌，這是台灣的歷史使命，台灣當仁不讓，正如學者曾昭明所論，譚德塞的發言證實了：台灣作爲「中華型全球化秩序」中的「眞實的例外」，將不得不承擔起一個特殊的世界史角色和責任——對「自古以來」的「聖王專政的天下帝國」，進行徹底的「價值重估」，來反擊「聖王專政全球化」所造成的「虛構的全球例外狀態」。這就是敲掉譚德塞的飯碗，譚德塞豈能對台灣的「砸鍋」行爲無動於衷？

譚德塞以中國之好惡爲自己之好惡

譚德塞仇恨台灣，第二個原因乃是爲了討好中國。譚德塞在此次疫情中的表現，比中國人還要中國人。用美國總統川普的話來說，世衛組織主要由美國出資卻「非常以中國爲中心」，在疫情資訊方面判斷失誤，「弄砸了」。譚德塞公然用裹屍袋的說法來恐嚇全世界人民，這才是赤裸裸的死亡威脅。對此，川普毫不客氣地反駁說，把問題政治化的正是譚德塞：「我認爲當你說更多裹屍袋問題時，你本來可以更好地盡職爲人們服務，假如你們給出了正確的分析的話。可是你們以中國爲中心，說一切安好，沒有人傳人，保持邊界開放。他想讓我保持邊界開放。我沒有聽他的，關閉了邊界，在當時那是一項艱難的決定。我們不顧世界衛生組織反對而做出了決定。所以當他說政治化時，他才是政治化。這是不應該的。」

川普也指出，美國向世衛組織提供了巨額經費，中國提供的資金不成比例：五億比四千萬。如果世衛組織是一個公司，當然是由大股東說了算。那麼，爲什麼作爲總經理的譚德塞不理會大股東美國的利益，而成爲小股東中國的走卒呢？道理很簡單，美國的會費和捐款都是走明帳，是給世衛組織的，不是給譚德塞個人的。美國的對外援助都是必須向國民公佈的訊息，可以上政府網站看得一清二楚。而中國在公開的捐款之外，更有若干天文數字般的「黑金」，是給譚德塞及其兄弟夥的。這種「不足爲外人道也」的賄賂，在中國古已有之，於今爲烈。中國的僞國會——人大和政協——從來無權審議和批准共產黨和政府的外援項目和數字，這些資訊向來是「國家機密」。有學者呼籲中國制定《對外援助法》卻被消音，皇上的事情，豈容草民妄議？如果中國的外援透明化，又如何能買到譚德塞之流的忠心侍奉呢？

中國不僅買下譚德塞的身體和靈魂，還買下他的祖國衣索比亞——包括其議會大廈、鐵路、機場在內的重要建設，全都由中國的國有公司所壟斷，從原材料到勞工，全都來自中國。非洲大陸早已成爲中國的「新大陸」，中國的外援在非洲造就了一個滿足於「自我殖民」的特權階層，而未能讓底層民衆利益均沾。譚德塞就是此類獲利甚豐的「高等黑人」中的一員。譚德塞深知，世衛組織秘書長的職務不是終身制，有一天他是要下台的，而他能擁有的就是中國給的眞金白銀、如花美眷。中國在他身上的投資是捨得下血本的。所以，他怎敢不對中國的每一個指示都言聽計從，爲了討好中國而不惜讓全球陷入巨大危機之中？爲了討好中國，他更要像中國外交部發言人那樣色厲內荏地對「不服從」的台灣喊打喊殺。

將台灣當做替罪羊，轉移矛盾焦點

譚德塞仇恨台灣，第三個原因是：在千夫所指的不利境況下，他企圖以斥罵台灣來轉移矛盾焦點。世界衛生組織已然是一艘即將沉沒的鐵達尼號，作爲船長的譚德塞不是想著如何拯救船上的乘客，而是悍然下令對另一艘好心來救援的船開炮。他是愚蠢，還是過於聰明？

日前，英國下議院外交委員會發表一份報告，建議成立「二十國集團公共衛生組織」，將來自世界最發達經濟體的科學家和研究人員召集在一起，在一個開放的平台上分享準確的數據。參與這個組織將取決於透明和誠實。報告直接批評世衛處理疫情做法不當，並直指中方故意誤導世衛及其他國家的科學家。報告寫道：「瘟疫大流行不尊重國界。它們需要基於科學、證據和國際合作的回應。但是很明顯，包括世衛在內的現有區域和國際組織並未實現抗擊全球流行病所需的國際合作。」發表報告的外交委員會主席、保守黨議員圖根達特（Tom Tugendhat）在《每日郵報》發表評論文章，直指世衛重複中國的謊言，致使疫症在全球蔓延。報告還指中國「允許虛假資訊像病毒一樣迅速傳播」、「他們沒有幫助其他國家做出迅速而有力的反應，而是越來越多地操縱有關病毒的重要資訊以保護該政權的形象」。世衛組織已淪為中國的幫兇。

美國總統川普宣佈，美國凍結給世衛組織的撥款。美國國務卿蓬佩奧說，凍結可能是永久性的。美國國會也宣佈開啓對譚德賽和世衛組織的調查。白宮考慮拋棄早已敗壞得無法改革的世衛組織，另起爐灶，或以聯合國抗擊愛滋病規劃署為基礎，另外打造一個廉潔、高效、透明的跨國衛生系統。共和黨參議員、退役空軍上校格雷厄姆（Lindsey Graham）對福克斯新聞台說，除非世衛組織改換領導層，否則，作為參議院撥款委員會外交行動小組委員會的主席，他不會在下一個撥款法案中為世衛組織撥款。而參議院外交關係多邊機構小組委員會主席、共和黨議員托德·楊（Todd Young）則去函譚德塞，要求其出席美國國會聽證會，就外界的疑慮作出解釋。他在信中強調：「作為世衛組織最大的資助者，美國納稅人有權知道世衛組織對疫情反應的事實，如此一來，世界才能從錯誤當中學習。」他還批評世衛組織排除台灣的做法，並高度讚揚台灣的表現：「台灣多次試圖警告二〇一九新冠病毒具有高傳染性，但WHO則沒有接受相關告知。」

可見得道多助，失道寡助，四面楚歌的譚德塞拿台灣當做替罪羊的伎倆不僅沒有成功，反倒讓世界矚目台灣、肯定台灣、讚揚台灣。譚德塞自己，則如過街老鼠，人人喊打，他的未來將像納粹戰犯艾希曼一樣，遭到所有中國病毒受害國和受害者的追討，除非他遁入中國、入籍中國，成為中共的編外黨員，才能安享晚年。

張經義為什麼不敢說他為中國的宣傳機構工作？

台灣不是你的口罩，用完了就扔掉

自稱「史上第一位獲白宮官方和白宮記者協會雙重認證的中文媒體記者」的張經義，在白宮新聞發佈會上向總統川普發問，川普前一天經過與鳳凰衛視僞記者的唇槍舌劍之後，對華裔面孔頗爲警惕，追問其爲何方神聖？張經義答：我來自台灣。

這個回答明顯是說謊，或者故意給出誤導性答案。張經義確實是土生土長的台灣人，台灣政治大學畢業，先到沙烏地阿拉伯留學，後又到美國留學，獲紐約大學國際關係碩士。但是，川普的問題很清楚，不是問你的出生地，而是問你爲哪家媒體、哪國媒體服務。如果川普問的對像是美國本土的記者，對方的回答肯定是——我是《華盛頓郵報》記者，或我是ＦＯＸ記者等，而不會回答說——我來自紐約，或我來自加州等。這是人所共知的常識。

那麼，張經義爲何故意拋出雞同鴨講的答案呢？難道他是具有強烈的台灣意識的台灣人，要在此一國際矚目的場合說出台灣這個國名，讓國際社會注意到台灣是東亞民主的燈塔，卻又在中國的打壓下得不到國際承認，而身爲「亞細亞的孤兒」的不公境遇嗎？

「借」訊號極差的網路，到處投履歷」。如果找不到可以幫助辦美國工作簽證的僱主，就無法在美國合法居留和生存，那眞是人生的十字路口。而沒有美國身份的外國人，要進入美國主流媒體更是難於上青天。後來，張經義找到了一份在中文媒體《世界日報》的工作，但在紐約的境遇並不好，「租的木板隔間屋內，一張小床、一張桌子就佔掉房間的八成空間」。每天工作到淩晨兩、三點，半夜回到家中，「躺在不知換了多少手、中間已經嚴重凹陷的彈簧床上，耳裡聽到的，是門外鎮日川流不息的車輛的噪音，還會有火車剎車和鳴笛的刺耳聲音，甚至有飛機劃過天際的巨響」。再後來，張經義跳槽到鳳凰衛視和上海東方衛視，當上美國新聞中心主編，這才麻雀變鳳凰，工作簽證不在話下，還當選白宮外國記者團副團長，四十出頭儼然就是成功人士。

然而，張經義標榜「我熱愛新聞，就像熱愛生命一樣」，爲了工作簽證和優厚薪水，卻爲中國官方控制的宣傳機構服務——他不會不知道自己服務的「東主」，並非名副其實的新聞媒體，而是毫無新聞自由的專制政權的宣傳機構，自己因此成爲中共大外宣計畫的一部分。他在書中說，白宮記者會上少有華人記者，「我決心不能缺席，要發出我們自己的聲音。而且我認爲，我們固然熟悉美國，但美國也需要理解我們」——那麼，他所說的「我們」究竟是誰呢？顯然不是台灣，而是中國。他要讓美國瞭解一個什麼樣的中國呢？一個進化的獨裁政權，還是對西方而言口蜜腹劍的「朋友」？這些年來，他做的究竟是新聞，還是宣傳？或許，中國的此類外宣機構還是殘留了一定的新聞自由和言論自由——那就是肆無忌憚地罵美國、歪曲和醜化美國的自由。

每個人都必須為其選擇付出代價，正如香港電影《無間道》中的台詞，出來混，總是要還的。沒有人可以永遠兩邊通吃。張經義是聰明人，他的書宛如一本勵志小冊子，他在白宮面對川普的質問時畢竟可以驕傲地說出「台灣」這個地名來——今生幸而為台灣人！但是，東方衛視跟此前被美國政府宣佈為「外國代理人」的新華社等並無本質的差別——他從事新聞事業的理想難道與之毫無違和感嗎？他打這份工難道良心上沒有壓力嗎？他為作為台灣敵國的中國的宣傳機構服務，所做的必然是有損台灣國家利益的事情。他如何處理作為台灣公民的公民責任與他乞食的飯碗之間的尖銳矛盾？

隨著美中關係日漸惡化，美國下一步將大量削減中國宣傳機構在美國的人數及工作簽證，張經義的未來堪憂。如果上海東方衛視撤離美國，他會繼續去上海為之服務嗎？

張經義爭議的要害在於：中國只有黨營宣傳機構沒有媒體

張經義在白宮簡報會上公然說謊，美方發現之後，川普總統在推特上怒斥說，要將其趕出白宮記者團團隊。而台灣陸委會也祭出相關法規，要對其進行處罰。

荒謬的是，某些台灣媒體和評論人，不去關心台灣的聲譽如何被張經義破壞，卻紛紛為之辯護，將其塑造成台灣藍綠惡鬥乃至中美對決大背景下「獵巫」的犧牲品。

《風傳媒》發表台灣大學教授石之瑜的文章〈剝奪工作權，陸委會的底線在哪？〉，氣勢洶洶地指出：「陸委會踐踏的工作權是憲法保障的基本權利，所以是踐踏自由；針對個別的人恣意懲處設罰，所以是迫害人權；未公告在先，事後才尋覓、發動有關機關，不講程式，所以是背棄法治；公告內容空白授權，違背立法宗旨，所以是缺乏民主素養。」作者罔顧張經義事件的嚴重性，顛倒黑白，將爲敵國的宣傳機構服務視爲無傷大雅的「移工」，要捍衛其工作權和人權。這大概是石教授出於某種「物傷其類」的恐懼吧？若干年來，石教授站在中共立場上發表了汗牛充棟的文字，早已立此存照，白紙黑字抹不去。台大有這樣的教授，眞是台大之恥。

《美麗島電子報》刊登署名爲陳敏鳳，題爲〈政府不宜處罰張經義〉的文章。該文指出：「事涉新聞自由，我方政府眞的不宜處罰張經義。」文章認爲，張經義是眞的任職中共官營的東方衛視，但他是駐美的記者，與兩岸敏感事務涉及成分並不高，與兩岸人民關係條例立法要求國安前提的立法意旨，並不十分切合，何必要在這裡鑽牛角尖？文章又指出：「中共是沒有新聞自由的國家，美國在川普執政後，也把新聞自由與言論玩弄於手掌之中，如果台灣自許仍是新聞自由國家，就該保持自己獨立性，張經義因爲一句來自台灣，遭到兩岸網友夾殺，台灣作爲他的原生國在事證沒有更明確性之前，就不要跟著美中兩國瞎鬧，去處罰一個遠在美國當東方衛視的記者，不覺得有點無聊嗎？」其結論是：「這場疫情之戰，台灣夾在美中之間，究竟能不能獲利，眞的值得政府再深刻盤點。」這種無法自圓其說的論述，比起石教授的文章來更等而下之。首先，美國是台灣和中國爭奪最爲劇烈的外交舞台，駐美記者敏感性怎麼會不高？其次，文章將美中在「沒有新聞自由」的層面相提並論，將民主自由的美國與獨裁專制的中國並列，是刻意混淆是非，其仇美心態暴露無遺。然而，美國白宮的新聞發佈會上，十有八九的記者都來自與川普對立的左派媒體，他們的提問對川普充滿敵意，在新聞自由的美國，川普照樣耐心回答。美國主流媒體上對川普的批評鋪天蓋地，川普如何「把新聞自由與言論玩弄於手掌之中」？反之，在中國，有任何一個記者敢用質疑的口氣向習近平提問嗎？美中之間在新聞自由這一議題上根本沒有可比性。再次，作者認爲台灣「夾在美中之間」，無視美國是保護台灣的盟國、中國是威脅武力征服台灣的敵國、兩者截然不同的事實。這種扭曲事實、似是而非的言論極爲惡劣，誤導輿論，也危害台灣採取正確的外交戰略。

《報橘》刊登了署名盧亞蘭的文章〈張經義風波，其實最開心的是中國共產黨〉，這個聳人聽聞的標題，跟事實截然相反——共產黨對於這個引火燒身的事件，怎麼會開心呢？作者難道是共產黨的外交部發言人、難道是中共肚子裡的蛔蟲，知道中共開心嗎？有任何一個證據證明中共開心嗎？作者承認此一事件「對台灣政治社會帶來一場價值判斷上的爭議與挑戰」（這是這篇文章唯一一句有價值的話），但又爲張辯護說「藉中共媒體圓記者夢，說自己是台灣人就不是台灣之光了？」文章引用資深記者範琪斐在網誌上的說明，「駐白宮」是跑美國線駐外記者的一項殊榮，需要一般台灣傳媒沒有的龐大資源，才能坐上該位子——似乎張經義的做法是借力使力，不僅不能處罰，反倒要表彰。但中共眞有那麼傻嗎？中共會讓你用它的平台彰顯台灣價值？而且，張經義本人在其著作《白宮義見》中承認，白宮記者並非什麼殊榮，並不需要其供職的媒體具有龐大的資源，在川普執政後，已取消專門的記者證，任何記者都可申請去白宮採訪。該文最無知的地方是認爲：「中共黨支部的權力，在每間公司都不一樣，在一些中國國營企業，當然等同董事會，但若是間合資、甚或是外資公司，可能連日常營運的決定權都沒有。」這位作者要到政大去補一點「匪情研究」課程。對中共如此無知，也敢胡說八道，眞是「無知者無畏」——你難道不知道習近平執政以來的中國，早已變成「黨政軍民學，東西南北中，黨是領導一切的」嗎？

以上諸多爲張經義辯護的論調，最致命的錯誤是，他們完全不知道，在中共的體制下，沒有媒體，只有黨的宣傳機構。中共起家靠的是槍桿子和筆桿子兩手抓，這是毛澤東打敗蔣介石的秘訣。毛至死不放棄對軍權的掌控，其副帥林彪雖爲中共的「戰神」卻連一個連隊都不能調動。另一方面，毛也利用文宣機構發動文革，整肅劉少奇爲首的黨務和官僚集團。文革的導火線、姚文元的《評新編歷史劇海瑞罷官》由毛親自執筆逐字逐句修改，文章殺人不見血。當年，人民日報的清樣，毛常常要親自審定才能付印，可見宣傳是中共的生命線。

在江澤民和胡錦濤時代，有一部分官方媒體在一定程度上走市場化之路，在言論尺度上稍有放開，偏向自由化，如以《南方週末》爲代表的南方報系。但在胡錦濤時代末期，這些有市場化色彩的媒體遭到宣傳部嚴厲管控，幾輪清洗下來，早已萬馬齊喑、整齊劃一。到了習近平時代，中共宣傳部比納粹德國戈培爾的宣傳部還要嚴酷。二〇一六年二月十九日上午，習近平依次到訪人民日報、新華社、中央電視台三家國家級官方媒體；當天下午，習近平在人民大會堂主持召開「黨的新聞輿論工作座談會」，要求官方媒體「必須姓黨」，其所有工作「都要體現黨的意志、反映黨的主張，維護黨中央權威、維護黨的團結」。

習近平在講話中提出宣傳工作的四十八字指導方針「高舉旗幟、引領導向，圍繞中心、服務大局，團結人民、鼓舞士氣，成風化人、凝心聚力，澄清謬誤、明辨是非，聯接中外、溝通世界」。《人民日報》海外網微信帳號爲「俠客島」於同日發表解讀文章稱，習近平對新聞工作者提出的「四十八字」是「新時期全面指導新聞輿論工作的總方針」。文章指，「官方輿論場」和「民間輿論場」出現的對立，會「消解執政合法性」，「動搖黨本、國本」，因此在三年大力反腐、澄清黨風、改革佈局後，必然要「凝心聚力，團結共識」。中央電視台在同日的《新聞聯播》中播出長達近十九分鐘的相關報導，佔節目總時長的三分之二。習近平到訪之處掌聲雷鳴，各媒體工作人員高喊「總書記好」、「給總書記拜年」。新華社還打出「我們聽黨指揮」的標語；中央電視台在巨幕顯示屏上打出「央視姓黨、絕對忠誠、請您檢閱」字樣。對於習近平而言，宣傳是僅次於軍權的「第二權」，筆桿子不能由外人掌握。

張經義供職的上海東方衛視，級別比不上習近平視察的那三家中央級宣傳機構，卻也是中國第一大城市上海的大外宣視窗。而且，張經義不是一名普通記者，是其國際部中級主管，即便他不是中共秘密黨員，也是受到中共考察之後認爲值得信任的人。

張經義不是在一家普通外媒工作，如果他爲一家日本、韓國或阿拉伯國家的媒體工作，他在被川普質問時會坦然地說出供職媒體的名字；但他知道得很清楚，他供職的不是媒體，而是中國共產黨的宣傳機構，他才要用台灣身份來偷梁換柱、暗度陳倉，沒有想到弄巧成拙、臭名遠揚。

台灣政府處罰張經義，跟新聞自由、工作權、人權等議題毫無關係，是依法行事，是捍衛國家的安全、獨立、尊嚴和榮譽。

謊話國盛產謊話精，中國人作繭自縛

二〇二〇年三月十六日，北京市抗疫新聞發佈會上，北京市公安局副局長潘緒宏介紹，三月十三日，北京市報告一例從美國輸入的確診病例黎某（女，三十七歲），長期定居美國麻塞諸塞州。

三月十四日、十五日，市疾控中心和中國國際航空公司在北京市新冠肺炎疫情防控工作新聞發佈會上通報，黎某在美期間已出現發熱、咳嗽等症狀，並多次在當地就診。在美國登機時，曾服用退燒藥。登機後，未如實向乘務人員提供個人健康狀況，及丈夫、兒子等同行人員情況，給同機人員造成傳染風險。

接到相關線索後，北京警方迅速開展調查取證。經初步工作，順義公安分局以涉嫌妨害傳染病防治罪，已對黎某立案偵查。目前，黎某正在定點醫院接受治療，其丈夫、兒子接受隔離觀察。其治癒後，必將承擔相關法律責任。這是北京警方多年來做的唯一一件正確的事情。

根據北京市疾病預防控制中心副主任龐星火表示，確診病例爲黎姓女性，戶籍設於重慶，但常年居住在美國麻州，她於三月一日出現發燒等不適。《環球時報》報導指出，該黎姓女性身邊有聊天記錄流出，紀錄表示該黎姓女性在美國已被確診，但她不滿意美國的醫療手段，違反隔離要求，從美國東海岸飛到西海岸，再從洛杉磯飛回中國。

爲了逃回中國，她說了多少謊？

此前，黎女士聲稱，她回國的理由是在美國無法做核酸檢測，申請三次核酸檢測都遭到拒絕。本著對自己和他人負責的態度，才不得已返回祖國，尋求祖國的幫助。

聽上去頗爲感人，好像是浪子回頭金不換，祖國可以用這個例子嘲笑美帝的無能和表彰海外華人的忠黨愛國。但美國衛生部門的回應卻狠狠打了黎某的臉。三月二十日，麻薩諸塞州貝爾蒙衛生部門回應說：三月初有一人稱出現流感症狀，要求進行新冠病毒檢測，綜合多方線索，有理由認爲此人是黎女士。當地派救護車去接她，她突然變卦，要求救護車離開，稱自己去醫院做病毒檢測，她在波士頓醫院檢測後自行離開。檢測結果是陽性，衛生部門立即聯繫她，告知她已確診。此後，黎女士即處於失聯狀態，其供職的公司亦無法聯繫上她，衛生部門只好將居家隔離通知貼在其門上。直到近日，衛生部門才得知，黎某在確診後違反禁令，逃回中國並捏造其不獲檢測的謊言——爲了替回國尋找理由，並逃避其違法的責任，黎某公開抹黑美國衛生部門「不作爲」。

有熟悉美國航班交通的人士表示，距離黎某所在的波士頓不遠的紐約，就有飛往北京的直航，但她選擇了先從美國東海岸來到西海岸，再從洛杉磯飛回國內，顯然是爲了逃避有關部門的追查。該人士表示，考慮到美國很低的口罩配戴率，可以預想到這一路可能有不少人被其傳染。

根據中國國際航空公司的官方描述，黎某一路上謊話連篇、讓整個航班處於重大危險之中：首先，黎某對空服員謊稱目前健康無礙，沒吃過藥，但一週前有發燒史，現在身體略感乏力。她以此種說法降低自己的危險性，同時又獲得更換座位的特權。

其次，黎某上飛機後謊稱自己沒有同行者。其實，她丈夫和孩子坐在五十四排K和L座，而她自己坐在四十排B座，與同行者不坐一起的事實，如果讓空服員知道，肯定會引起懷疑。毫無疑問，她擔心把病毒傳染給丈夫和孩子，卻不怕傳染給無辜的陌生人。她愛丈夫和孩子，是人之常情；但不惜傳染陌生人，則是心如蛇蠍，她有記得「老吾老以及人之老，幼吾幼以及人之幼」的古訓嗎？

第三，飛機落地前兩小時，黎某主動向空服員坦白，她在登機前吃了退燒藥，丈夫和孩子與她同在機上，任職公司有確診者。此時，飛機尚未進入中國領空，她認爲這時坦白是最佳時機：等進入中國領空再坦白，就違反中國法律了，而之前撒謊都不在中國領土、領空上發生，任何人都拿她沒辦法。而且這時飛機已快到中國，遠離美國，不至於被送回去。其心思之縝密、拿捏之巧妙、知識之豐富、利己主義之登峰造極，實在是一個機關算盡的、「過於聰明的中國人」。

《環球時報》記者採訪到一位與之同機的旅客。該旅客與黎某一開始的座位僅僅相隔數排，他表示，在飛機於北京落地後，機上廣播說要有防疫人員上機檢查，大家等了一小時左右，就看到黎某一家先被帶下飛機。之後，其他乘客才陸續下機。這名乘客憤怒地表示，雖然客機上大家的保護措施都比較到位，不少人都戴了護目鏡和口罩，但黎某的做法「極度自私、不可原諒，希望她能受到法律的制裁」。「這一路要禍禍多少人啊」，同機乘客的一份聊天記錄中，有人這樣說道。

看啊，這個持綠卡的「成功人士」！

據悉，黎女士在美國知名科技公司百健（Biogen）擔任副總監，年薪至少在二十萬美金，也一定享受公司優良的醫療保險及其他福利，但若在美國治療，還是會有自己負擔的一部分醫療費用。因此，在此緊急時刻，她選擇回國治療，最大的原因不是愛國，而是她聽說中國爲海外歸國的提供免費治療，眞是胸有成竹、精打細算、不讓自己吃一點虧。

黎女士擁有美國綠卡，但她沒有加入美國籍。按美國移民法的有關規定，持綠卡滿五年就可申請入籍，她已在美國安居樂業、購置房產、養育孩子，或許早已符合申請入籍的條件。可以入籍而不入籍，這代表她熱愛祖國嗎？

當然不是，這種「人精」只愛自己，最多包括孩子和丈夫，她既不愛中國，也不愛美國。很多像黎女士這樣華人，只持有綠卡而不入籍美國，當然有其特殊的考慮。

第一，在美國持綠卡（永久居留身份）可以享有大部分美國公民的待遇，除了沒有選舉權和被選舉權，其他待遇都差不多。一般華人對選舉權和被選舉權並不感興趣，他們是美國秩序的「搭順風車者」，不願意爲維護列車的正常行駛出力——比如，他們的孩子可以不必登記兵役。所以，綠卡對他們來說已足夠。

第二，他們在美國生活的同時，依然保留中國國籍、護照和戶籍，享受某些中國公民的待遇（儘管這些國民待遇並不優厚，比如可以開辦銀行帳戶等）。比如，這次疫情爆發後，他們可持中國護照回國，享受傳說中的「免費醫療」（其實根本沒有）。更重要的是，他們在中國擁有房產及其他利益，這些收益他們不必向美國國稅局做出申報。

第三，他們時常在美中之間任意轉換兩種身份，看哪種情況下哪種身份對自己有利就用：面對中國時，他們用海外華人的身份狐假虎威，顯示高人一等；面對美國時，又可用少數族裔的身份要求特殊照顧。他們精心研究中美兩國的法律，鑽法律的漏洞讓個人利益最大化。

可以想像，在回中國的飛機上，黎女士一直在爲其「成功人生」沾沾自喜、洋洋自得，睡著也會笑醒。像黎女士這樣戴著「成功人士」光環的海外華人，近年來如過江之鯽。他們住豪宅，開豪車，收入遠在普通美國人之上。然而，儘管他們掌握某一項專業技術，在公司擔任高級職務，收入豐厚，外表光鮮，自己打高爾夫球，孩子會彈鋼琴，但離文明人的生活非常遙遠。

二十多年前，我在剛上北大時，突然發現身邊有不少每天都低頭背「新東方」的「紅寶書」、準備託福考試、一心出國留學的同學。他們既對中國的民主自由事業毫無興趣，也對美國的憲政共和一無所知，他們的「美國夢」就是「發大財」。發大財沒有什麼錯，但後來當我也移居美國之後，卻發現那些先我數年移居美國的同學，很多人都在微信上整天對美國吹毛求疵乃至破口大罵，同時又對中國讚不絕口、「愛」入骨髓，已然由愛國者升級為「愛國賊」了。他們每天都過著人格分裂的生活，竭力向國內親友展示在西方無限風光的一面，同時又以罵西方顯示自己還是中國人。

然而，沒有永遠免費的順風車，也沒有只消費而不盡責的秩序。你不要以為世界上只有你最聰明，別人都是傻瓜；很多時候，你才是傻瓜，那些被你嘲笑的人都比你更聰明。這一次，黎女士終於玩砸了：當美國衛生部作出公開回應後，她任職的百健（Biogen）公司立即發出聲明，稱其行為與公司價值觀不符，對其做出解僱處理。黎女士不僅丟了在美國的高薪工作，還將在中國面臨牢獄之災——因為她持中國護照，是中國公民，中國政府可以處置她。這個時候，她大概又後悔沒有加入美國籍了，否則美國政府會出面來保護她。當她承擔完在中國的法律責任之後，她還能持綠卡回到美國嗎？美國政府會對她做出取消綠卡的處罰嗎？美國是一個法治國家，我相信美國政府的下一步動作一定是依法行事。如果她被取消綠卡的資格，禁止再次入境美國，她的從小在美國長大、受教育的孩子將是這一變故的最大犧牲品。

希望說謊的中國人永遠不要再來美國

中國人爲何喜歡說謊？或者換一個提問方式，說謊爲何成爲中國人的本能？中國人在很多根本不需要說謊的時刻或場合，仍條件反射般地說謊，甚至以說謊爲樂，樂在其中，是什麼原因呢？

首先是中國的社會環境太過惡劣，中國自古以來就是「人吃人」的社會，說謊是中國社會的一種必要的生存術。經過中國共產黨七十年的獨裁暴政，尤其是文革浩劫，「說謊有理」比「革命有理」更深入人心。人們普遍不以說謊爲恥，反以說謊爲榮。比如，鄧小平向垂死的毛澤東寫信宣誓效忠「永不翻案」，但等毛澤東一死，立即發動政變抓捕毛的老婆江青。在中國，人人都稱讚鄧小平撒謊的本領高，三起三落，何其厲害！人人都仿效鄧小平的人格模式。反之，在這樣的社會，說眞話的人被當做傻瓜，大都不得好死，從林昭到劉曉波再到李文亮，誰願意效法慘死的他們呢？

其次，中國的劣質教育造成「謊言大國」的民風民情。中國人從小讀的經典，不是四書五經，更不是《大憲章》和《聯邦黨人文集》，而是權謀術、厚黑學、孫子兵法、增廣賢文，中國的孩童從小被教導說，「逢人且說三分話，不可全拋一片心」、「畫虎畫皮難畫骨，知人知面不知心」。所謂厚黑學，就是臉皮厚、心腸黑，說謊說到讓測謊儀測不出的至高水準。習近平和外交部的發言人，個個都有這樣的本領，擁有這種本領的人才有可能在「優敗劣勝」的體制內飛黃騰達。說謊術是中國官場學的關鍵部分，此次武漢肺炎疫情氾濫全球，不正是中國上上下下說謊所引發的嗎？

再次，就海外華人群體而言，很多人都是過五關斬六將，歷經千辛萬苦才逃離中國的。他們擁有足夠高的智商，大多數人都吃苦耐勞（近十多年的富二代、官二代除外），生存能力比在中國得過且過的同儕更強。此種生存能力，也包括說謊的能力，從製作或購買假學歷、假成績單、假推薦信開始，他們漫長的移民之路就被謊言充斥和包裹。他們沒有意識到，西方是一個誠信和信用社會，說謊的能力在西方不是長處，而是負分。凡走過必留下痕跡，一時說謊可以獲利，長久說謊則不可能不被繩之以法，正如林肯所說，「你可以同一時期內欺騙所有人，也可以永遠欺騙某一些人，但你無法永遠欺騙所有人」。黎女士這一次的下場就是聰明反被聰明誤。

說謊跟民族性和制度背景有關。美國心理學家保羅．艾克曼（Paul Ekman）在《說謊：揭穿商業、政治與婚姻中的騙局》一書中指出：「一個人能夠選擇不說謊卻說謊，才算是說謊者。說謊就是明知故犯地誤導別人，想讓別人接受錯誤的資訊。」他為謊言或欺騙所下的定義是：說謊是一個人存心誤導別人的有意行為，事先未透露其目的，並且對方也沒有明確要求被誤導，這是一種戈爾曼所謂的「赤裸裸的謊言」，「講述者明知自己是在說謊，而且還故意為之」。

保羅．艾克曼進而指出，說謊的主要方式有兩種：隱瞞真相與捏造事實。所謂隱瞞，說謊者只是保留某些事實不說，而未說出如何不實之事；捏造則更進一步，說謊者不僅保留眞實的一面，而且無中生有。欺騙者想要得逞，通常必須結合隱瞞與捏造。在黎女士這個案例中，她顯然是隱瞞眞相與捏造事實並用，其高智商與低人品形成巨大落差，她想保命、想省錢，是出於人趨利避害的本能，但她卻不惜將他人乃至整個美國當做墊背者。

說謊是說謊者的一種「理性」的選擇。保羅．艾克曼認爲，一般人說謊都是基於自利，而且常是以犧牲欺騙對象爲代價。爲了自利而破壞規則或違背期待，這就是我們所謂的欺騙。爲了達到欺騙的目的，有時候要說謊；爲了掩飾既有的欺騙，就更需要說謊。黎女士的說謊，機關算盡太聰明，她既誤判了中國的情勢，也誤判的美國的情勢，她以爲兩邊通吃，結果卻兩邊不是人。害人國盛產害人蟲，害人終害己；謊話國盛產謊話精，作繭終自縛。

中國大外宣的把戲快要到頭了

「低級紅」與「高級黑」

二〇一九年二月二十七日，中共中央下發了一份名爲《中共中央關於加強黨的政治建設的意見》的檔，要求黨員要以「正確」的認識、「正確」的行動做到「兩個維護」，不得搞任何形式的「低級紅」、「高級黑」，不允許對黨中央「陽奉陰違做兩面人、搞兩面派、搞僞忠誠」。

「低級紅」、「高級黑」這些網路上的流行語首次公開登上中共中央文件，十分罕見。但對於具體什麼是「低級紅」、「高級黑」，文件並未做出明確解釋。

什麼是「低級紅」？大概是那些盲目、低劣、肉麻、有可能造成反面效果的文宣。例如，有身爲政協委員的和尚指抄寫十九大報告，抄了三次還不夠，還要多抄十次。有法院女職員加班二十八日沒換衣服、沒洗頭髮，被法院宣傳成忠於職守的「女超人」。河南一對新人的新婚夜不是進洞房，而是熬夜抄黨章。在地方黨組織的關心和支持下，衣不蔽體、食不果腹的拾荒者群體成立黨支部，表明黨不忘初衷、關心窮人。

什麼是「高級黑」？大概是「明吹暗諷」，表面上對領袖赤膽忠心，實際上將領袖「放在炭火上烤」。例如，在人大召開期間，一首雲南雙柏縣縣委書記李長平作詞的網紅歌曲《習總書記的恩情永不忘》在微信等網路平台上迅速流傳，演唱者以極爲誇張的音調讚美習近平，實際起到的效果令人作嘔，結果這首歌曲被官方下令查禁。又如，中國疾控中心主任高福和曾任世界衛生組織總幹事的陳馮富珍博士先後公開發言，不顧中國疫苗頻爆醜聞、造成大量嬰孩死亡的事實，宣稱「中國疫苗世界最好」、「中國的監管制度超過世衛組織的要求」。中國網友稱之爲「高級黑大員」、「厚顏無恥！大言不慚」。

二〇一八年九月二十六日，來自美國和中國的專家齊聚華府著名智庫哈德遜研究所，就兩國間棘手的貿易問題進行辯論。一名來自中國「千人計畫」的學者對中美文化差異作了長篇獨白，並敦促美國學者更新有關中國的知識。據他說，「世界局勢已經逆轉，美國現在的行爲就像一九〇〇年中國的義和團一樣，排外並且不好溝通」。美國居然成了「義和團」——中共的教科書不是將義和團譽爲反帝英雄嗎？

會議主持人、中國問題專家白邦瑞（Michael Pillsbury）不得不打斷其談話，敦促其回到貿易戰的細節，特別是美國貿易代表辦公室報告中數百個中國涉嫌違法、偷竊的案例。談話總結時，白邦瑞無法掩飾與中國人對談的挫敗感。他說，中國專家除了「欺騙、撒謊」和「對白宮實施侮辱」以及爲貿易戰「火上澆油」之外什麼也沒做。這群專家（磚家？）究竟是「低級紅」還是「高級黑」？抑或兩者兼而有之呢？

「低級紅」與「高級黑」古已有之，於今爲烈。正所謂「上有所好，下必甚焉」，既然習近平好這一口，黨內外、海內外紛紛響應，一場「紅與黑」的大戲上演了。如果盲目清除「低級紅」與「高級黑」，必然傷及忠黨愛國的好人，黨中央當愼之又愼。

共軍的美人計碰到了鐵板

美國國防部長馬提斯（James N. Mattis）訪問中國期間，中國國防部長魏鳳和爲之舉行盛大的宴會，並出動解放軍文工團演員，獻舞又獻歌。

其中，有名的當屬軍委政治工作部歌舞團的蔡國慶和白雪。在表演過程中，白雪手持紅色橫幅，寫有「中美友誼長存」六個大字。蔡國慶在演唱《雪絨花》時，曾試圖邀請馬提斯合唱，但遭婉拒。最後，中方安排一大群戎裝美女跟馬提斯合影，力圖營造一派鶯歌燕舞的景象，宛如東莞色情場所中「制服控」的畫面。

此前，馬提斯嚴厲譴責中共企圖恢復明朝的朝貢體系，沒有想到，中共卻想施展美人計，似乎要重演漢朝的「和親」政策。中國美女很多，美女最集中的地方是軍隊文工團。當年，毛澤東召集軍隊文工團到中南海伴舞，從朝鮮戰場趕回來彙報戰情的「彭大將軍」彭德懷看不慣，冒犯天顏提意見，結果在盧山會議上被打成反黨份子，死無葬身之地。習近平知道軍隊文工團中「金屋藏嬌」，跑到那裡去找老婆，找到「國色天香、風華絕代」的彭麗媛。

那麼，作爲年輕一輩的「小彭麗媛」的白雪，要被「今上」下嫁給美帝「瘋狗」大將軍嗎？馬提斯熱愛軍隊，不近女色，單身至今，他曾說過一句名言，「我以軍隊爲妻、爲家」。這樣一位鐵漢會敗在共軍的美人計之下嗎？

安排這場香艷晚會的魏鳳和，以及在習近平與馬提斯會談時隨侍一旁的中央軍委第一副主席許其亮，都是行伍出身、未受過高等教育的農家子弟，搬弄權謀、溜鬚拍馬的本事綽綽有餘，幫助習近平清除軍中前朝餘孽得以升遷，卻從未上過戰場、打過硬仗，他們究竟有幾斤幾兩，一眼就被在戰場上身經百戰且滿腹經綸的馬提斯看穿。馬提斯不僅看穿這些跑龍套的中國將軍的斤兩，也看穿其主子習近平其實是個色厲內荏的空心包子。

馬提斯對共軍文工團的香艷表演冷眼旁觀，不置一詞，卻明確地向習近平表達了美國的嚴正立場：美國會在可能的情況下與中國合作；但也會在必要時與中國正面遭遇（We will cooperate with China where we can，but we will confront China where we must.）。

「正面遭遇」的意思就是「不惜一戰」，用中國的一句古話來說，就是「狹路相逢勇者勝」。當年，美國先後與德國、日本和蘇聯等獨裁帝國「正面遭遇」；今天，美國也不會害怕與中國「正面遭遇」。當年，美國總統羅斯福（Franklin D. Roosevelt）與英國首相丘吉爾（Winston Churchill）共同簽署的《大西洋憲章》中，對納粹德國和大日本帝國發出的警告，同樣可以使用於今天的中國：「如果那些在國境外從事或可能以侵略相威脅的國家繼續使用陸海空武器裝備，則無法維持未來的和平；所以，在一個更普遍和更持久的全面安全體系建立之前，必須解除這些國家的武裝。」

鳳凰衛視應當被登記爲「外國代理人」

在白宮記者會上，鳳凰衛視駐華盛頓記者王又又抓到機會向川普總統提問，其口吻跟中國央視或新華社等「外國代理人」機構的員工如出一轍，也與中國外交部發言人的「中式英語」和「黨化思維」不分軒輊。王記者喋喋不休地說，阿里巴巴及華爲等中國企業向美國捐贈大量醫療用品，中國駐美大使崔天凱在報章撰文呼籲美中在防疫上合作，川普是否會在防疫上直接與中國合作？

中共大外宣，如同齊天大聖七十二變，亦如同美國電影中的變形金剛，無孔不入，讓人防不勝防。前英國殖民地香港被中共控制之後，成爲中共發展大外宣的重鎮。比如，總部設在香港的鳳凰衛視，明明是一家解放軍背景的宣傳機構，卻以香港媒體的形象出現在世界面前，讓西方人誤以爲它是一家自由世界的獨立媒體。

這種提問，簡直是自曝其醜，哪壺不開提哪壺。川普聽完後，笑說這比較像是一個聲明而非一個問題。川普說，美中不久前才簽署貿易協議，中國答應向美國採購大量農產品等，期望中國會實踐承諾——他根本不提所謂防疫合作的事情，美國怎麼會跟中國合作防疫呢？這不是找鬼拿藥方嗎？美國下一步的動作將是調查中國病毒的眞相、向中國提出索賠。

但王又又無視川普的回應，繼續追問兩國在防疫上合作的可能性——這不是找打，而是找死。中國大外宣能利用的就是這種「二百五」的「妄人」（或柏楊所說的「猛人」），如同中國「兩會」上把提問當做諂媚的「紅衣女郎」（所謂「全美電視台」記者張慧君）和「朗誦式發言」的五十七歲的「台灣女孩」（台灣出生、代表香港的全國政協委員凌友詩），王又又跟那兩位前輩是「三人行，必有我師」，當然她不會是最後一個巾幗英雄。

對於敵人送來的炮彈，火眼金睛、心如明鏡的川普豈能浪費？川普反問說，你替誰工作？中國嗎？王回應稱，我爲香港媒體工作。川普再問，你是什麼媒體？王回答，我是香港鳳凰衛視記者。川普繼續窮追猛打，它屬於國家嗎？王答，我們總部設在香港。川普又問，你們的主人是中國嗎？（你們是中國的黨營媒體嗎？）王回答，我們是私人公司。

對於王記者三次否認與中國的關係，有網友嘲笑說，這簡直可以跟聖經中彼得三次不認主的典故相提並論。而且，王記者居然敢於在白宮記者會上，在全世界觀眾面前，將香港與中國區隔開來，這不是赤裸裸地搞港獨嗎？這不是觸犯中國的《反分裂法》嗎？看來，王記者深知中國在國際上已惡名昭彰，她要靠作爲英國前殖民地的香港來爲自己及其東家塗脂抹粉。

那麼，鳳凰衛視究竟是不是一間香港的私人公司？究竟跟自由世界的媒體有什麼差別？有曾經在鳳凰衛視工作的網友披露，鳳凰衛視直接受中共宣傳部管轄，每當有重大事件發生，鳳凰衛視都會收到中宣部發來的指導如何報導的命令。多年前，鳳凰衛視聘用中國自由派知識份子、評論人馬立誠主持一個新聞節目，馬立誠有被《人民日報》開除的前科。中宣部知道之後，立即下令終止合約。結果，馬立誠到香港只有短短數日，就被迫收工，返回北京。

更有細心人士翻查鳳凰衛視二〇一九年業績通告發現：鳳凰衛視的總部設在香港，但二〇一九年收入三十六點九億元，約百分之九十三都來自中國客戶；香港僅佔鳳凰衛視收入百分之四。而且，節目內容以國語或中國受衆爲主，本土粵語港人較少留意。

再看股權分佈。據二〇一九年中期業績報告，鳳凰衛視的第一大股東是劉長樂，股權佔比百分之三十七。劉長樂同時是香港亞洲電視股東、全國政協常委。他曾在解放軍第四十集團軍擔任政宣部門的軍官。他亦曾加入中央人民廣播電台，擔任國家司級幹部。劉長樂的背景跟華爲的創辦人任正非極爲相似，從某種程度上說，他們都是軍情系統的重要棋子。鳳凰衛視就是傳媒界的華爲，這樣比喻就能讓外人理解它的本質了。

鳳凰衛視的第二大股東是中移動全資擁有的附屬公司Extra Step Investments Limited，股權佔比百分之十九點六九。同時，鳳凰衛視的非執行董事簡勤及張冬分別爲中移動通信集團副總裁及中國移動通信有限公司董事及副總經理。

劉長樂代表中國軍方，並非「私人」；中國移動是國企和央企，當然也不是「私人」。鳳凰衛視不是私營公司，而是中國的另類國有公司。這是王記者就鳳凰衛視的性質撒的第二個謊。

鳳凰衛視不是正常的、尋常的媒體，而是中共直接掌控的宣傳機構，它應當被美國和西方國家登記爲「外國代理人」。二〇二〇年二月十八日，美國國務院宣佈，將五家中國主流官方宣傳機構認定爲「外國代理人」，視作中國政府的一部分。這是美國應對中共及其代言人在美影響力的又一舉措。

美國國務院稱，這五家機構分別爲新華通訊社、中國環球電視網（CGTN）、中國國際廣播電台（CRI）、《中國日報》發行公司，以及《人民日報》發行商美國海天發展公司。美國在一九三八年通過外國代理人登記法（FARA），旨在遏制納粹德國的宣傳攻勢。該法案要求任何爲外國實體從事遊說或公關工作的實體向司法部登記並定期提交最新情況。國務院指出，在當下，註冊爲外國代理人後，該機構將必須披露其預算和支出，並在包括社交媒體在內的所有平台上註明其是外國代理人。註冊之後，美國政府還可能限制未來採訪權限。此前，俄羅斯廣播公司RT根據該法案註冊後，旗下記者失去美國國會的記者證。

美國國務院高級官員稱，對中國五家宣傳機構的這項決定即刻生效。這五家機構需要向美國國務院提交在美工作人員的姓名、個人資料及人事變動決定，並向國務院登記在美租賃或持有的房產清單。未來這些機構若在美租賃或者購買新的房產也需提前獲得許可。此次被指名的五家中國官媒（黨媒）是中國大外宣的主要力量。《人民日報》、新華社，及CGTN、中國國際廣播電台所屬的中央廣播電視總台是中國官方的三大宣傳陣地，以英文發行爲主的《中國日報》則一直是中國外宣的重要視窗。其中，《人民日報》主管單位爲中共中央委員會，屬正部級單位。新華社爲中國國務院（國務院又在共產黨的管轄之下）正部級直屬事業單位。中國環球電視網前身爲中國中央電視台外語頻道。《中國日報》由中共中央宣傳部主辦、國務院新聞辦代管，是中國全國性英文報紙。

鳳凰衛視的級別和體量比以上五家機構差很多，此前主要供「大內宣」之用——從上世紀九〇年代開始，鳳凰衛視以香港媒體的面貌在中國沿海城市及大城市的星級酒店播出，其尺度比中國國內媒體稍大，以此營造中國對外開放的開明姿態，也是「溫和洗腦」戰略的一部分。但在習近平時代，「內宣」的價值慢慢喪失，習近平不必賞賜國內的「高等華人」一個「出氣孔」——看多了鳳凰衛視、呼吸了帶有少許自由味道的空氣，家奴們還不個個變成崇洋媚外、桀驁不馴的任志強？所以，鳳凰衛視言論尺度大大收緊，鳳凰網也多次被下令整改，鳳凰系在宣揚反美和民族主義上逐漸向《環球時報》看齊。近年來，鳳凰衛視轉向大外宣，幫助中共對海外華人進行洗腦。這次，鳳凰衛視的記者鑽進白宮新聞簡報室，以中國外交部發言人的戰鬥姿態與川普展開攻防，這足以證明其還有利用價值，黨爸爸大筆的大外宣經費不會停止供應。

多年來，鳳凰衛視用曲線入侵的方式進入美國：其併購了墨西哥電視台，然後轉進「美國」。其設在墨西哥的發射台對美國的信號，甚至比美國當地的信號還要強。美國國會已經意識到問題的嚴重性，開始立法阻止鳳凰衛視的文宣進入美國。而中國在美國和西方的「代理人」絕

中國閉關鎖國的時代降臨了

害怕電影《動物方城市》的解放軍有戰鬥力嗎？

《動物方城市》是一部非常吸引孩子的好萊塢動畫片。美式想像力、審美觀和幽默感，充滿每一個段落，讓人開懷大笑、浮想聯翩。我帶兒子去電影院看了兩遍，從頭笑到尾。當影片以辦事慢條斯理的樹懶公務員嘲諷DMV（車管所）的官僚主義時，相信每個在美國生活過的、跟DMV打過交道的人都會發出會心的微笑。編劇不會擔憂受到頗有權勢的DMV及美國政府的打壓，更不用害怕這樣的細節無法通過審查而不能上映——實際上，美國政府沒有專門負責審查電影、電視和書籍的機構，只有為保護未成年人的電影分級制度。《動物方城市》的創作團隊創作出如此優秀的、商業和藝術上都成功的動畫片，得益於美國開國之初在《獨立宣言》和《美國憲法》中奠定的「言論自由乃是不可剝奪的人權」的基本價值。

美國政府不會為影片中冷嘲熱諷的情節感到不爽，偏偏彼岸的中共政權感到如坐針氈。或許因為《動物方城市》的票房節節攀升，中國拍不出一流的動畫片與之抗衡，於是《解放軍報》率先發難，刊登一篇題為〈綿羊何以成為瘋狂的替罪羊〉的評論，一開頭便說《動物方城市》最吸引眼球的莫過於兔子的「逆襲」與綿羊的「反轉」。「仔細琢磨似有兩層深意：一是兔子都可以逆襲，還有什麼普通人實現不了的『美國夢』？二是『獅子』、『老虎』不可怕，『綿羊』才是『邪惡軸心』。」這篇評論乾脆把「中國」與「綿羊」對號入座，認爲這是在影射中國——中國人在其他方面缺乏想像力，在懷疑他人的動機上倒是具有超級豐富的想像力。

軍報的評論從來都是寧左勿右、微言大義。這篇評論認爲，好萊塢從來都是美國有效的宣傳機器，對美國國家戰略的領會深入骨髓；好萊塢許多大片在選材上下足功夫，不遺餘力地宣傳美國的價值觀和全球戰略。「如果任憑《動物方城市》等攻城掠地，我們的文化版圖焉能不遭到蠶食？」

軍報的保家衛國論並未受到民衆的支持。不少中國網友嘲諷說：「被害妄想症」、「該吃藥了」、「自己整天在手撕日本鬼子還怪別人搞宣傳！該醒醒啦，睜眼看看什麼叫軟實力。」、「中國拍的一堆武俠劇，一個中國人屌打各國猛男，算不算醜化世界啊，我們的解放軍報記者？」看來，中國官媒的民族主義宣傳手段，已不能讓民衆聞雞起舞了。

一部動畫片就讓解放軍憂心忡忡、魂飛魄散，可見解放軍是中看不中用的紙老虎。習近平實施了文革之後最大規模的軍隊改編，將精銳部隊集中在北京周邊。他不滿足於軍委主席的職務，還自我加冕爲軍隊「總指揮」，反倒顯示對掌控軍隊缺乏信心，需要拼命抓權。軍隊的腐敗早已深入骨髓，先後垮台的兩名前軍委副主席徐才厚和郭伯雄以及數十名將領，家家富可敵國。從不識字的草包中將穀俊山居然可以掌控全軍營房建設，到若干少將只會唱歌跳舞（包括習近平的老婆彭麗媛），這樣的軍隊有什麼樣的戰力呢？

美國不用對中國開戰，多拍幾部《動物方城市》之類的動畫片，就能讓中國不戰而潰。

一個連兒童繪本也查禁的國家有明天嗎？

即便在出版業萎縮的今天，中國童書市場也一直看漲。在有著「孟母三遷」傳統的中國，無論現實生活如何惡劣，父母總是願意為孩子的教育付出一切，包括購買昂貴的兒童繪本。據當當網二〇一六年的銷售資料顯示，中國童書銷量同比增長百分之三十五，很大程度上得益於引進的外國譯本，有時一本成功引進的童書可以養活一個出版社。

然而，中國出版界的業內人士透露，多家出版社接到宣傳部的口頭通知，將限制引進外國童書和繪本，目的是抵制境外勢力的影響，加強意識形態控制。這項禁令目前已初見成效，新聞出版總署拒絕或延遲給一些引進童書發書號，導致這些書無法正式出版。中國一位匿名出版界人士向英國《金融時報》透露，這項新措施將把中國每年引進的童書從幾千本減少到幾百本。

習近平政權視西方文化為仇讎，其文宣政策一步步退回毛澤東時代。經濟可以開放，文化一定封鎖。中國的新聞出版業面臨「『六四』」屠殺之後三十年來最嚴酷的冬天。

習近平將禁書令拓展到兒童繪本領域，而且專門針對西方引進的繪本，只要是西方的書，連兒童繪本也不能進口；同時，他卻將女兒送到哈佛大學留學，不怕女兒染上自由化的基因，其人格分裂可見一斑。習近平在訪問美國、英國、法國、俄羅斯等國時，每次都不厭其煩地「報書單」，將美國作家海明威、英國作家莎士比亞、法國作家雨果、俄羅斯作家托爾斯泰等人掛在嘴邊，假扮斯文，反倒成爲世界笑柄。

衆所周知，在焚書坑儒的毛時代，要讀到一本西方文學名著難於上青天。文革後期，王岐山在陝西當知青，曾與習近平分享一本西方經濟學著作。那些年，習近平在延安鄉下提心吊膽地讀禁書；如今，習近平卻將西方書籍視爲對其獨裁統治的最大威脅。少年時代的習近平飽受無書可讀之苦，貴爲元首的習近平搖身一變成爲「書籍殺手」，不讓下一代接觸西方文化。他深知，如果青年一代接觸到好書，便可「因眞理，得自由」，共產黨精心打造的「動物莊園」就分崩離析了。

在現今，報考公務員、捧上鐵飯碗，成爲中國年輕人趨之若鶩的首要選擇。然而，很少人具備習近平得天獨厚的個人條件。網路上流傳著一則關於二〇一八年中國公務員公務員考試項目及標準的笑話：第一，背出至少三十本世界名著的書名；第二，必須有過在禁止出版外國書籍時期閱讀外國作品的經歷；第三，必須下鄉工作過並且有和農村女青年在黑夜交往的歷史；第四，學歷不得超過初二水準；第五，力大無窮，負重二百；第六，圍觀人數達到五百以上必須脫衣；第七，爲人慷慨大方，愛發紅包。

誰能符合以上七個標準呢？

來自挪威的戲劇《人民公敵》爲何在中國被禁？

《人民公敵》是挪威劇作家易卜生（Ibsen）於一八八二創作的名劇，講述一名醫生發現環境污染問題，決定將眞相刊登於報紙上，卻遭弟弟、市政府、記者與出版商的百般阻擾。德國柏林邵賓納劇院推出一個新的版本，其特色在於演出中有邀請觀衆與演員對話的環節，讓觀衆表明立場，是否支持劇中主角將眞相公諸於世。

該劇作順利通過嚴密審查，二〇一八年獲准在北京國家大劇院演出——或許，因爲這是一百三十六年之前的劇作，故事發生在千里之外的歐洲，易卜生又是魯迅最喜歡的左派戲劇家，此劇揭露資本主義世界的黑暗與腐敗，中宣部官員大筆一揮就放行了。

首演時，意想不到的情況發生了。在互動環節，觀衆紛紛向台上演員高喊，「因爲我們希望有言論自由」、「因爲中國的媒體也不講眞話」、「因爲我們政府一樣不負責任」，持續十五分鐘。甚至有觀衆說：「這裡也有人被消滅。」。習近平執政以來箝制言論自由，中國陷入因言獲罪、道路以目的恐怖氛圍，民衆找不到說眞話的場合，借助觀看戲劇的時候，發出潮水般的吶喊。

觀衆說出的眞話，餘音繞樑。正是這種喊出眞話的勇氣，當年摧垮了羅馬尼亞暴君：希奧塞古的暴政。於是有人心驚膽顫，睡不著覺了。北京首演結束當晚，國家大劇院官員召開緊急會議，討論至凌晨四點半，要求劇團刪掉演員與觀眾對話的部份。

在第二天的演出中，劇團刪除對話環節，仍有觀眾當場高喊：「爲了個人的權利！爲了自由！」

這樣，連修改和刪節的版本都不能上演了。該劇原定接著在南京的江蘇大劇院上演，但江蘇大劇院網站顯示無法購買門票。客服及票務中心表示，已通知觀眾退票，取消演出是出於「舞台技術方面的原因」。

《三國演義》中有「死諸葛嚇走生仲達」的故事，在現實生活中也上演了「易卜生大戰習皇帝」的穿越劇。易卜生成了企圖顚覆共產黨政權的危險份子，其危險性不亞於被挫骨揚灰的劉曉波。《人民公敵》是不能讓人民觀看的反動書籍和戲劇，因爲觀眾紛紛表示，「一百多年前的這齣戲，卻看到了今天的中國」。

既然習近平對號入座地承認自己是「人民公敵」，就要赤膊上陣，對易卜生開戰。挪威是彈丸小國，當年二〇一〇年因爲諾貝爾和平獎委員會頒獎給劉曉波，遭致天朝的懲罰，不再進口挪威的海產，並焚燒村上春樹的《挪威的森林》。

直到六年之後，挪威政府向中國低頭，挪威外交部長才被邀請訪華。中國外交部發言人華春瑩表示，諾貝爾將和平獎頒給劉曉波後，「挪威已進行深刻反思、記取教訓，充分認識中方的立場」。中國官媒《環球時報》在社論中持續追打挪威政府，稱其「給劉曉波授和平獎是西方國家這些年幹過的干涉中國內部事務最粗暴的行動之一。……諾委會的行爲公然蔑視中國法律……當時的挪威領導人還做了與身份非常不相符合的表態。」所以，「中國與當時挪威政府的錯誤行爲持續鬥爭了六年，向世界展示了我們反對外部從政治上插手中國內部事務的堅定意志」，挪威「因爲對中國內政指手畫腳付出了代價」、「挪威鮭魚的對中出口一度下降了一大半，這期間眼看著歐洲國家對中關係大發展，挪威卻孤零零地站在一邊，其他歐洲國家公民得到的簽證方便也把挪威排除在外。」該社論以粗魯無禮的語言羞辱挪威說，「挪威只有五百多萬人口，它在二〇一〇年的時候卻那樣熱衷教訓中國，猶如一個只會開卡丁車的小玩家妄圖教育他人如何開巨型卡車。那不能不說是一個荒唐的故事。」

那麼，作爲彈丸小國的作家，易卜生居然敢到中國干涉中國內政，挑撥人民與政府之關係，其下場可想而知。以今日習近平權勢之大，將易卜生趕出中國，不費吹灰之力。

習近平這個「人民公敵」，夜深人靜時還是無法入睡。每一個受《人民公敵》劇情啓發，喊出「自由」、「權利」、「眞話」這些平凡的漢語詞彙的中國人，都是習近平潛在的敵人，習近平哪能不害怕成爲第二個希奧塞古呢？

禁了《人民公敵》之後，風聲鶴唳的中國像文革時代只剩下八個樣板戲了。

「精日」是何罪：原來習近平也是「精日份子」

反日永遠是中國朝野最大的「共識」，習近平比他之前的黨魁更嫻熟地操弄反日的「王牌」。在習近平時代，官方媒體創造出「精日份子」這個貶義詞，甚至起草新法律嚴厲懲罰「精日」並「傷害中國人民的感情和尊嚴」的人。

此前，有兩名中國男子身著仿製日本二戰軍服在南京抗戰遺址前拍照，後被處以行政拘留十五天。對此類行爲，很多人大代表、政協委員紛紛呼籲，屢罰屢犯是因爲處罰太輕，對「精日」行徑應該劃明法律紅線，從立法層面進行嚴懲。南京市律師協會舉行座談會，多位專家學者、法律界人士和抗戰紀念團體代表，建議對「精日」行徑出台司法解釋，或修改現行法律法規，加以嚴懲，維護民族情感和民族底線。

在外交部長王毅主持的記者會上，《現代快報》記者大聲喊話：「外長，對近來『精日』份子不斷挑釁民族底線的行爲，您怎麼看？」現場很吵雜，但王毅仍駐足傾聽提問，聽清問題後，嚴肅地將手一揮，怒斥部分「精日」份子的行徑：「中國人的敗類！」

短短一年之後，「中國人的敗類」這個冠冕居然落到王毅的主子習近平頭上。被美中貿易戰打得焦頭爛額的習近平，主動向日本拋出橄欖枝，以緩解美國的壓力。過去六年來冷淡如冰的中日關係解凍了。習近平用綁架加拿大公民的方式營救華爲財務長孟晚舟，卻對因在靖國神社縱火而被日方逮捕的香港保釣人士郭紹傑不聞不問，孟有利用價值，郭無利用價值，這是中共救誰不救誰的判斷標尺。

昔日刻意給日本首相安倍晉三臭臉的習近平，如今變得笑容可掬——為紀念「中日和平友好條約」簽署四十週年，安倍應邀訪華，在北京與李克強和習近平會談時，天安門和長安街一線掛滿中國和日本兩國的國旗。這是第二次世界大戰以來，日本國旗首次在中國首都由官方安排高掛。中共的這一「精日」行徑居然無人敢非議，中共支持的反日份子也在一夜之間統統鴉雀無聲。

多年來以反美、反日為己任的《環球時報》，一看風向變了，立即發表題為〈中日社會需調整心理重塑彼此認識〉的評論，為當局的「精日」政策辯護。評論提到「共榮」二字，立即令中國網民聯想當年日本軍國主義提倡的「大東亞共榮圈」。評論又提到「中日因釣魚島的紛爭惡化兩國全面關係，不能不說是挺滑稽的一件事，這不是兩個成熟大國應該做的」，又說中國社會應克制對日本復活軍國主義的想像，「不要用日本可能變成一個核大國並重新侵略中國的風險嚇唬自己」。那些曾得到中共支持的民間保釣人士，這才發現他們的忠心耿耿的愛國行徑在當局眼中變成了「一件滑稽的事情」，他們讀到這樣的言論豈不痛哭流涕、心如死灰？

日本首相安倍晉三當然不是三歲小兒，不會被習近平的盛大款待迷了眼睛。安倍將計就計，順勢提出釣魚島主權問題，強硬要求中國撤除釣魚島附近的浮標，中國悄悄照做。安倍不會放棄

一個沒有底線的國家當然不是正常國家

爲什麼一個總理、兩個副總理「掛帥」也解決不了毒奶粉問題？

金庸小說《射鵰英雄傳》中有一個讀者津津樂道的人物——老毒物歐陽鋒，現實生活中，中國人長期浸淫在有毒食物之中，個個都成了擁有金剛不壞之軀的老毒物。

但是，成人可以不畏有毒食品，嬰孩卻不能喝毒奶粉，喝成結石娃娃，父母於心何忍？

中國的洋奶粉賣斷貨了，中國居民便像水蛭一樣撲向香港。中國遊客以及「水軍」在香港瘋狂搶購進口奶粉，讓原本遵循「來者皆是客」原則的香港商家一反常態地閉門謝客、避之如虎。在香港甚至發生兩起中國遊客在灣仔商店排隊購買奶粉時大打出手的事件，香港警方拘捕五人。在香港民衆的壓力之下，港府祭出限購令，中國遊客每人每次只能購買兩罐奶粉離境——崇尚自由貿易的香港，居然祭出了這種違背自由貿易規則的法令，可見香港多麼無奈。

這一搶購潮，不僅說明中國人對國產奶粉的極端不信任，更表明中國人對政府監管食品安全能力的深刻懷疑。再狂熱的愛國者，都不會給自己的嬰孩喝毒奶粉，讓自己的嬰孩成爲生不如死的「結石寶寶」。那些動輒聲稱抵制日貨、美貨、法貨的愛國者，在給孩子買奶粉時，會竭力克制忠黨愛國的情感和對帝國主義的仇恨——月亮，不是外國的圓；奶粉，還是外國的好！

對此，全國政協委員、國務院食品安全委員會辦公室副主任劉智佩接受採訪稱，中國遊客搶購外國奶粉「只是暫時現象」，「皮革奶」廠家早已整治，國產奶粉通過整治，企業信譽在加強，情況會好起來的。他還透露，二〇〇九年成立的食品安全委員會，十六個部委的負責人都是其成員，主任由總理李克強擔任，副主任由兩名副總理擔任，「表明中央對此高度重視」。

俗話說，一個和尚挑水喝，兩個和尚抬水喝，三個和尚沒水喝。如今，三名正副總理一起主管食品安全，會不會出現「三人行，沒奶喝」的結果呢？多人管，其實是沒人管；政出多門，必然是政令不行。

總理、副總理及其家人，當然有放心奶喝，但普通人家的孩子呢？數十萬受害的「結石寶寶」，會有健康、快樂的未來嗎？雖然中國的食品安全委員會由十六個關鍵部門的首長組成，權威不可謂不重，但食品安全事故仍頻頻發生，並愈演愈烈。從毒奶粉、毒疫苗到毒龍蝦、瘦肉精、毒膠囊，中國人即便不是活在水深火熱之中，也堪稱日日與毒爲伴、毒氣攻心。

既有政府首腦掛帥，爲何依然無能爲力？極權體制在事關核心權力的領域，其效率遠比民主體制高。蘇共最後一任總書記戈巴契夫（Mikhail Gorbachev）在回憶錄中說，當他剛剛在政治局會議上被推舉爲黨的領袖、步出會議廳之後，立即發現新的最高規格的侍從、警衛、車隊、別墅等全都安排到位。平時他認爲平庸無能的黨務部門，此刻效率之高讓他驚嘆不已。而在其他事關民生的領域，極權體制的效率遠比民主體制低。比如，直到蘇聯解體，人們每天都離不開的肥皂、牙膏這些日用品，仍然得排長隊購買。

中國也是如此。在維穩、截訪、暴力拆遷、控制網路等領域，雷厲風行、無遠弗屆，讓被法律束手束腳的西方國家嘆爲觀止。這些領域事關一黨獨裁的權力的維繫，不可等閒視之。而在食品安全、醫療保險、教育等領域，效率之低下、官僚之無能，讓民衆哀哭切齒——因爲這些領域無關政權之安全，政府和官員遂不聞不問、消極怠工。

與其安排三名政府首腦主抓奶粉安全，不如將奮起維權的「結石寶寶」家長趙連海從獄中釋放，任命其擔任食品安全委員會主任，那麼天大的難題也會迎刃而解。

從屠戮婦嬰到走私奶粉

代表中國海軍最精銳部隊的濟南號驅逐艦訪問澳洲，展示中國在太平洋地區的實力和威風，在美中貿易戰乃至「超冷戰」的背景下，此行尤其引人矚目。

然而，澳洲記者拍到中國海軍官兵將大量澳洲產的嬰兒配方奶粉等物資搬運上軍艦的畫面，官兵各個臉上喜氣洋洋、笑逐顏開，好像找到了金山銀山。中國海軍用軍艦將一箱箱奶粉帶回中國，能避開海關的檢查和徵稅。中國海軍深知，這些奶粉絕對不可能是中國的毒奶粉，運回中國就成無價之寶。這些奶粉將成爲孩子的「救命奶粉」，即便家中沒有孩子的年輕士兵也會將其作爲珍貴禮物送給友人。

濟南號這麼做不是第一次了，三年前就有過一趟軍艦走私代購之旅。對於中國海軍官兵來說，運奶粉比揚國威更重要。國威是虛的，奶粉是實的，愛國口號是口頭喊喊，從奶粉到馬桶等西方產品才是身價的標誌。威風凜凜的海軍官兵，卻不敢讓孩子食用不安全的國產奶粉。沒有外國奶粉的日子，一天都過不下去。他們利用遠航的機會購買物美價廉的澳洲奶粉，在這一點上比大部分國內「低端人口」幸運，但他們不可能荷槍實彈到中國奶粉工廠當監工，監督中國工廠生產出符合健康標準的奶粉，正如流亡美國的漫畫家變態辣椒所說：「偉大的中國人民解放軍，他們號稱保衛自己的祖國，但他們連自己孩子的安全也保護不了。」

這樣一支唯利是圖、貪心不足的軍隊，亞太各國不必過於擔憂。中國軍隊從一九八九年屠戮平民百姓到如今走私嬰兒奶粉，剩下的也就這點能耐了。魯迅生前感嘆「中國軍人的屠戮婦嬰的偉績」，他卻沒有親眼看到中國國民黨軍隊在「二二八」屠殺中的偉績，也沒有親眼看到中國共產黨軍隊在天安門大屠殺中的偉績。

海軍官兵走私一點奶粉又算得了什麼呢？這只是應有的福利。中國軍隊的全面腐敗到了病入膏肓的地步。胡錦濤時代最高層級的職業軍人——中央軍委成員，全身而退的寥寥無幾：胡錦濤在軍方的兩名副手——中央軍委原副主席郭伯雄、徐才厚都落馬了，那屆軍委委員中的總參謀長房峰輝和總政治部主任張陽也都落馬了，或被判無期徒刑，或自殺身亡。還有另一些軍委委員被歸類為「郭徐餘毒」，正在等候當局調查。從上到下都是腐敗份子的軍隊，能有多大戰鬥力呢？

一個連安全的奶粉都不能生產的國家，有什麼資格「一帶一路」呢？有什麼資格輸出「中國模式」呢？中國人即便到了海外，也改不了其卑賤的本性：二〇一九年春，澳洲一家華人包括父母和子女四口人先後被捕，因為他們僱傭十多名小偷從雪梨各大商店盜取價值一百多萬美元嬰兒配方奶粉，然後在運回中國高價販賣。

假疫苗事件突破了共產黨的道德底線嗎？

毒奶粉的危機尚未過去，假疫苗又泛濫中國。中國官媒對此類事件保持了令人難堪的沉默，「唯二」與之有關的報導，是中國最有權勢的兩名領導人發表講話——國務院總理李克強斥責說，此事「突破人的道德底線，必須給全國人民一個明明白白的交待」；國家主席習近平在出訪路上作出「重要指示」，此事「性質惡劣，令人觸目驚心」，必須「依法從嚴處理」（可笑的是，「依法」與「從嚴」自相矛盾）。習李二人彷彿是外星人空降地球，彷彿是第一天「身為中國人」，彷彿是第一次知道在「厲害了，我的國」之內會有天方夜譚般的事情發生。

在中國，假疫苗事件不是第一次出現。早在二〇一三年，財新網就刊發了題為《疫苗之殤》的系列報導，講述二十名兒童因疫苗致死、致殘的悲劇。文章比好萊塢恐怖大片更讓人驚恐：疫苗慘劇慘絕人寰，如一歲半的小童接種疫苗後，血小板急降致顱內出血死亡；四歲的王藝筱連翻身都不會，只因到幼保健院接種A群流腦疫苗等。

這一次事件有所不同，其規模大到駭人聽聞的地步——已有二十萬針假疫苗被打進孩子體內，還有六十五萬針假疫苗流入市場，經營假疫苗的上市公司長生科技的盈利率爲百分之九十一點五。

如果接著李克強貌似強義正詞嚴的講話往下追問：共產黨眞有「道德底線」嗎？北京一位媒體人維尼在社交媒體上說：曾被一個西方人問她：「爲什麼你們中國人很少去玩極限運動？」提問者指的是速降、跑酷、滑輪、雪板、飛鼠裝滑翔等項目。維尼回答說：「生活在今天的中國，就是最具挑戰的極限運動。」任何一個不會明哲保身，不會低眉順眼的「中國公民」，在不斷被拉低道德底線的陷阱和深坑中，每天能活著出去，活著回來，難道不比極限運動更刺激嗎？維尼的答案是：「中國人生的計畫，死的隨機。抗爭是尋死，不抗爭是等死！這是今天中國極限運動的寫照。」

在中國，唯有「忠黨愛國」的官僚可安全地生活在「道德底線」之內。因三聚氰胺毒奶粉事件被處分的衛生部門高官孫鹹澤，數年後升任食品藥品監督管理局副局長、黨組成員、藥品安全總監。難道國家食品藥品監督管理局不是國務院下屬的部門嗎？難道孫氏的任命書上沒有作爲總理的李克強的簽字嗎？李克強和習近平假扮成天眞無邪美少女，似乎不知道中共權力運作的「潛規則」是什麼：那些輕賤公民權利和生命的官員，偏偏對黨最忠誠，因此最值得上級信任。

另一個三聚氰胺毒奶粉案當事人的下場卻相當悲慘：郭利，北京人，他是三聚氰胺毒奶粉案的當事人、一個三歲女兒的爸爸。二〇〇八年，郭利的女兒因長期食用三聚氰胺超標的假冒美國施恩牌奶粉，被檢測出「雙腎結石」和尿蛋白及缺鐵症狀。

中共力圖將毒奶粉案大事化小、小事化了，用盡辦法讓家長們閉嘴。但郭利等少數家長堅持深入調查和向廠商索賠，一路屢戰屢敗。後來，郭利反被構陷「敲詐罪」入獄五年。他在獄中拒絕認罪，經持續不斷的申訴，最終在二〇一七年獲改判無罪，但沒有得到任何國家賠償。他重獲自由之後，前妻早已改嫁，女兒與之形同陌路，年近五十的他事業家庭一無所有。捍衛道德底線、尋求眞相和公正的中國人，就是這樣的結局。

唐荊陵律師的遭遇更讓人唏噓不已。很少有人知道，早在十多年前，唐荊陵就開始代理疫苗危害兒童案。唐荊陵原本是上海交通大學畢業的電子工程師，靠專業技能可過上衣食無憂、有房有車的中產階級生活。他看到中國社會太多不公不義的事情，放棄原有的專業，自學法律並通過律師資格考試，以律師身份幫助弱勢群體和「低端人口」，成爲「維權律師」群衆的一員。

殊不知，在中國，「維權律師」的處境比他們試圖幫助的同胞更危險。這是一場螞蟻與大象的鬥爭，唐荊陵律師爲此失去律師執照，並因爲提倡甘地式的和平非暴力抵抗而被長期關押後控罪、判刑。唐荊陵案開庭審理時，並沒有引起社會應有的關注和支援。唐荊陵比郭利等受害兒童家長更早地被送進監獄，並在監獄中遭受酷刑折磨。這個罪惡體制持續地製造新的受害者。

中國是一口深不見底的醬缸，讓人窒息而亡。中國網友發現，美國駐華大使館微博是中國唯一可以說話的地方，他們跑上去留言，呼求美國總統川普出手「救救中國孩子」。這個時刻，人們似乎從當局持久的愛國和反美教育中掙脫出來，不再以美國爲仇敵。

習近平統治的中國，已邁向「失敗國家」的門檻。毛澤東時代，中國的名言是：「蘇聯的今天，中國的明天。」習近平時代，中國的名言是：「委內瑞拉的今天，中國的明天。」

從天安門的坦克到紫禁城的賓士

二〇二〇年一月十七日，中國一位名爲「露小寶LL」的網友利用個人微博發布了一組照片，照片的背景爲紫禁城太和門廣場，除了晴朗的藍天和空曠無人的皇家宮殿，還有一輛豪華黑色賓士車。照片上的兩名女子得意洋洋地靠著賓士車，這是中國社交媒體上常見的年輕女性的炫富姿態。她們穿著時髦的服裝，沒有配戴任何故宮工作人員的證件，旁邊的文字更是一副傲慢的口吻：「趕著週一閉館，躲開人流，去故宮撒歡兒。」

由於中國自二〇一三年起便禁止車輛進入故宮，這兩名女子在週一休館日開車進入故宮拍照的舉動已明顯違反規定，引發中國網友的憤怒和譴責。輿論來勢洶洶。六個小時後，故宮博物院透過官方微博發佈訊息聲稱：「經核查屬實，故宮博物院對此深表痛心並向公眾誠懇致歉。今後，我院將嚴格管理，杜絕此類現象，感謝社會各界對故宮博物院的關愛與監督。」

然而，這則聲明僅證實確有此事，卻未對任何人究責，更未公開說明兩名女子是如何開車進入故宮的，也未提及究竟是誰同意放行的，如同揚湯止沸、抱薪救火，反而激起網民更大的反彈與討論，認爲故宮博物院內部難辭其咎。

六年前，時任故宮博物院前院長的單霽翔指出，英國的白金漢宮、法國的凡爾賽宮都不允許車輛穿行，「這是一個文化尊嚴的問題」。這句話說得很煽情，很表面上對遵崇文化和歷史的中國人的胃口——習近平在紫禁城爲美國總統川普導覽時，自豪地宣稱中國有上下五千年的悠久文化。

二〇一三年十月，中國總理李克強陪同當時八十一歲的印度總理辛格（Manmohan Singh）參觀故宮，自釣魚台國賓館借了一輛電動車讓辛格乘坐參觀，這是最後一次外國元首乘車入故宮。此後，故宮博物院宣佈，自即日起所有車輛禁止進入故宮。後來，時任法國總統的歐蘭德（Hollande）造訪故宮，一路步行參觀，並未破例。

那麼，誰能讓故宮管理方破例呢？有網友肉搜這名名爲「露小寶LL」的年輕女子的身份，發現她是中國國際航空公司的員工。但該公司隨後對媒體表示，這名女子已經離職。考慮到這名女子此前曾發佈她在豪華遊艇上的照片，很多網友推測她來自非富即貴的特權家庭。她住屋也被發現每平方公尺價格超過九萬元人民幣，她曾在網上發佈圖片，展示擁有價值一千萬元手錶的照片，可見其富貴身世。最令人震驚的是，有網友指出，露小寶曾在二〇一七年四月六日發微博稱，自己到江西井岡山接受紅色教育，她曾在另一條微博自稱是中共建國元勳、曾任第五屆中國政協副主席何長工之孫何剛的媳婦——果然是太子黨家族。該女常常在其微博上發表囂張言論，比如，二〇一六年六月，她在網路發文，指要努力奮鬥：「要是不好好奮鬥，就不能養兒子，因爲如果有一天兒子說『媽媽，我把同學打了，他家長要五萬醫療費。』我就可以說『什麼！要五萬！給你二十萬，再打三次！』爲了成爲這麼棒的媽媽，我要好好奮鬥了！加油！！」

「有錢與權眞好啊！社會果然是社會，從來都是不公平的，」一名網友評論道。

「我們小心翼翼守護故宮一草一木，現在都被權貴的車輪碾得跟六百年的青磚地面一樣，坑窪破碎了。」另一名網友說道。

這些憤怒背後是一種怯懦的酸葡萄心理。中國人早已忘記三十年前在天安門廣場上碾壓大學生青春胴體的坦克，中國人刻意迴避天安門廣場的坦克車與紫禁城的賓士車之間草蛇灰線的關聯——如果沒有三十年前横衝直撞、殺人如痲的坦克車，又怎麼會有三十年後踐踏法律、爲所欲爲的賓士車？

若譴責三十年前的坦克車，就會像諾貝爾和平獎得主劉曉波那樣被關押至死；而批評三十年後的賓士車，大概不需要付出太大代價——這是中國人僅存的一點言論自由，就連官方媒體都假扮出正義使者的模樣來發聲。《人民日報》發佈評論說，閉館日開越野車進故宮，點燃公眾怒火的是「特權」。《環球時報》總編輯胡錫進評論說，此次事件是對「特權的濫用」，「這是一個崇尚公平的時代……今天的社會根本沒有炫耀特權的任何餘地。」——胡錫進眞是睜眼說瞎話：在全中國民眾都沒有言論自由的今天，他本人不是擁有特別的言論自由的特權者嗎？當別人翻墻到推特、臉書上去說幾句話，就會被警察敲門恐嚇時，他卻可以從從容容地翻墻到海外各種社交媒體上傳播「中國好聲音」，而且安然無恙、穩如磐石。

賓士車開進紫禁城算不得什麼怪現狀，何必大驚小怪？在中國，離奇的事情多著呢：你出門買早點回來，卻發現你的房子被怪手拆掉了；你的孩子在學校裡吃發黴的食品，作爲父母的你剛剛說一句抗議的話，就被當做造謠者關進監獄；那個體重只有二十公斤出頭、貧病而死的貴州女士，死前居然說，「給國家添亂了，給國家丟臉了」——國家殺死了她的身體，更殺死了她的靈魂。聖經中說，尋常的暴政和暴君，只能殺死人的身體，不能殺死人的靈魂，所以不要怕它。但是，中共政權是這個星球上亙古未有之邪惡政權，它殺人身體，亦殺人靈魂，連納粹也只能甘拜下風。

三十年前天安門的坦克，碾碎了中國人對自由、民主、人權的渴望，將中國變成謊言橫行的人間地獄、暴力肆虐的喪屍國度。從此，中國人淪爲好死不如賴活著的犬儒主義者。中國人不願也不敢面對一路拉枯摧朽的坦克車，中國人不願也不忍面對失去孩子的天安門母親們三十年如一日的哭泣和眼淚，中國人不再相信世間存在著基本的是非、善惡的判斷。於是，中國人吞下自己釀造的那顆苦果，永遠與毒奶粉、假疫苗、非洲豬瘟、SARS病毒、武漢肺炎為伴，永遠跪在將他們當做「低端人口」、踩在他們頭上甚至向他們撒尿的習近平們面前。

在共產黨的新帝國，防疫有如一場資源調配失控的戰爭

中國壓制性政治體系的日常運作無疑並沒有改變。記者和醫療專業人員因試圖在官方渠道之外分享訊息而繼續面臨懲罰。習近平從黨內清除政敵和批評家的努力減少了執政精英內部異議或路線改正的可能性。

薩拉・庫克（Sarah Cook）

在中國，爲什麼災難總是如預言般重演？

二〇二〇年二月二日凌晨，中國微信上的一則截圖訊息讓人揪心——這段文字只能以截圖的形式流傳，否則它早已被網路警察刪掉。中國最忙的似乎不是一線的醫護人員，而是網路警察。在離武漢千里之遙的山東泰安，官方公佈了一則消息：泰安市公安局泰山分局網路安全保衛大隊偵查支隊指導員李弦「因公殉職」。這位年僅三十七歲的網警，不是死於抗擊瘟疫前線，而是忙著網路輿論監控，加班勞累過度突發腦溢血。

僥倖逃過刪除的那則訊息是：下午五點三十分，在武漢武昌區解放路和民主路的交叉地帶，

一個男人從橋上跳下來。

路過的人記錄了自殺者生前的最後一刻：「一直站在橋上哭，哭得很憂傷，很絕望。在這條寂靜的街道上，他的哭聲和吶喊聲歇斯底里，每一聲都刺痛到了路人的心底。」哭訴的意思大致是：這個男人被感染冠狀病毒後，家裡不能待著，怕傳給妻子，醫院也沒有床位了，他無法住院，在外面租了房，想去看病，卻沒有公車了，他要走很遠很遠的路，體力跟不上。現在，連吃的都沒有了。最終他餓著肚子，關上了生命的閥門，縱身一躍。

媒體人秦寬寫道：悲傷和絕望一點都不難讓武漢以外的人切身體會。他走投無路前，每一步都是人們熟悉的日常，無法回家又無法住院，在冰冷的大街上進退兩難；患上肺炎後大口大口呼吸，發出艱難的喘氣聲；跋涉在去醫院的路上，卻連走路的力氣都沒有了；現在他要死了，卻餓得受不了。他不是乞丐，一月以前，他還在正常生活、有老有小、有一份工作。現在，他毫無尊嚴地死了。秦寬追問說：領導人不是口口聲聲在各種場合說要讓「人民更有尊嚴、更加幸福」，昨晚有一個人沒有尊嚴地死了，他的死亡很大程度上是官方造成的，因為隱瞞資訊導致疫情擴散。

然而在中國，沒有人可以追責政府。中國人只能逼著自己變得犬儒，逼著自己不關心這些。不想犬儒，就要努力地賺錢，想方設法逃離這個場域，而在這個國家要賺錢，又必須接受當下這個令人不滿的體制，學會「聽不見、看不見」，這本身又是一個洗腦的過程，並且痛苦的感覺不會消失。一個更加難以預見的問題是，當有了錢，很有可能成爲體制的一部分，能不能獨善其身、能不能逃離，又是未知數。

一場突如其來的疫情讓習近平繁花似錦的「中國夢」雨打風吹去，「厲害了，我的國」暴露出茹毛飲血的野蠻國家的眞相。台灣中央研究院民族研究所研究員、知名人類學家劉紹華在臉書上發文感嘆說：「我的研究一直攸關一九四九年後中國的傳染病防疫。不論學者研究得如何盡心費力、如何提醒警戒歷史教訓，中國卻每逢大型防疫，混亂與苦難的歷史總是如預言般地重演，就像以前從未發生過什麼事似的。而如我這般高度關注那塊土地上廣大生靈苦難的學者所寫的歷史與提醒，也依然被壓抑消音無法面世。一個無法累積朝向幸福所需的歷史感的社會，如何能記取前車之鑑以造福後人？」儘管如此，我們不能被「政治抑鬱症」擊倒，閱讀是我們「因眞理，得自由」的最佳方式，閱讀劉紹華的《麻風醫生與巨變中國：後帝國實驗下的疾病隱喻與防疫歷史》一書，或許可以開啓對這場失控的瘟疫的反省。

「新帝國」的顏面比人的生命更重要

日光之下無新事。正如劉紹華所說：看著武漢肺炎疫情的變化，一切太過熟悉了，從近年的SARS、愛滋病，到一九四九年後的麻風防疫，中央、地方政府與民眾的反應，如同書中的歷史不斷重演。中共政權絲毫沒有進步，甚至沒有原地踏步，唯一的變化是以直線墜落的方式變得更壞——「矢口否認、疫情爆發、被迫承認、強迫且大規模隔離、汙名恐慌比傳染病蔓延得還要迅速、民生規劃缺乏、醫務人員被推到第一線卻無政策做後盾、眾人恐懼憤怒。然後呢，待疫情經過慌亂暴力但有些效果的隔離防疫手段而終漸消退後，一切又回到矢口否認如常的日常生活狀態，遺忘歷史、禁絕歷史……」

在疫情失控之際，中共還有餘力發起一場聲勢浩大的網路輿論戰。中共發動五毛瘋狂發佈冠狀病毒是美國對中國的細菌戰的假消息，卻不讓民眾知道一個最基本的事實：美方三度申請派遣頂級專家小組到武漢幫助控制疫情，卻被中國政府斷然拒絕。妖魔化美國，是將美國當作歐威爾所說的「公共污水溝」，如此才能讓這個遙遠的敵人承擔中國民眾的憤怒與怨恨。

無獨有偶，在《痲風醫生與巨變中國：後帝國實驗下的疾病隱喻與防疫歷史》一書中，劉紹華以「後帝國」的意識形態來分析中國一九四九年後的痲風防疫工作，她發現最關鍵的問題是，用大白話講就是民族主義或愛國主義的「面子」，用政治術語來講就是中國面對心中之痛的「帝國」或「外侮」時的「主體性」。防疫的成功、失敗、手段、消音或選擇性榮耀，都因中國反帝反美的主體性心態主導，以致眾人主動或被動地配合國家「面子」而隱匿醜聞、反駁外界質疑、因人廢言、犧牲個人成就集體形象。早在上個世紀五〇年代，中國就全盤否定此前西方教會所做的防治痲風病的事業，渲染美軍在韓戰中使用「細菌戰」，無不是為了達致此種目的。

劉紹華在《痲風醫生與巨變中國》的前言中寫道：「中國的防疫故事帶給世人什麼意義？這

些不僅是醫療和公共衛生史的議題，更是政治社會史的提問。」她排除萬難，深入痲風病村做田野調查，她寫的是歷史，而歷史不是故紙堆，乃是打開未來之門的鑰匙——如果未能公開檢討防疫手段與歷史、未能放下面子障礙，起碼的代價就是下列關鍵字的惡性循環：否認、汙名、恐懼、持續無能、生靈塗炭。

不過，劉紹華所用的「後帝國」這一概念並不準確。尤其是中國進入習近平時代以後，已然成為「新帝國」。告別革命的中國並未告別帝國，國家主義成為至高無上的意識形態，是一種綜合納粹德國模式和蘇俄模式的極權主義乃至升級版的數位極權主義，中國比人類歷史上任何一個帝國都要恐怖和危險——它的恐怖和危險甚至超過了人們想象力的極致，超過了好萊塢電影《星際大戰》中的那個權勢熏天的邪惡帝國。所以，與其說中國是「後帝國」，不如說中國是「新帝國」或「超級帝國」。

中國向來以戰爭手段處理重大公共衛生危機，卻從未避免資源調配失控

武漢肺炎肆虐，中國大地處處都張貼著紅色標語，諸如「家家動員，人人參與，打贏疫情防控戰」，讓人宛如回到「紅海洋」的毛澤東時代。習近平對來訪的世衛組織總幹事譚德塞說：「中國完全有信心、有能力打贏疫情防控阻擊戰」，「中國人民正與新型冠狀病毒疫情進行嚴肅鬥爭，疫情是魔鬼，不能讓魔鬼藏匿」——他恰恰忘記了，他和共產黨才是將小鬼從潘多拉的盒

子中放出來的魔王，鬼王當然不抓鬼。

習近平一開口，脫口而出就是「戰爭」這個詞語，如此沉重的詞語被他舉重若輕、輕描淡寫地說出來。從精神結構而言，習近平是「文革之子」或「毛澤東之子」。中共管理社會包括處理公共衛生事件，從來都喜歡用戰爭模式，中共視為中國為碩大無朋的軍營，所有公民都是軍中士兵。

劉紹華在研究中共痲風防疫史時發現，毛澤東時代，在中共的政治、經濟、文化、教育等領域向蘇聯「一邊倒」的背景下，防治痲風也全盤照搬「蘇聯模式」，即強制隔離方式，這跟此前較為寬鬆的教會介入方式大不相同。一九五七年，官方估計全國約有三十八萬痲風病人。一九五〇年代末集體化熱烈開展，全國不同層級的防疫人員和地方幹部接受指示，動員尋找痲風患者，有時威嚇脅迫，有時軟言勸說，將登記在案的病人送入鄰近的痲風聚落。

到了文革期間，毛澤東下令對黨政機關「軍管」，窮鄉僻壤的痲風病醫院也不例外。劉紹華指出：「軍管命令勝於醫學判斷，甚至基於歧視恐懼而規定看診地點。」軍管也影響到病人的組織形式，劉紹華以安徽省嘉山縣四山村痲風病醫院為例指出，在一九七一年至七五年間，這個醫院按軍事化的班、排、連來臨編組。頗有諷刺意味的是，痲風病醫生多屬「成分不好」的政治階級，而被指派痲風工作。痲風病人則多為底層農民或勞動者，屬於政治正確的階級。兩種不同政治階級的人被隔離在一起，鎮日相處，係因衛生防疫同時以科學之名與污名之實而行。

軍管固然讓領導層更輕鬆地對多個層級「如臂使指」，卻未必能迅速遏制疫情。軍事化的社會控制，表面上整齊劃一，在另一些層面卻又極其低效無能。從文革中走過來的習近平，下一步會在疫區使用這個最後的招數嗎？武漢地方政府將新建的「火神山醫院」交由軍隊控制，但士兵能取代醫生成爲天使嗎？

報喜不報憂是中國文化的特色，昨日的痲風防疫如此，今日的武漢肺炎防疫也是如此。財新網在一篇題爲〈統計數字之外的人：他們死於「普通肺炎」？〉的報導中寫道，前線記者採訪了十餘位病患家庭，多數全家感染。他們還攙扶著病危的老人、孕婦輾轉在各家醫院，「醫院告訴我們只能自救」，他們的家人們處於生死一線間。

其中一位名叫杜紅利的市民，自己感染了，也連帶感染了的父親，把所有方法都試了一遍。一月二十七日，他去社區做了登記，一直沒有消息。他向朋友借了一輛麵包車，強撐著帶父親到處尋找醫院收治。有三百多個床位的武漢六七二醫院（中國很多醫院都以數字命名，這又是軍事化管理的例證之一），沒有住院單不讓進；新開放的有七百個床位的武漢協和醫院漢陽分院也告訴他：要等。次日，杜紅利趕到區政府信訪辦，得到的答覆還是沒有床位；找衛健委，對方回覆稱沒有辦法解決，只能等。因爲沒有辦法跨區域協調病人，只能等所在區域的對口醫院收治。

杜紅利的父親曾參軍十五年，上過抗美援朝戰場，曾是兩位高級將領的貼身警衛。杜紅利告訴《財經》記者，現在全家被感染，自己頭暈胸悶的症狀也越來越厲害，不知道還能帶著父親扛多久。他父親不停對他說，自己沒有死在幾十年前的戰場，卻可能死在醫療資源調配失控的現在。劣質的管制，居然比戰場還要危險。

不做「抽象的公民」：倖存者不僅要活著，還要記住

劉紹華在書寫《麻風醫生與巨變中國》時，其心情比書寫《我的涼山兄弟》時還沉重，原因是她看到一九四九年後防疫歷史的關鍵問題及其一再重複的悲哀。她在書中得出的結論，以〈歷史的羅生門〉爲題，呈現官方版的歷史與被消音的歷史之差異。

然而，中央研究院的學者錢永祥爲此書撰寫的推薦語卻與該書主旨背道而馳。錢氏雖承認「麻風病人遭受污名與歧視」以及「麻風病醫生也在專業與政治兩方面陷在污名的泥沼之中」，卻又用更大的篇幅正面描述「中共的成績」——「中國革命高舉革命的人道主義，在公共衛生方面的成就一向爲世人稱頌，掃除結核病、性病、血吸蟲之外，群衆路線所建立的基層醫療體系深入山野鄉間，對國民健康的貢獻也很可觀。在麻風領域，面對遭受排斥的幾十萬病患，它用四分之一世紀，便達成了初步的防治成果，同樣稱得上成績斐然。中共的成功之道，靠的是革命所建立的集體化社會組織。」這種論述跟中國新左派前些年對毛時代的赤腳醫生的讚美如出一轍，更是不亞於「拿人錢財，替人消災」的世衛組織總幹事譚德塞對習近平的當面稱讚：「習近平主席親自指揮部署，展示卓越的領導力。……中方公開透明發布資訊，用創紀錄短的時間甄別出病原

體，及時主動同世衛組織和其他國家分享病毒基因序列。中方行動速度之快、規模之大，世所罕見，展現出中國速度、中國規模、中國效率，是中國制度的優勢，經驗值得其他國家借鑑。」

錢永祥大概沒有仔細閱讀這本書。劉紹華在書中揭示的眞相是，在中共治下，痲風病人的身體集體性地成爲國家衛生治理的產物。中共政權明確彰顯以公共衛生的方式控制痲風的現代企圖，而痲風醫生的情緒勞動則成就了此一目標。「在此現代性轉變中，一脈相承的是污名以及以之爲基礎的人群分類思維。」誰能想到一千多萬武漢人會成爲被歧視的劣等公民呢？在如今這場前所未見的疫情期間，劉紹華特別告訴中國人：「如果能安然躲過這一波疫情，懇請中國倖存的衆人關注與挖掘歷史，明白配合主體意識形態的桎梏所付出的代價。如果平日就經常因愛國愛面子而容忍縱容有問題的治理措施、配合主體意識來攻擊國際批評、當有人揭露令人憤怒的眞相時卻因家醜外揚以致指控的手指頭不是朝向政府反倒是戳向揭露眞相的人，那就只是緊抓著這塊愛國主義主體性的遮羞布，不願從歷史中學到教訓。那麼，當下一次新興疫情又來危及人口稠密的土地時，這個依然學不會歷史教訓的政府仍將搭上遮羞布，將依然無法保護你、以及你所鍾愛的國與家。」

讀《痲風醫生與巨變中國》，可參考法國學者傅柯的專著《規訓與懲罰》和英國學者波普的專著《開放社會及其敵人》，更可參照美國學者詹姆士·C·斯科特的專著《國家的視角：那些試圖改善人類狀況的項目是如何失敗的》——這本書可以看成是一個反對極端現代主義的、人工設計社會秩序的帝國主義的一個案例。斯科特指出，被設計或規劃出來的社會秩序一定是簡單的圖解，他們經常會忽略眞實的和活生生的社會秩序的基本特征。在這樣的社會裡，公民退化成「無印痕的公民」或「抽象的公民」，爲了執行計畫的需要，成爲沒有性別、品味、歷史、價值和終極想法、沒有傳統和特定個性的人。武漢的一千多萬市民，湖北的五千多萬居民，中國的十三億人，都是如此。因此斯科特總結說：「一個受到烏托邦計畫和獨裁主義鼓舞的，無視其國民的價值、希望和目標的國家，事實上會對人類美好生活構成致命的威脅。」那些高呼「厲害了，我的國」的中國人，會睡獅猛醒嗎？

失明症與武漢肺炎哪個更可怕？

疾病與仇恨：患病的不是肉體而是心靈

「武漢義務送藥人被舉報賺差價」——《新京報》的一則報導，日前引發關注。二十五歲的中學實習物理老師吳悠在武漢封城後的一個多月，騎著電動車為網上求助者特別是一些孤寡老人義務送藥。連花清瘟膠囊、口罩、酒精等物資都是免費送給求助者，奧司他韋、阿比多爾等稍貴一些的藥品則收取低於市場價的費用。吳悠和朋友們為六百多戶求助者送去藥品和防護物資，他自己投入上萬元儲蓄。然而，吳悠卻被人以非法售藥和牟利舉報，並接受公安機關調查。在配合調查期間，吳悠的奶奶因腦溢血昏迷，被送進醫院。

「卑鄙是高尚者的墓志銘，高尚是卑鄙者的通行證」，跟北島原作中膚淺的樂觀主義相反，這才是中國的現實。在這場瘟疫中，吳悠不是第一個被傷害的好心人。武漢火神山醫院開始建設時，正是無數人拼命逃離武漢之時，建築工人張元二話沒說就報了名，從老家「不怕死」地來到武漢晝夜施工。可工期結束，他迫不及待地想回家，卻被全村的人擋在外面，理由是：從火神山來的，是高危人群。這個勇敢的逆行者，被與確診及疑似病人隔離在一起，之後的命運如何，不得而知。

遼寧有兩名普普通通的貨車司機，從網路知道雲南有大批蔬菜要支援武漢，向大眾徵詢免費運輸車的消息，直接從貴陽駕車到雲南裝貨，又風塵僕僕地運到武漢協和醫院。卸了貨，顧不上休息，又啓程回到雲南繼續裝貨。十二天，往返雲南武漢之間三次，行程一萬兩千萬公里，分文不取，還倒貼五萬元油錢。當他們終於回到家鄉，希望好好歇息時，卻被鄉親們罵「瘟神回來了」。

疾病帶來恐懼，恐懼滋生仇恨。在武漢肺炎席捲全球之際，很多人想起法國作家卡繆的名作《鼠疫》。而葡萄牙作家薩拉馬戈的《失明症漫記》卻無人談及。《失明症漫記》是一本虛構和想像的預言，武漢肺炎宛如其現實版本。

《失明症漫記》是這樣開頭的：繁忙的路口，綠燈亮了，中間車道的頭一輛汽車卻停止不前，司機在擋風玻璃後面揮舞著手臂，圍觀的人打開車門之後，才聽到他在喊：「我瞎了！」沒有人會相信，因爲他的眼睛清晰明亮，鞏膜像瓷器一樣潔白緻密。他卻一再絕望地喊著：「我瞎了！我瞎了！」一位偷車賊假扮好心路人送他回家，順便偷走了他的車。在開著這輛偷來的車離開時，偷車賊被傳染上失明的怪病，半路拋錨。第一個失明者由妻子帶著去看眼科醫生，眼科醫生成了第三名犧牲品。失明症迅速蔓延，整個城市陷入一場空前的災難。普通的盲人眼前是一片漆黑，這次的失明症卻讓失明的人眼前是濃濃的白色，彷彿睜著眼睛沉入牛奶的海洋中。白色的黑暗比黑色的黑暗更加可怕，正像薩拉馬戈追問的那樣——誰告訴我們這種白色眼疾不正是一種靈魂疾病呢？

文學評論家哈樂德．布魯姆指出：「《失明症漫記》是薩拉馬戈最令人吃驚和不安的作品。他那極具說服力的想像震撼人心，讓讀者深刻意識到，人類社會竟是如此脆弱、荒誕。這部作品必將永存。」《柯克斯書評》評論說：「與歐威爾的《一九八四》、卡夫卡的《審判》並駕齊驅。」《泰晤士報》則評論說：「薩拉馬戈成功地刻畫了人類的缺陷，創造出當今世界最卓越的一部作品。」從某種意義上說，這是一部驚人的現實主義作品，我們在「歲月靜好、閒來無事的悲劇」中麻木不仁太久了，不知道自己的生活居然如此荒謬。

關押與槍殺：當病人成爲敵人

失明症在蔓延，但不像突然出現的海潮那樣洶湧澎湃，拉枯摧朽，淹沒一切，而是如同千萬條涓涓細流緩緩滲透，逐漸把土地泡軟，突然間把它變成一個澤國。

政府成立了一個特別委員會來處理這一公共衛生危機。薩拉馬戈模糊了故事的背景，沒有明確指出是哪一個國家的政府，讀者可以聯想到任何一個他們不喜歡的政府。不過，從書中政府對軍隊高度依賴的情節可以看出，作者融入了自己在葡萄牙獨裁政權之下生活大半輩子的經驗。衛生部長的助手，以其豐富的想象力，用中性的「白色眼疾」代替難聽的、讓人談虎色變的「失明症」——正如現實生活中，中國政府堅持聲稱「武漢肺炎」帶有歧視意味，而操縱世界衛生組織改名為「新型冠狀病毒」。但美國國務卿蓬佩奧堅持使用「武漢肺炎」這一名詞，並非無意為之。

委員會經過討論得出解決方案：在找到處理和治療失明症的方法之前，把所有失明者，包括與之有肉體接觸或直接聯繫的人，統統收容起來加以隔離。隔離在哪裡呢？衛生部長建議說，正好有一所廢棄的精神病院。於是，失明的男男女女都被運到精神病院。

病患剛剛進入各自的房間，廣播裡就傳來政府宣佈的十五條規定。其中第一條說得溫文爾雅，政府希望所有公民在此艱困時刻表現出愛國之心，與政府配合，遵紀守法，被隔離是一種支援全國其他人的行動。中國政府的修辭術比書中的政府更為加高明：中國政府自我表揚說，「現在我們應該理直氣壯的表示，美國欠中國一個道歉，世界欠中國一聲感謝，沒有中國的巨大犧牲和付出，就不可能為全世界贏得寶貴的抗擊新冠肺炎疫情的時間視窗，可以說中國一己之力，硬生生的將新冠肺炎疫情擋住了很長一段時間，真的是驚天地、泣鬼神！」加害者變成拯救者，甚至不需要川劇變臉那一瞬間的招式。

第二條規定立即就殺氣騰騰了：「在事先未獲允許的情況下，離開所在建築意味著立即被打死。」那名偷車賊稀里糊塗地跨越了紅線，被一名緊張萬分的士兵開槍擊斃，成了第一個犧牲品。開槍的士兵擔心自己會受懲罰，長官卻表揚他當機立斷、殺人有理。一名團長在軍營中說，盲人問題只能靠把他們全都從肉體上消滅解決，包括已經失明和必將失明的人，無須假惺惺地考慮什麼人道主義，團長說的話與切除壞死的肢體以拯救生命的說法有異曲同工之妙，他說，狗死了，它的狂犬病自然就治好了。

官員的地位越高，越是視人命如草芥。陸軍部長對衛生部長說，我們這裡有一位上校，他認爲解決辦法應當是盲人一出現就隨即把他們殺死；以死人代替盲人不會使情況發生很大的改變；失明不等於死亡，但死人都是盲人。陸軍部長下令組織二百名公車司機去運送病患到隔離點，但他沒有告訴公車司機，等運完病患，官兵將奉命將司機們也關到裡面去。同一天傍晚，陸軍部長把衛生部長叫去，告訴衛生部長說：「你想知道件新鮮事嗎，我對你說的那位上校失明了。現在要看看他對原來出的主意怎麼想了。他已經想過了，朝自己頭上開了一槍，可見他的態度前後一致。這樣的軍人是好樣的。」這就是當局的眞正意圖：「蟲子死後，毒汁也就完了。」病人都是敵人，要麼自生自滅，要麼被像韭菜一樣割掉。

不久，作爲隔離點的精神病院爆滿，政府轉而主張由各家各戶把自家的失明者關在家裡。很快，全家都被感染，全家都變成盲人，沒有剩下一個人看護他們，給他們引路，保護他們不受眼睛還好的鄰居和其他人的傷害。最後的結果是：「不論是父子或母子，都不能互相照顧，他們只能像圖畫上畫的那樣，一起走路，一起跌倒，一起死去。」

人與動物：不像動物那樣生活有多難？

「肉眼上的失明，代之以靈性的視域，足以補償。」這是荷馬、彌爾頓和博爾赫斯等偉大作家失明後的信念。他們堅信，失明或許是另一種光明的開啓，失明與一種超自然力量拉上關係。然而，在《失明症漫記》中，整個城市都失明了，社會沒有開啓「另一種光明」。社會秩序迅速垮塌，人類「下降」成爲動物。

首先是被隔離者的脆弱的秩序迅速崩潰了。在什麼也看不見的情況下，人們開始隨地大小便。政府沒有向他們提供衛生紙，大便之後人人都不擦屁股——現實生活中，武漢肺炎引發了搶購潮，人們到超市哄搶的一個重要物資是衛生紙，看來這不是沒有理由的。在廢棄的精神病院，就連擁有博士學位的醫生都不得不生活在自己和衆人的屎尿堆中，「他知道自己骯髒不堪，想不起一生中有什麼時候這麼骯髒過。人變成野獸有許多方法，而這是人變成野獸的第一步」。

人們爲了尋找食物到處亂衝亂撞，一旦越線，就被在遠處看管他們的士兵射殺。到處是白色的耀眼的光，但人們就是什麼也看不見。伴著空氣中的令人難以忍受的臭氣，光似乎也散發出令人作嘔的氣味。「豬，一群豬。」有人終於忍受不了，如此吼道。精神病院夜晚的月光映襯著高聳的樓牆，冷漠陰沉的槍管，還有不斷的閃現在盲人白色視界中的晃眼的探照燈。這些失去的職業和身份的行屍走肉，還是人類嗎？薩拉馬戈冷靜地做出判斷：是的，他們是人，不過他們是一群失去視力的男人和女人。他們失去了人類的尊嚴，一半是冷酷無情，一半是卑鄙邪惡，最終使不幸變得更加不幸。

更可怕的是，「同是天涯淪落人」的處境並沒有讓失明症患者們彼此友愛、彼此扶持、彼此幫助。生病的不單單是眼睛，更是心靈。盲人的靈魂從來沒有像現在這樣無拘無束，脫離了軀體更能爲所欲爲，尤其是做壞事，盡人皆知，做壞事最容易。一夥盲人強盜入院後，以武力壟斷了政府配送的食品——士兵們只負責將食品放在大門口，究竟如何分配，是病患自己的事情。強盜們先是要求人們拿隨身攜帶的財物來交換食物，然後強迫女盲人前去「服淫役」。所有病房內的男性必須用妻子或情人的身體換來賴以苟活的食物。你吃的下麼？有人還保留一絲可憐的反思，但很快，所有人的耳邊都傳來極富穿透力的、低聲啜泣中不假思索地咀嚼麵包的聲音。

此一場景不禁讓人聯想到英國作家高汀《蒼蠅王》中的情節：在第三次世界大戰中，一群孩子逃到一座孤島上的生活。天眞、善良、純潔的孩子們從熟悉的生活環境進入陌生的「異境」，到底會發生什麼變化呢？在荒島上，孩子們暴露出來的不再是天眞、善良和純潔，而是瘋狂、邪惡和非理性。他們像成人一樣爭權奪利、彼此廝殺。高汀說，我們必須正視自己體內那隻動物，那隻邪惡的動物。那隻邪惡動物從我們生下來的那一天起，就潛伏在我們體內，隨時躍躍欲試，一不小心就會跳出來，控制我們的大腦。

第一位盲人暴君死於非命後，一名曾是會計的盲人取而代之——可見他們並非天生就是強盜。這名盲人強盜頭子犯的最大錯誤是，他以爲只要拿到手槍就大權在握，結果恰恰相反，每次開火傷害的都是他自己，每射出一顆子彈他就失去一些權威，子彈打完以後將會如何呢？薩拉馬戈不無輕蔑地寫道：「穿袈裟的不一定是和尚，執權杖的不一定是國王，最好不要忘記這條眞理。」

要想不像動物那樣生活確實很難，但値得一試。醫生的妻子是唯一沒有患失明症的人，爲照顧丈夫，她假裝自己失明，跟丈夫一起進入精神病院。她看到並經歷了可怕的一切，當看得見眼前的痛苦已然變成一種負累時，當因視力正常不得不爲夥伴們的生死存亡負責時，她一度自我詛咒說，「還不如也失明了的好。」但最終，她仍然信仰「耐心有益於視力」，並耐心地行動著，照顧著身邊的六位盲人，教導他們「如果我們不能完全像正常人一樣生活，那麼至少應當盡一切努力不要像動物一樣生活。」他們活了下來，逃離了瘋人院，並熬到視力恢復的那一天。

人與上帝：沒有上帝，邪惡就是理所當然

薩拉馬戈在書中發出一系列的天問：「我們爲什麼會成爲現在的樣子呢？人類究竟出了什麼問題？在我們每個人的生活歷程中，是從何時開始我們走向了自己的反面，或者說越來越缺少人性的呢？經過數千年之後，在創造了如何之多的美好事物之後，在對宗教和哲學進行了如此之多的探索之後，今天我們走到了這樣的一種境地：在與環境和其他人的關係中，我們不能眞正成爲

人類，這究竟是爲什麼呢？」

薩拉馬戈是一名激進的無神論者、馬克思主義者和共產黨員。他認爲，這個世界要是沒有宗教的話，將會和平得多。但在小說中，他不斷地探討上帝是否存在的問題。尤其在其晚年的作品中，他更專注於寓言式的寫作，比如《失明症漫記》，讀者很容易從中解讀出人類文明是何其脆弱的眞相。那麼，救贖之道在哪裡？

有意思的是，《失明症漫記》的扉頁，引用的不是馬克思的名言，而是聖經《箴言書》中的兩句話：「如果你看，就要看見。如果你能看見，就要仔細觀察。」薩拉馬戈沒有找到最終的救贖之道，但他至少是一名誠實且嚴肅的觀察者——只要還能觀察和記錄，黑暗，即便是白茫茫的黑暗，就不再是不可以戰勝的威脅。

薩拉馬戈生前希望在他的墓碑上刻上這樣的墓誌銘：「這裡安睡著一個憤怒的人。」無論在《修道院紀事》還是在《失明症漫記》中，薩拉馬戈都對這個世界極盡抨擊和諷刺，之所以憤怒，因爲他認爲，「雖然我生活得很好，但這個世界卻不好」。他不像中國最後一位儒者梁漱溟那樣，在經歷了一輩子的政治苦難之後仍相信「這個世界會變好」，他對人性的認識比梁漱溟深刻。但他並未意識到，這個世界的「不好」其實跟每一個人、包括他自己息息相關，人人都難辭其咎，沒有人可以置身事外。

在小說結尾處，倖存者們逐一恢復了視力。醫生大聲疾呼道：「我甚至覺得比原來看得更加清楚，眞的更加清楚。」他說出了大家想說但沒有膽量說出來的話。武漢肺炎之後恢復自由和健康的患者和被隔離者們，會有這樣的生命頓悟嗎？

這時，醫生的妻子哭了起來。「她當然高興，我的上帝，竟然如此容易理解，之所以哭泣是因爲精神上的耐力突然用盡，她像個剛剛出生的嬰兒，發出尙無意識的第一聲啼哭。舔淚水的狗走到她跟前，這條狗總是知道人們什麼時候需要它，所以醫生的妻子把狗摟住。此時此刻她產生了強烈的孤獨感，只有這條狗如饑似渴地喝她的淚水才能減輕她難以忍受的孤獨。」這是這部長篇小說中讓人感動落淚的段落。重生的希望是愛，而不是其他東西。

薩拉馬戈沒有找到他的上帝，但他承認，在被隔離和被剝奪的、混亂且原始的情況下，宗教的必要性凸顯出來。沒有誠實守規矩的人遵守一套秩序來生活，生存幾乎不可能。但手無寸鐵又同樣脆弱的人當中，難以找到一位正直的領導並且制定一套公正的規矩。大概只有在人們面對共同的敵人時，或擁有共同的信仰時，他們才能依偎著勉強生存下去。

失明症、武漢肺炎、鼠疫、黑死病以及極權主義，本質上都是同樣的邪惡。卡繆在《鼠疫》中寫道：「世上的罪惡差不多總是由愚昧無知造成的。……最無可救藥的邪惡是這樣的一種愚昧無知：自認爲什麼都知道，於是乎就認爲有權殺人。殺人兇犯的靈魂是盲目的，如果沒有眞知灼見，也就沒有眞正的善良和崇高的仁愛。」習近平派到武漢的錦衣衛、武漢市委書記王忠林宣稱：「要在全市廣大市民中深入開展感恩教育，感恩總書記、感恩共產黨，聽黨話、跟黨走，形

林鄭月娥的下場會比沙皇尼古拉二世更好嗎？

林鄭越來越像女版習近平

大概是因爲「近墨者黑，近朱者赤」，香港特首林鄭月娥的長相、語言和舉手投足的姿勢都越來越像習近平了。隨著手上的鮮血越沾越多，他們自信滿滿、目露兇光。然而林鄭的下場會比末代沙皇尼古拉二世更好嗎？

英國公民迪蘭．庫瑪（Deeran Kumar）在請願網站「世界變革平台」（Change.org）發起連署，要求英國政府撤銷林鄭月娥一家人的英國國籍，數日之內，該連署數已有接近三十萬人簽名。迪蘭．庫瑪向英國內政部遞交了這份請願書，並呼籲說「英國對遏制香港的暴力行爲須負道德責任，有鑒於林鄭月娥拒負香港特首責任並施行嚴刑峻法，英國內政部應該永久撤銷林鄭月娥一家的公民身分」。根據英國法律，只要簽名達到十二萬人，英國政府必須對訴求做出回應，並於國會進行討論。

英國上議院議員阿爾頓（Alton）公開發文表達對香港事件的看法，提出英國應該重新考慮林鄭月娥家人的英國公民權問題。他還與另外兩名上議院議員給劍橋大學寫信，支持在劍橋大學沃爾森學院集會的學生的訴求——取消林鄭月娥此前獲得的沃爾森學院榮譽院士的名銜。

阿爾頓在文章中指出，香港的大學和學生們正經受如同天安門式的鎮壓，他嚴厲譴責說：「林鄭月娥的固執行爲，向她北京主子的怯懦屈從，她的《緊急狀態條例》及多項法院禁令和事實上的戒嚴，這些都是爲了扼殺恪守法律並熱愛自由的香港人的聲音。」阿爾頓建議，「英國政府應該進一步重新考慮林鄭月娥及其家人的（英國）公民權，追究那些在香港大學校園裡發射一千枚催淚彈，並令超過六十名學生嚴重受傷的人的責任，應採取有針對性的制裁措施」，同時也要「考慮林鄭港府勾結三合會、當地幫派、臥底挑釁者和被收買的幫兇，企圖恐嚇、挑釁並爲戒嚴、推遲選舉和「紅軍」的鎮壓製造藉口」的種種惡行。

據媒體報導，林鄭月娥曾是英國國籍，後來爲了在香港政府任職，退出英國國籍，但她的丈夫Lam Siu-Por和兩個兒子Lam Jit-si和Lam Yeuk-hei（英文名字分別是Joshua和Jeremy）都是英國公民。

如果林鄭及其家人都被取消英國國籍，且根據美國的《香港人權與民主法案》、《馬格尼茨基人權法案》等法律，他們有可能被美國及其他西方民主國家拒絕入境並凍結財產。那麼，林鄭月娥未來的下場就會跟末代沙皇尼古拉二世很相似：尼古拉二世退位後，一度希望全家能到英國避難——他的妻子、末代皇后亞歷山德拉是英國女王維多利亞的孫女，到英國跟親人團聚應當是合理的要求吧？偏偏英國政府拒絕了這個要求。尼古拉二世是全世界臭名昭著的嗜血屠夫，英國民意強烈反對沙皇移居英國。

殺人如麻的沙皇尼古拉二世一家最終遭遇滅門慘案

在俄羅斯帝國的歷史上，沒有一個沙皇不獨裁且殘暴，尼古拉二世更兼有冷漠、平庸等特質。他從小接受嚴格的軍事教育，迷信武力是解決問題的最好和最快的方法。他篤信東正教，一生應當說過無數的「愛」、「寬恕」、「兄弟」之類的宗教術語，但他跟那些前輩沙皇一樣，也下達過許多「鎮壓」、「流放」、「槍斃」、「絞刑」的皇諭，他從未眞正尊重生命的價值。

一九〇五年一月九日，俄國的罷工工人計畫舉行一場和平遊行，並前往沙皇居住的東宮呈遞一份「謙恭」的請願書。但是，沙皇命令阻止遊行，必要的話，將不惜動用武力。在那個寒冷的星期日，民衆手裡舉著教堂的旗幡和聖像前往冬宮，給人一種宗教性列隊前進的印象，他們以爲這樣可以避免軍隊開槍殺人。當他們走近目的地時，集結的軍隊和警察發出致命的排槍射擊。高級軍官在沙皇的授意下還下令開槍射殺在冬宮附近好奇圍觀的人群。據官方統計，共有九十六人當場被殺，三百三十三人受傷（其中三十四人隨後死亡）。據記者所作的非官方統計，死傷者超過四千人。

這並非尼古拉統治時期最大的慘案，其登基典禮早就被鮮血浸透：尼古拉二世加冕時發生了「賀登卡」事件，他對群衆生死的輕視和冷酷在此事件中暴露無遺。加冕當天，沙皇要給群衆分發禮物，貧窮的人們奮力哄搶禮物，人流如洪水般噴湧，發生了嚴重的踩踏事件。當場擠死數千人，擠傷數萬人，喜事變成悲劇。「賀登卡」事件發生後，尼古拉二世和皇后依然出現在盛大的酒會上，與達官貴人們一起尋歡作樂，他們對外面屍橫遍野的景象無動於衷。

尼古拉二世在民間有一個著名的稱號「嗜血尼古拉」，這絕非「浪得虛名」。曾擔任過財政大臣和首相的維特伯爵在日記中記載，有一次，他收到一份報告說，波羅的海省份防暴部隊中有一名軍官當場射殺已投降的叛亂份子，當地行政官員認爲這是毫無必要的做法。維特將文件呈送給沙皇，希望沙皇懲罰那名暴虐的軍官。然而，沙皇在文件上披批了一句話：「這名軍官是條好漢子！」維特伯爵評論說，尼古拉二世對羅曼諾夫王朝愈演愈烈的危機負有不可推卸的責任：「那些『靠上帝的恩典』而擔任絕對統治者的人必須爲此類後果承擔任何可能的責任。不幸的是，當涉及決策時，我們的皇上說他只對上帝負責；可當涉及與凡人的關係時，他總是說上了某某的當、受了某某的蒙蔽。」

以暴易暴，來得如此之快。二月革命之後，沙皇一家被臨時政府軟禁。很快又發生十月革命，布爾什維克黨掌權，其首腦是曾被沙皇流放的列寧。沙皇一家的悲慘末路就無法避免了。美國歷史學家馬．斯坦伯格和俄國歷史學家弗．赫魯斯塔廖夫合著了《羅曼諾夫王朝的覆滅》一書，從俄羅斯聯邦國家檔案館首次公開的秘密檔案和文件中，輯入有關沙皇尼古拉和皇后亞歷山德拉之間的來往信件和日記、政府會議紀要，關於逮捕、拘禁和處決沙皇全家和隨從的官方檔案，以及看押和處決沙皇全家的革命黨人的證詞等有關史料，將近百年前那段鮮為人知的歷史重新呈現在世人面前，林鄭月娥應當好好讀一讀這本書。

書中記載，一九一八年七月十六日，尼古拉二世和他的妻子亞歷山德拉、皇太子阿列克謝（十四歲），四個女兒（最小的女兒安娜斯塔西亞十六歲），以及他們的僕人和廚師等十一人，被帶到他們被關押之處的地下室。行刑隊長當場宣讀上級命令：「羅曼諾夫王朝的皇室親屬們繼續向蘇維埃政權發動進攻，烏拉爾執行委員會決定槍決你們。」

尼古拉二世極度震驚，只能發出一連串的「什麼、什麼、什麼……」的疑問。行刑隊長再次重複只有短短幾句話的處決令，在電光火石之間，不由分說就讓士兵舉槍射擊。沒有審判，沒有法官，也沒有律師，甚至沒有自我辯護，死亡就降臨了。

一時間，無數子彈像雨點一樣飛，子彈在地下室的牆上和地上激起塵土，昏暗的空間中頓時一片狼藉。尼古拉二世一家人在慘叫聲中倒下去。第一輪的槍擊之後，居然有人倖存下來：原來，皇后和公主身穿的胸衣中縫了很多金銀珠寶，在關鍵時刻擋住了子彈。兇狠的士兵們沒有絲毫的憐憫之心，直接用刺刀將她們捅死。之後，沙皇一家的屍體被澆上汽油和硫酸焚毀，並扔到烏拉爾深山中。行刑者故意將皇太子和一名公主的屍體埋藏在另外一個地方。

直到蘇聯解體之後的一九九八年，沙皇一家的遺骸才被發掘出來，安葬在聖彼得堡的教堂之中。二〇〇八年四月，負責領導DNA鑑定團隊的莫斯科國立大學教授伊格列．羅革耶夫

（Evgeny Rogaev）在接受媒體採訪時說，根據DNA鑑定研究得知，尼古拉二世全部的孩子，包括之前傳說逃過一劫的安娜斯塔西亞公主，可以證實全都被殺，一個也沒能存活下來。

昔日坐在寶座上的沙皇，當他面對行刑隊的槍口時，是否有時間感受，那些從槍口飛出來的子彈，瞬間就要穿破他的軍人襯衫，穿過他的皮膚，再鑽入他的胸膛，接著擊碎他的心臟。而且就在同時，別的子彈也將擊碎他的妻子和四女兒、一個兒子的心臟。這些槍殺他的官兵，幾年前還是對他無比尊崇的俄羅斯帝國的子民。此時，尼古拉二世是否會想起，許多年以來，同樣的子彈，也以同樣的速度和力度，穿過莫斯科和彼得堡街頭示威群眾的胸膛、穿過伏爾加河畔反叛者的胸膛？此時此刻，沙皇有沒有時間想到，自己和家人居然也會死於微不足道的子彈之下？

慘案之後，一名參與行刑的士兵回憶說，十一名死者的鮮血淌滿狹窄的地下室的石板地面，他的鞋子踏在上面好像被膠水粘住一般。沙皇倒在自己的鮮血和家人的鮮血之中，這一刻流出來的鮮血，從化學成分上看，同以前民眾流出的鮮血沒有什麼兩樣，同樣殷紅、同樣溫熱、同樣黏稠……

沙皇尼古拉二世無法回答這樣的問題。同樣的問題，留給似乎更聰明的、享有劍橋大學名譽院士頭銜的林鄭月娥來回答吧，當然還有他的主子習近平。自從反送中運動以來，已經有數以千計的香港反抗者被警察和特務虐殺，警方謊稱，沒有一個案例有疑點，都是自殺。這筆血債，總有一天要還的。

謊言治國的習近平，結局直追海珊

從宮殿到狗洞，從狗洞到監獄，再從監獄到絞架，伊拉克前獨裁者海珊演完了人生三部曲，結束了可恥的一生。我不是伊拉克人，但我使用「前獨裁者」這個詞彙時，心中充滿歡喜快樂。「前」意味著那不堪回首的黑暗一頁終於翻過去了——在中國，什麼時候才能在習近平的前面加上「前獨裁者」的定語呢？

由美國主導的伊拉克戰爭雖然充滿爭議，但畢竟將荼毒人民數十年的海珊政權掃進歷史垃圾堆、讓數千萬伊拉克民眾擁有基本人權，多黨競爭、議會制度和全民普選基本實現。如果沒有這場戰爭，海珊必定還在奴役人民，悠哉遊哉地當終身總統。獨裁者從來不會自動退出歷史舞台。

暴君的末路：像野狗一樣躲在狗洞

海珊被伊拉克法庭處死之後，中國出版了多種版本的海珊傳記。儘管是「剪刀加漿糊」式的拼湊之作，好幾本還是成了暢銷書。這些傳記，對海珊昔日的「豐功偉績」竭盡美化之能事，熱情頌揚其成爲阿拉伯英雄「薩拉丁」的理想，卻竭力掩蓋其獨裁暴政。在中國，不少「糞青」惋惜海珊未完成「反美使命」，但要他們組織一支「抗美援伊」志願軍，到伊拉克與海珊並肩作戰，卻又沒有那份膽量。更何況，他們還來不及打點行李，不到一個月時間，耀武揚威的伊拉克精銳之旅——共和國衛隊——便在美軍的打擊之下灰飛煙滅。

一輩子都用謊言治國的海珊，在美軍兵臨城下時，宣稱這是誘敵深入之計，美軍一旦深入伊拉克領土，就會陷入「人民戰爭的汪洋大海」。但海珊實在太不爭氣，並未滿足中國「糞青」們的英雄夢。海珊被美軍擒獲的消息傳出時，我開了一瓶紅酒慶祝：二〇〇三年十二月十三日晚上九點半，美軍第四機械化步兵師的士兵根據情報，來到距離海珊家鄉提特裡克大約十六公里的達瓦爾鎮，搜索海珊的下落。一個名爲「蜘蛛洞」的掩體引起士兵們注意：該掩體被沙子掩蓋，洞口用磚頭僞裝。當一個士兵打開洞口，赫然發現裡面藏著一個人。此人一頭亂蓬蓬的長髮，留著長長的花白鬍子，像一個可憐的流浪漢。

這個憔悴、骯髒、兩眼失神的老者，居然是一個多月前雄姿英發、誓言讓美軍有來無回的海珊。面對美軍的槍口，他沒有反抗，乖乖束手就擒。當此畫面在伊拉克的電視螢幕上反復播放時，伊拉克民衆熱烈鼓掌，走上街頭鳴槍慶祝。當此畫面曝光在全球媒體上時，即便對伊拉克戰爭不認同的歐洲政客，也都發表正面評論。

海珊藏身的「狗洞」，深兩公尺多，洞裡有一個通風口，還有一台小電扇。除此之外，洞裡再沒有別的設施，其狹小的空間最多只能容納一人。海珊在這個狹窄而簡陋的地洞中度過最後的逃亡歲月，在窮途末路之際，心裡可曾想起那些被他屠殺的民衆？若非清楚地知道海珊當政期間的殘暴行徑，人們在電視上看到這個容貌變得像大鬍子馬克思的孤家寡人，也許會產生某種同情和憐憫。但是，有誰同情和憐憫數十處「萬人坑」中的無名屍骨呢？

在海珊藏身的「狗洞」附近，小河對岸數百米遠處，矗立著海珊親自主持修建的一所龐大宮殿，這是其遍佈全國的豪華宮殿之一。像鼴鼠一樣躲在地下的海珊，此時此刻只能「望殿興嘆」。有「家」不能歸的滋味，眾叛親離的滋味，輪到誰都不好受。

海珊執政期間，通過收取國有石油買賣回扣、向海外走私石油、在海外投資等非法方式，斂聚超過七十億美元的個人財產。海珊被捕時，身邊帶著一個裝有七十五萬美元鉅款的箱子。在獨裁體制下，伊拉克國庫就是海珊個人的錢袋。

海珊無福消受豪華地堡，習近平還能橫行多久？

比起這座位於提特裡克的宮殿更豪華的，是位於巴格達市中心的總統府。早在二十世紀八〇年代，海珊便下令建造一座新總統府。在占地廣闊的舊總統府下面，他計畫修建世界上最豪華的「元首地堡」。這座地堡採用北約指揮所的標準，訂單在國際建築大師中招標。海珊選擇德國杜塞爾多夫的博斯沃-克瑙爾股份公司爲承建單位，他對「德國製造」情有獨鍾。

建築師布法羅是一個細心的人，在巴格達逗留將近一年，以找到文化和建築的感覺；又花兩年時間，親自督造這座大型地堡。德國《焦點》雜誌採訪這名建築師，當他把設計圖紙和照片擺到面前時，自豪地說：「這是我建造的最出色的工程。它品質高，所有陳設都很協調。」他把地堡稱為「親密工程」：「這個專業概念的意思是，海珊可以舒心地住在那裡。一切都按他的願望佈置。」來自德國的數百名室內裝修人員集中於此，竭盡所能將工程修建得豪華壯觀。它看起來不像一座防空洞，而是地上豪華宮殿的延伸，具有濃郁的東方風格。建築師辯解說，生意就是生意，不應讓他們承擔為獨裁者服務的道德壓力。但是，當他們為海珊修建皇宮時，是否觀察到街頭的孤兒寡婦，是否從普通民眾的臉上發現絕望的神情？

巴格達元首地堡的堅固程度不亞於當年柏林的納粹總理府地堡，這個絕密工程大量採購來自歐洲的頂級裝潢材料。該工程在安全方面嚴格參照德國標準，三公尺厚的牆基是用圓礫石砌成的，該牆基能抵擋一顆相當於美國在廣島投擲的原子彈在兩百五十公尺外爆炸所產生的衝擊波。其他保護措施還有：能抵抗攝氏三百度高溫的兩公尺厚的外牆、三噸重的外牆大門以及能抵抗電磁衝擊的特殊防護層，這種防護層能保護電腦之類的電子設備免遭破壞。

獨裁者多麼愛惜自己的生命！獨裁者多麼恐懼死亡的來臨！當年，毛澤東當年佈置保衛措施，每當專列開出，整條鐵路線路上的列車全部停止行駛，沿線三步一崗、五步一哨。毛澤東在全國各地的別墅，都採用專門的建築設計和建築材料。而習近平到武漢視察疫情，所經過的每棟樓的每個房間都入駐全副武裝的警察，他見到的每個群眾都是安全人員裝扮的。獨裁者在自己的國家宛如在敵國，每一個平民百姓彷彿都有可能成為刺客。

海珊並沒有多少時間享受這個「親密工程」。他沒有想到，他的軍隊如此不堪一擊。當英美大軍攻佔巴格達時，暴君嘗到了孤家寡人、衆叛親離的滋味，他再也不能在「親密工程」中指揮戰鬥，淒淒惶惶地走上逃亡之路。美軍佔領空空蕩蕩的總統府，海珊卻「人間蒸發」。

在長達七個月的逃亡之路上，沒有美女和游泳池，也沒有鍍金的馬桶和舒適的大床，只有恐懼和仇恨，只有絕望和詛咒。海珊躲在陰暗的角落裡，看到自己的巨型雕像被民衆推倒，看到自己的畫像被孩子們踐踏，也看到「有其父必有其子」的烏代和庫賽兄弟被美軍擊斃。老賊喪子，何其痛也！大概唯有毛澤東得知毛岸英在韓戰中喪身於美軍空襲之時的心態，方能與之相比。

習近平比海珊更狡詐更殘暴，習近平的日常生活更不爲人所知。中共對其黨魁的生活細節高度保密，習近平中南海的住處，外界無人知曉。可以推測，其規模和豪華程度必定十倍、百倍於海珊的宮殿。但從來沒有一個獨裁者永遠享有其夢想中的「千年帝國」。秦始皇如此，希特勒如此，史達林如此，毛澤東如此，海珊如此，習近平必定也如此。如果習近平有一天像海珊這樣匆匆逃亡，有多少中國民衆願意收留他呢？

中國人比伊拉克人幸福嗎？

海珊時代，囚徒經過幾分鐘的審理便被立即處死；海珊被捕之後，其境遇好過被他殺害的民衆——他擁有最好的律師和最公正的審判。在法庭上，海珊最愛說的詞語便是「我的人民」，他利用每次出庭受審的機會，喋喋不休地宣揚他如何愛伊拉克人民，如何「精忠報國」。習近平的口才比不上海珊，如果到了那個地步，習近平大概早已瞠目結舌、前言不搭後語。

在電視機前觀看審判的伊拉克人中，沒有幾個人是對海珊忠心耿耿的「人民」。毛澤東也喜歡以「人民」的名義戕害人民，一邊題寫「爲人民服務」，一邊將人民送入水深火熱之中。習近平對毛澤東亦步亦趨，完全就是一個縮小版的毛澤東，他也將「人民」這個詞語掛在嘴邊，卻每天都在導演戕害人民的暴行。

在海珊被捕和被處死時，我在伊拉克人民的歡呼和笑容中看到這個國家復興的希望。絕大多數伊拉克人都嚮往民主和自由的生活，嚮往沒有恐懼和凌虐的生活。他們放膽詛咒獨裁者說：「你去死吧！」然而，中國人連詛咒獨裁者的勇氣也喪失了——海珊爲數最多的支持者，不在伊拉克，居然在中國！在海珊被捕和被處死的時刻，許多中國網民在網路表達哀悼與惋惜。這個中東霸主未能與美軍周旋到底，如此不堪地虎落平原、舉手投降，讓他們的敬仰之情落空了。這個大英雄沒有舉槍自盡，如此窩囊地被擒獲，並在法庭上飽受羞辱，眞是「英雄氣短」。

在中國，比海珊兇殘狠毒百倍的毛澤東，依然在水晶棺中接受民衆頂禮膜拜。也許，成爲木乃伊的毛澤東會訕笑不成器的學生海珊：你不是進口了數萬本紅寶書嗎？你爲何不學游擊戰術？倘若你得到人民戰爭之眞傳，就不會在狗洞中坐以待斃了！而習近平在修憲中得到了百分之百的贊同票，比海珊當選總統時的百分之九十九的票數更高，習近平的寶座是不是比海珊更穩固呢？

在習近平的「中華民族偉大復興」的謊言安之如怡的中國人，沒有資格嘲笑百廢待興的伊拉克和傷痕累累的伊拉克人。中國的「穩定」與「和諧」是以做奴隸爲代價獲得的，中國人沒有死於極端份子的炸彈，卻死於此起彼伏的礦難、有毒食品、SARS病毒、警察暴力、法院誤判、武漢肺炎。在中國，死於「非正常原因」的人，不比死於恐怖襲擊的伊拉克人少。只是，中國人連起碼的「知情權」都沒有，當遼寧鋼鐵廠的工人被滾燙的鐵水「人間蒸發」時，當河南愛滋病村的墳頭比房屋還要多時，當香港警察殘害少女和幼童、拋屍入海時，若你是受害者及其家人，你還笑得出來嗎？中國人哪裡比伊拉克人幸福？

海珊的末日是所有獨裁者的末日，也是習近平的末日。讓獨裁者不再以「人民」的名義作惡，不是依靠獨裁者的良心覺醒，而是依靠每個公民主體意識的覺醒。中國人信奉「寧爲太平犬，不爲亂世人」的祖訓，從未獲得過作爲人的尊嚴、獨立與自由。伊拉克人民將詛咒和唾沫拋給殺害過他們親人的海珊，中國人卻還在習近平的帶領下狂熱地讚美讓他們的親人死無葬身之地的毛澤東。

熱愛自由的人們，當一起努力，將習近平推向那個處死過海珊的絞刑架。

余杰 台灣出版書籍目錄

二〇〇八年

《彷徨英雄路：轉型時代知識份子的心靈史》，聯經

二〇〇九年

《從柏林圍牆到天安門：從德國看中國的現代化之路》，允晨文化

二〇一〇年

《一生一世的仰望》，基文社

《我有翅膀如鴿子》，基文社

《誰爲神州理舊疆：中國的信仰重建與社會轉型》，基文社

《泥足巨人：從蘇聯解體看中國的未來》，允晨文化

二〇一一年

《香草山》，遠流

《生命書》，橄欖

《萬縷神恩眷此生》，基文社

二〇一二年

《我無罪：劉曉波傳》，時報文化

二〇一三年

《大地上的麥子》，基文社

《流亡者的書架》，水牛文化

《我聽見斧頭開花：信仰、藝文與生活》，橄欖

二〇一四年

《螢火蟲的反抗：這個世紀的知識分子》，主流

《火與冰》，水牛文化

《中國教父習近平》，前衛
《中國影帝溫家寶》，亞太政治哲學文化
《河蟹大帝胡錦濤》，亞太政治哲學文化
《在那明亮的地方：台灣民主地圖（第一卷）》，時報文化
《從順民到公民》，前衛

二〇一五年

《我也走你的路：台灣民主地圖（第二卷）》，主流
《刀尖上的中國》，主流

二〇一六年

《人是被光照的微塵》，主流
《走向帝制：習近平和他的中國夢》，前衛

二〇一七年

《一九二七：民國之死》，八旗文化

《不自由國度的自由人：劉曉波和他的時代》，八旗文化
《拆下肋骨當火炬：台灣民主地圖（第三卷）》，主流
《卑賤的中國人》，主流
《從今時直到永遠》，主流

二〇一八年

《納粹中國》，主流
《我是右派，我是獨派》，前衛

二〇一九年

《一九二七：共和崩潰》，八旗文化
《正義的追尋：台灣民主地圖（第四卷）》，主流
《今生不做中國人》，主流
《中國乃敵國也》，前衛
《顛倒的民國》，大是
《宋朝最美的戀歌：晏幾道和他的小山詞》，主流

《香港獨立》，主流

二〇二〇年

《用常識治國：右派商人川普的當國智慧》，八旗文化

《暗黑民國史》，大是

《習近平：喪屍治國》，主流

《病毒、謊言、大外宣：中國造假如何毀滅全世界》，前衛

國家圖書館出版品預行編目（CIP）資料

病毒、謊言、大外宣：中國造假如何毀滅全世界 / 余杰作. -- 初版. -- 臺北市 : 前衛, 2020.09
面； 公分.

ISBN 978-957-801-918-8（平裝）

1. 中國大陸研究 2.言論集

574.107 109012487

病毒、謊言、大外宣：中國造假如何毀滅全世界

作　　者 余杰
責任編輯 張笠
美術編輯 宸遠彩藝
封面設計 胡泰源

出 版 者 前衛出版社
10468 台北市中山區農安街153號4樓之3
電話：02-25865708｜傳眞：02-25863758
郵撥帳號：05625551
購書・業務信箱：a4791@ms15.hinet.net
投稿・代理信箱：avanguardbook@gmail.com
官方網站 http://www.avanguard.com.tw
出版總監 林文欽
法律顧問 南國春秋法律事務所
總 經 銷 紅螞蟻圖書有限公司
114066 台北市內湖區舊宗路二段121巷19號
電話：02-27953656｜傳眞：02-27954100
出版日期 2020年9月初版一刷

定　　價 新台幣450元

ISBN 978-957-801-918-8